家事国事天下事，
"时事"关心。

半月谈

CHINA COMMENT

公考热点

解析

《公考热点解析》编写组 ◎ 编著

新华出版社

图书在版编目（CIP）数据

公考热点解析 / 《公考热点解析》编写组编著 .

北京 : 新华出版社 , 2024. 8

ISBN 978-7-5166-7516-8

Ⅰ . D630.3

中国国家版本馆 CIP 数据核字第 202404D8H2 号

公考热点解析

编　　著：《公考热点解析》编写组			
出 版 人：匡乐成		出版策划：杨 凯　木 兰　登 科	
责任编辑：张　谦		封面设计：報媒新创	
出版发行：新华出版社			
地　　址：北京市石景山区京原路 8 号		邮　　编：100040	
网　　址：www.xinhuapub.com			
经　　销：半月谈天猫旗舰店、京东旗舰店、拼多多旗舰店及各大网店			
购书热线：010 - 63077122　16619999815　中国新闻书店购书热线：010 - 63072012			
照　　排：報媒新创			
印　　刷：山东省绿水清山印刷科技有限公司			
成品尺寸：185mm × 260mm			
印　　张：13.5		字　　数：220 千字	
版　　次：2024 年 8 月第 1 版		印　　次：2024 年 8 月第 1 次印刷	
书　　号：ISBN 978-7-5166-7516-8			
定　　价：68.00 元			

敬告作者

　　由于时间仓促和客观条件有限，我们未能及时联系到本书的所有作者，恳请您见书后尽快联系我们。

　　联系方式：《公考热点解析》编写组 / 电话：010-63072012　16619999815

序 言
编者的话

对于踏上考公之路的考生而言，行测与申论无疑是"车之两轮，鸟之双翼"，唯有二者皆过硬，方能攻克"成公"路上的第一个关卡，为自己在面试中赢得优势。

申论考试与包括行测在内的其他考试最大的不同点在于，考试的答案是在进入考场之后直接发到考生手里的，只不过这答案隐藏在了几千字的题本材料中。基于材料的内容，通过题目的设置去考查考生的阅读理解、综合分析、提出和解决问题、贯彻执行、文字表达能力。在此过程中，对于题目的审读和对于材料的理解就成了解决申论题目的基础和重点。而题干和材料来自命题人，传递的是命题人对于政策导向、社会现象、精神品质、情怀理念的理解与看法，能否与命题人实现精神上的"共振"甚至看破命题人的意图是考生占据申论考试制高点的决定因素。

纵观历年国省考申论真题，不难发现，命题人的"精神频谱"有迹可循。从作文的话题选择到题目的要点设置再到材料的原文出处，都表明申论的命题与当下的社会现实、热点事件密切相关，与政府的为政理念、政务改革相互契合，与主流价值观所倡导的精神品质、思想境界同根同源。因此想要更好地读懂题目、理解材料，进而提高申论分数，就需要做好两件事，其一是从历年真题中探寻、掌握、运用申论的命题规律，其二是增强自身对当前社会现实、为政理念、主流价值的认识和理解，以提高自身的思想境界，达到与命题人的"精神共振"。

综上所述，对社会热点的学习是提升自身思想境界，实现与命题人"精神共振"的捷径。与阅读的技巧和方法不同，对社会热点的学习并不是"瞄准"某一类型的题目，而是对申论所考查的全部能力的整体提升，是一个铢积寸累、日就月将、久久为功的过程。

本书正是以对社会热点的学习为核心，围绕申论考试中常考的方向和领域，结合真题中对习近平新时代中国特色社会主义思想的考查，带领考生一起探寻申论的命题规律、题目的考查方向、未来的热点话题等，共分为三个部分，内容则各有侧重。

第一部分，主要通过历年真题，和大家一起探寻申论考试考查的方向和领域，进而明确应对的策略和备考的方向。

第二部分，从申论考试中常考的几个领域出发，介绍相关的重要思想和政策理论，重点阐释了不同领域中常考的话题和考查的方式，以举例的形式深入浅出地剖析了题目要点设置的思想理论依据。

第三部分，主要围绕8个近年的热点话题进行设置，通过对热点话题的解读、经典文章和案例素材的分享，帮助考生积累素材、增进对相应热点话题的了解。

三个部分既相互独立又彼此联系，几乎穷尽了申论考试中常见的考查领域、方向和考法，是考生备考的重要素材之一。

最后，祝各位考生成功上岸，顶峰相见！

《公考热点解析》编写组

目 录
Contents

第三部分　跟热点练实战模拟

第一部分

跟真题学考点规律

通过真题材料，明晰考试方向。以申论真题材料为出发点，透析出题规律，挖掘核心考点，同时融合"四个全面"战略布局、"五位一体"总体布局和习近平新时代中国特色社会主义思想，清晰地指明备考方向。建议考生重点学习：谈例子、谈总结、谈备考。

第一章 申论材料的主题分析

申论材料的主题，不仅是通篇材料的核心，也是各个题目来源的底层逻辑和基本导向。因而把握申论材料的主题对理解命题人的意图，进而高屋建瓴地把握材料的行文逻辑、题目的得分要点乃至确立文章写作的论点和论证逻辑都是十分重要的。

同时，申论材料主题的选取，在一定时期内具备相对的稳定性。因而通过对近几年申论真题材料主题的学习和了解，可以有效地明确未来几年申论材料选取的基本方向。

第一节 申论材料主题考查的方向

申论考试主题选取的范围相对较广，就其考查方面而言，主要包括四大方向：其一是价值观念的考查，其二是社会热点的考查，其三是为政理念的考查，其四是哲学思辨的考查。

● 价值观念

主要是对考生精神品质、价值取向、人生态度等精神层面的考查，材料中往往呈现积极作为的精神状态，最后的文章写作也围绕精神品质进行设置和考查。

● 社会热点

主要考查考生对于近期发生的新事件、新业态、新领域的看法、理解和态度，更多地要求考生对国家、社会中新发生的变革有所了解，最后的文章写作往往也围绕某一社会热点进行展开。

● 为政理念

要求考生具备初步的政务思维，能够从政府的角度去思考和解决问题，此类材料在设置上更多偏向于近期政务改革的举措及其成效，既帮助考生了解政府近期工作，同时也加强了对考生的职业素养考查。

举例子

如 2024 年国考市地卷的"投入自己的领域，不断'打磨'、不断'修补'，为人们温暖笃定的生活秩序默默付出，稳步前行。"其实考查的就是考生对岗位职责、自身领域的担当精神，材料主题也围绕担当责任进行设置，其他材料均围绕这一主题进行展开。

如 2023 年浙江 B 卷的"打造一支强大的乡村振兴人才队伍"就是围绕乡村振兴这一社会热点，考查了乡村人才队伍建设这一话题，其他材料也围绕这一话题进行展开。

如 2022 年山东 A 卷的"大凡治事，必须通观全局"就是在考查政府在社会治理中应具备的大局观。

考霸蛙敲黑板！

●哲学思辨

考查考生处世的态度和处事的方法，与为政理念不同的是，其行为主体不一定只有政府，可能还包括学校、医院、银行、社会团体、个人等。与价值观念的区别在于，其所考查的内容，不局限于个人的为人处世，更多地偏重人的思想境界。

谈 例子

如 2021 年联考辽宁 A 卷第 4 题，"是故事者生于虑，成于务，失于傲。不虑则不生，不务则不成，不傲则不失"，考查的就是成事之道，不仅仅局限于政府或青年个人层面。

考霸蛙敲黑板！

谈 总结

值得注意的是，在同一套题目中，四个考查的方向并不是完全独立的，存在比较明显的融合或交叉。

可以说价值观念的考查，要求考生做好一个参与者；社会热点的考查，要求考生做好一个观察者；为政理念的考查，要求考生做好一个工作者；哲学思辨则要求考生做一个会做事的思想家。

谈 例子

如 2023 年江苏 A 卷"从传统文化中汲取营养，在时代征程上绽放青春"就把传统文化这一社会热点同青年成长这一价值观念进行了融合考查。同时在一套题中，不同题目之间也可能有一个偏重社会热点，一个偏重哲学思辨的情况。

考霸蛙敲黑板！

谈 备考

从备考的角度来看，四个方向的主题都需要进行相应的准备。相对而言，价值观念可考查范围相对较小，哲学思辨考查频率近年相对较低，为政理念的应对方法相对简单，因而备考的重点可以适当向社会热点进行倾斜。本书在后续的内容介绍中，主要以社会热点这一方向为主，兼顾其他三个方向的内容，以便考生更高效地进行备考。

第二节 申论材料主题考查的领域

社会热点这一考查方向又根据热点内容的不同分为不同的领域。申论考试的材料选取有着比较明显的"领域"特征，某些领域的话题经常会在材料和题目中涉及，而有些领域的话题，则几乎从未有过考查。就实际情况来看，军队、外交、国防等领域在申论考试中几乎从未涉及。申论考试的材料选取主要集中在"四个全面"战略布局、"五位一体"总体布局和习近平新时代中国特色社会主义思想。

当然前文已经提到，四个主题考查方向存在融合和交叉，因而在"四个全面"战略布局、"五位一体"总体布局和习近平新时代中国特色社会主义思想的内容中可能也会涉及为政理念和青年价值观念。

■ 一、"四个全面"战略布局

"四个全面"战略布局，即全面建设社会主义现代化国家、全面深化改革、全面依法治国、全面从严治党。其时间进程为：2012年11月中国共产党第十八次全国代表大会（下文简称党的十八大）提出全面建成小康社会。2013年11月党的十八届三中全会提出全面深化改革。2014年10月党的十八届四中全会提出全面推进依法治国。2014年10月8日党的群众路线教育实践活动总结大会上提出推进全面从严治党。2017年10月，在党的十九大报告中，习近平总书记描绘了在2020年全面建成小康社会之后向第二个百年奋斗目标进军的宏伟蓝图，开启了全面建设社会主义现代化国家新征程。2020年10月26日至29日，中国共产党第十九届中央委员会第五次全体会议在北京举行。全会强调，全党全国各族人民要再接再厉、一鼓作气，确保如期打赢脱贫攻坚战，确保如期全面建成小康社会、实现第一个百年奋斗目标，为开启全面建设社会主义现代化国家新征程奠定坚实基础。2021年2月25日上午，全国脱贫攻坚总结表彰大会在北京人民大会堂隆重举行，而现行标准下的全面脱贫是全面建成小康社会的底线任务，以此为标志，我国已全面建成小康社会。"四个全面"战略布局的内容正式成为：全面建设社会主义现代化国家、全面深化改革、全面依法治国、全面从严治党。

谈备考

在实际的考查中全面深化改革涉及相对较多，全面依法治国主要在行政执法类的试卷中有考查，全面建设社会主义现代化国家和全面从严治党涉及的相对较少。

（一）全面建设社会主义现代化国家

根据《习近平新时代中国特色社会主义思想学习纲要（2023年版）》可知，到2035年我国发展的总体目标是：经济实力、科技实力、综合国力大幅跃升，人均国内生产总值迈上新的大台阶，达到中等发达国家水平；实现高水平科技自立自强，进入创新型国家前列；建成现代化经济体系，形成新发展格局，基本实现新型工业化、信息化、城镇化、农业现代化；基本实现国家治理体系和治理能力现代化，全过程人民民主制度更加健全，基本建成法治国家、法治政府、法治社会；建成教育强国、科技强国、人才强国、文化强国、体育强国、健康中国，国家文化软实力显著增强；人民生活更加幸福美好，居民人均可支配收入再上新台阶，中等收入群体比重明显提高，基本公共服务实现均等化，农村基本具备现代生活条件，社会保持长期稳定，人的全面发展、全体人民共同富裕取得更为明显的实质性进展；广泛形成绿色生产生活方式，碳排放达峰后稳中有降，生态环境根本好转，美丽中国目标基本实现；国家安全体系和能力全面加强，基本实现国防和军队现代化。

全面建设社会主义现代化国家是战略目标，在"四个全面"战略布局中居于引领地位，因而在近年的考题中，但凡涉及社会热点的，基本离不开这个范围。

谈例子

如 2024 年国考副省卷材料主题为"创新发展"，其根源就来自"实现高水平科技自立自强，进入创新型国家前列"，如 2022 年山东的 A 卷和 B 卷所涉及的"社会治理"，也与"基本实现国家治理体系和治理能力现代化"这一目标相关；再如 2023 年江苏行政执法卷所考查的文章写作，就涉及了"建成法治国家、法治政府、法治社会"。

考霸蛙敲黑板！

谈备考

总体而言，全面建设社会主义现代化国家告诉了我们选材的范围，指明了我们阅读和学习材料、储备和积累素材的方向。

（二）全面深化改革

《习近平新时代中国特色社会主义思想学习纲要（2023年版）》指出："改革开放是我们党的一次伟大觉醒，正是这个伟大觉醒孕育了我们党从理论到实践的伟大创造。改革开放是中国人民和中华民族发展史上一次伟大革命，正是这个伟大革命推动了中国特色社会主义事业的伟大飞跃。一个时代有一个时代的问题，一代人有一代人的使命。随着实践发展，一些深层次体制机制问题和利益固化的藩篱日益显现，改革进入攻坚期和深水区，遇到的阻力越来越大，面对的暗礁、潜流、漩涡越来越多。发展中的问题和发展后的问题、一般矛盾和深层次矛盾交织叠加、错综复杂。"因而党的十八届三中全会专门审议通过了《中共中央关于全面深化改革若干重大问题的决定》，提出了全面深化改革的指导思想、目标任务、重大原则，描绘了全面深化改革的新蓝图、新愿景、新目标，汇集了全面深化改革的新思想、新论断、新举措，反映了社会呼声、社会诉求、社会期盼，凝聚了全党全社会关于全面深化改革的思想共识和行动智慧。合理布局了全面深化改革的战略重点、优先顺序、主攻方向、工作机制、推进方式和时间表、路线图，形成了改革理论和政策的一系列新的重大突破，是全面深化改革的又一次总部署、总动员，必将对推动中国特色社会主义事业发展产生重大而深远的影响。

因而在党的十八届三中全会之后的很长一段时间，在申论题目中关于全面深化改革的考查就一直存在。如2024年国考市地卷第3题，就涉及Y市基层卫生人才队伍建设当中的改革。

谈例子

以考查的真题来看，2021 年国考副省卷对全面深化改革的考查是最为直接的，材料中不仅涉及了小谷村的"改革"、S 市"局区合一"的改革、地方政府地方志工作处关于工作任务的探讨、江城博爱馆的变革，最后的文章写作更是直接考查了全面深化改革的方法论。2023 年浙江 A 卷也直接考查了"改革发展"。

考霸蛙敲黑板！

（三）全面从严治党

这一内容政治理论性相对较强，在申论考试中直接考查的可能性相对较小，了解其内容即可。

（四）全面依法治国

《习近平新时代中国特色社会主义思想学习纲要（2023年版）》指出："全面依法治国是坚持和发展中国特色社会主义的本质要求和重要保障，关系党执政兴国，关系人民幸福安康，关系党和国家长治久安。习近平总书记强调：'法治兴则国家兴，法治衰则国家乱。什么时候重视法治、法治昌明，什么时候就国泰民安；什么时候忽视法治、法治松弛，什么时候就国乱民怨。'在我们这样一个大国，要实现经济发展、政治清明、文化昌盛、社会公正、生态良好，必须把全面依法治国坚持好、贯彻好、落实好。""坚持党的领导、人民当家作主、依法治国有机统一。党的领导是人民当家作主和依法治国的根本保证，人民当家作主是社会主义民主政治的本质特征，依法治国是党领导人民治理国家的基本方式，三者统一于我国社会主义民主政治伟大实践。""全面推进依法治国是国家治理领域一场广泛而深刻的革命，是一个系统工程。必须坚持走中国特色社会主义法治道路，建设中国特色社会主义法治体系、建设社会主义法治国家，围绕保障和促进社会公平正义，坚持依法治国、依法执政、依法行政共同推进，坚持法治国家、法治政府、法治社会一体建设，全面推进科学立法、严格执法、公正司法、全民守法，全面推进国家各方面工作法治化。"

就申论考试而言，最容易考查"全面依法治国"相关内容的是行政执法卷。需要注意的是，考试中考查的内容往往与立法、司法等无关，而与严格执法、全民守法密切相关。

从实际考查情况来看，主要有三种考查方向。

其一是执法理念的考查。

其二是关于执法队伍建设的考查。

谈例子

如2024年国考行政执法卷，要求"围绕行政执法工作中的'力''理''利'进行深入思考，联系实际，自拟题目，写一篇文章"。有时也会从执法与守法融合的角度进行考查，即以执法者为主体，通过执法理念的革新，执法行为的规范，引导全民守法，法治建设的实现。如2023年江苏B卷第4题，要求结合对材料中"行政执法，不是简单的管与被管，执法者和被执法者只有相向而行，良性互动，才能不断开创善管善治的新局面。"这一句子的理解和思考，围绕"行政执法谋善治，良性互动开新局"写一篇文章，即属于此类。

如2022年江苏B卷第4题，要求结合对"给定材料7"中"'徒法不足以自行'，高素养的行政执法队伍是从'有法可依'走向'良法善治'的可靠保障"这句话的理解，联系实际，写一篇文章。考查的就是如何建好一支执法队伍。

考霸蛙敲黑板！

其三是从执法为民这一理念出发，考查执法机构或执法相关领域的各项改革举措及取得的成效。

谈例子

如 2023 年国考市地卷第 2 题"L 市知识产权信息服务中心的相关实践入选为优秀案例"，就涉及了知识产权相关法律法规的宣传和使用。此部分考查的题型相对较多，可能以综合分析题的形式考查对某种执法行为及其产生的结果的探讨，如 2022 年江苏 B 卷第 2 题，可能考查带入行政执法主体的角色，与群众进行沟通解释，如 2022 年国考行政执法卷第 5 题，可能考查执法机构的改革措施、成效、思考等，如 2022 年黑龙江行政执法卷第 1 题。

考霸蛙敲黑板！

谈备考

需要注意的是，在申论考试中，行政执法卷考查的内容，仅是题干或材料话题与执法、守法相关，并不涉及法律的专业知识，考生无需担心法律专业知识不足对做题的不利影响。

与此同时，近年行政执法卷所考查的内容不完全局限于法治领域，也可能考查与法治不直接相关的题目。甚至在近年的国考中，出现了行政执法卷与市地卷有部分题目重合的情况。

谈例子

如 2024 年国考市地卷的第 1 题和行政执法卷的第 1 题就是重合的。

考霸蛙敲黑板！

▍ 二、"五位一体"总体布局

"五位一体"总体布局是指经济建设、政治建设、文化建设、社会建设和生态文明建设五位一体，全面推进。党的十八大站在历史和全局的战略高度，对推进新时代"五位一体"总体布局作了全面部署。从政治、经济、文化、社会、生态文明五个方面，制定了新时代统筹推进"五位一体"总体布局的战略目标。与"四个全面"战略布局在申论考试中仅涉及其中两到三个方面不同的是，"五位一体"总体布局的内容在申论考试中都有涉及。

（一）政治

改革开放以来，我们党团结带领全国人民成功开辟和坚持了中国特色社会主义政治发展道路。在波澜壮阔的改革开放实践中，中国创造了世所罕见的经济快速发展奇迹和社会长期稳定奇迹，这和政治建设的伟大成就是分不开的。党的十八大以来，以习近平同志为核心的党中央，推进中国特色社会主义政治建设发展，开创了中国政治建设的新阶段和新格局。中国特色社会主义政治建设与其他领域建设一样，都是为了解决中国改革、发展、稳定的问题，为了实现中华民族的伟大复兴。

因而政治相关话题的考查，往往围绕我国在政治领域建设取得的成就展开。在申论考试中，并不涉及政治理论的专业知识，而只是从考生对"政治"这一话题的敏感性和重视程度入手考查。

同时与政治领域相关的热点话题在申论考试中也会有比较明显的体现。

另外，近年来党的领导在各行各业中不断增强，在社会治理、经济建设等领域也有党建的身影，党的领导也属于政治的范畴，在题目中有所考查。

谈例子

最为直接的，2020年国考副省卷第1题，就考查了"概括 L 省在人才的政治引领方面的主要举措。"如果考生事先不了解何为"政治"，那么在找寻"举措"时就难以有确定的指向和目标，进而影响做题。

如2023年湖北省考查的"全过程人民民主"就属于政治领域，是新时代中国特色社会主义政治建设的重要内容。

如2021年山东B卷第2题，就考查了"基层党建工作经验交流"的内容。

考霸蛙敲黑板！

行政执法卷相对于其他申论试卷更容易考查"政治"相关的话题，同时又关联着"法治"和"执法"相关的话题。因此，考生对习近平法治思想的了解也直接影响着其作答效果。

（二）经济

党的十八大以来，面对国内外环境的深刻复杂变化，习近平总书记科学把握世界发展大势和我国发展阶段性特征，先后作出"三期叠加"、经济发展新常态、我国经济已由高速增长阶段转向高质量发展阶段的科学判断，提出新发展理念，作出推动高质量发展、把推进供给侧结构性改革作为主线、建设现代化经济体系等重大战略决策，引领我国经济建设取得一系列历史性成就。我国经济实力再上新台阶，成为世界经济增长主要动力源和稳定器；经济结构发生重大变革，最终消费和服务业对经济增长的贡献度明显提高。推进高水平对外开放，推动共建"一带一路"，引领经济全球化朝着正确方向发展。脱贫攻坚取得全面胜利，中国形成了世界上人口最多的中等收入群体，人民群众获得感、幸福感、安全感显著增强。

基于我国目前经济发展中所处的阶段和所面临的状况，在经济领域中，比较容易涉及的是高质量发展、供给侧结构性改革、新发展格局、新发展理念、科技创新等相关内容。主要考查的是我国在激发发展活力、保护市场主体、推动高质量发展方面的举措等。

谈例子

如2023年浙江C卷第1题，"龙港撤镇设市三年来的改革创新实践"材料中的主要内容，就是围绕经济领域进行展开的。

考霸蛙敲黑板！

另外，经济领域的话题灵活度相对较高，行为的主体不一定是政府，也可以是企业、社会或个人等。

谈例子
如 2024 年国考副省卷第 1 题，考查"耀然灯饰"成功的经验，就是以企业作为主体，材料中该企业品牌的打造和宣传恰恰对应的就是供给侧结构性改革中的内容。
考霸蛙敲黑板！

（三）社会

社会建设事关人民的美好生活、社会和谐、社会活力、公平公正。党的十八大以来，习近平总书记高度重视社会建设，提出一系列新思想新观点新论断，科学回答了在新时代为什么要推进社会建设、怎样推进社会建设等重大理论问题，为开展各项社会建设工作提供了根本遵循，把我们党对社会建设的认识提升到新高度，推动了社会建设理论和实践创新。

谈考点
在申论考试中，社会领域的话题最容易考查的是民生和社会治理两个方面。

●**民生方面**　主要考查政府在民生工作中所做出的努力和所持有的理念，也包括所面临的问题和解决的措施方略。纵观近年的试题，围绕与民生相关的话题，无非是"衣食住行"等方面。更具体地说，就是教育、医疗、就业、养老、住房、交通、精神文化生活等。

●**社会治理方面**　申论试题容易从国家治理体系和治理能力现代化的角度入手进行命题，和民生一样，也可以从提出对策题的角度进行考查。

另外，围绕社会治理的方法和理念，也有所考查。

谈例子
如 2024 年国考副省卷第 4 题考查的"C 市高标准农田建设过程中的一些情况"就是从老百姓的生存根基——土地的角度入手组织材料；如 2024 年国考市地卷第 3 题的"Y 市基层卫生人才队伍建设"就是从医疗的角度入手进行的考查。

如 2022 年山东 A 卷第 2 题的"起草一份治理城市交通拥堵的实施方案提纲"就是从如何治理城市交通拥堵的角度进行考查。与 2021 年国考市地卷第 4 题如出一辙。

如 2021 年国考市地卷第 5 题的"治慧"，即考查在社会治理中应把握的智慧和遵循的规律。
考霸蛙敲黑板！

（四）文化

《习近平新时代中国特色社会主义思想学习纲要（2023年版）》指出："中国特色社会主义是全面发展、全面进步的伟大事业，中国式现代化是物质文明和精神文明相协调的现代化。没有社会主义文化繁荣发展，就没有社会主义现代化。全面建设社会主义现代化国家，必须坚持中国特色社会主义文化发展道路，增强文化自信，围绕举旗帜、聚民心、育新人、兴文化、展形象建设社会主义文化强国，发展面向现代化、面向世界、面向未来的民族的科学的大众的社会主义文化，推动社会主义物质文明和精神文明协调发展。"

文化相关的话题，近年考查频率明显提升，文化建设地位的不断提高，在申论考试中也有所体现。

纵观近年文化领域的申论真题，不难发现，文化相关题目的考查，主要集中在两个方面：

其一是文化建设和民生工作的融合，即通过文化建设，满足人民群众对精神文化生活的需求。

其二是文化发展的新趋势、新动态，这种趋势和动态可能是政府主导的，也可能是民间自发的。

谈例子

△ 如 2021 年山东 A 卷的文章写作题，就直接考查了"时代变了，文化不再是后台的配角，已经成长为台前的主力"这一话题，强调了文化的作用，整篇题目也是围绕文化进行展开的。

△ 如 2024 年国考市地卷第 4 题的"梳理 S 市公共文化空间建设和运营中存在的问题，并提出解决建议"就通过公共文化空间这一载体，同时考查了社会民生和文化建设两个话题。

△ 如 2024 年国考副省卷第 2 题，考查的"新民乐走红引发了网民的诸多议论"就属于民间自发产生的一种文化新变化；而 2021 年山东省考 A 卷考查的"总结概括部分地区在保护和发展地方特色文化方面的成功做法"就属于以政府为指导的文化建设新动态。

考霸蛙敲黑板！

谈备考

中华优秀传统文化、革命文化、社会主义先进文化三个范畴中，传统文化的创新性转化和创造性发展是近年考试中考查最多的。革命文化在 2021 年建党一百周年时，考查相对较多，近年考查频率相对较低。

（五）生态

《人民日报》曾以"生态文明"为主题，发表文章，指出："2012 年 11 月，党的十八大将生态文明建设纳入中国特色社会主义事业'五位一体'总体布局，'中国共产党领导人民建设社会主义生态文明'写入党章。2022 年 10 月，党的二十大深刻阐述人与自然和谐共生是中国式现代化的中国特色之一，促进人与自然和谐共生是中国式现代化的本质要求之一，并作出'推动绿色发展，促进人与自然和谐共生'的重大部署。新时代十年来，以习近平同志为核心的党中央从中华民族永续发展的高度出发，深刻把握生态文明建设在新时代中国特色社会主义事业中的重要地位和战略意义，系统回答了'为什么建设生态文明、建设什么样的生态文明、怎样建设生态文明'等重大理论和实践问题，形成了习近平生态文明思想，成为新时代我国生态文明建设的根本遵循和行动指南。"

生态领域的考查在近几年逐渐增多，地位逐渐加重。在 2019 年之前的申论考试中，生态领域的话题较少直接出题，往往是材料中涉及几句，而无关做题要点。但近年来生态话题已

谈例子

△ 如 2022 年山东 A 卷第 1 题，就直接考查了 X 县根治"生态伤疤"的经验。

考霸蛙敲黑板！

经可以单独出题进行考查了。

另外，生态作为最普惠的公共产品，其与社会民生、经济发展都有着千丝万缕的联系，很容易与其他话题进行融合考查。

这种现象在随后的几年中更为明显。

"双碳"目标提出后，生态领域获得的关注度更高，在未来命题中可能会更加侧重。

> 谈例子
>
> ▲ 如2021年国考市地卷第1题的凤林村在实施"村寨银行"项目后，发生了巨大变化，就属于生态与民生、经济的融合考查。
>
> ▲ 如2024年山东B卷就直接通过综合分析题考查了"如今的东梁村可谓是'只此青绿'，但未来不可能'只有青绿'"，将生态的话题延伸到了经济发展和民生改善上。
>
> 考霸蛙敲黑板！

> 谈总结
>
> 　　总体而言，申论考试材料所涉及的范围十分广泛，"四个全面"战略布局、"五位一体"总体布局的内容都有涉及，且各个领域间也都存在着比较明显的交叉。考生在学习中应留意相关热点话题，明晰政治思想导向。

▌三、习近平新时代中国特色社会主义思想

2020年国考考试大纲中加入了"用习近平新时代中国特色社会主义思想指导解决问题的能力"，随后在2021年的考试大纲中又改为"用习近平新时代中国特色社会主义思想指导分析和解决问题的能力"，并一直延续至2023年。其他各省在考试大纲中也纷纷跟进，都强调了对习近平新时代中国特色社会主义思想的考查。

从2020年开始，申论考试中开始大量地出现习近平新时代中国特色社会主义思想在实践中的运用，考查考生运用习近平新时代中国特色社会主义思想的能力。对于考生而言，学习习近平新时代中国特色社会主义思想，是备考申论的必修课。

《习近平新时代中国特色社会主义思想学习纲要（2023年版）》中指出："党的十八大以来，以习近平同志为主要代表的中国共产党人，顺应时代要求，结合新的实际，科学回答了新时代坚持和发展什么样的中国特色社会主义、怎样坚持和发展中国特色社会主义，建设什么样的社会主义现代化强国、怎样建设社会主义现代化强国，建设什么样的长期执政的马克思主义政党、怎样建设长期执政的马克思主义政党等重大时代课题，创立了习近平新时代中国特色社会主义思想。"

党的十九大、十九届六中全会提出的"十个明确"、"十四个坚持"、"十三个方面成就"概括了习近平新时代中国特色社会主义思想的主要内容。党的二十大提出"六个必须坚持"，概括阐述了习近平新时代中国特色社会主义思想的世界观、方法论和贯穿其中的立场观点方法。

习近平新时代中国特色社会主义思想的内容博大精深，涵盖改革发展稳定、内政外交国防、治党治国治军等方方面面，构成集时代性、系统性、原创性于一体的开放的科学体系。在

申论考试中，比较容易涉及的是"四个全面"战略布局中，全面建设社会主义现代化国家、全面深化改革、全面依法治国三个部分，以及"五位一体"总体布局中，政治、经济、社会、文化、生态五个部分，几部分内容在考试中也经常相互交叉。

就历年考查过的申论真题来看，习近平新时代中国特色社会主义思想主要有两种考法。

其一是直接考查。

谈例子

如2021年国考副省卷第5题，题干中提到的"我们的改革之所以成功，离不开务实的精神和理性的思考"，属于对习近平新时代中国特色社会主义思想中全面深化改革部分内容的考查，在《习近平新时代中国特色社会主义思想学习纲要（2023年版）》第六章中有着比较详尽的阐释，理性的思考对应着"全面深化改革要坚持正确方法论"，务实的精神对应着"推动全面深化改革落地生根"，如果事先对这部分内容有所了解，那么文章就很容易拔高，取得比较理想的分数。

如2021年联考河北乡镇卷第3题，"给定材料3中提到：'尽管有些磕磕绊绊，但日子越过越有奔头'，请根据给定材料3，谈谈你的理解"，材料中提到的小冯的案例，其在易地扶贫搬迁过程中，所经历的缴纳物业费、开店找工作、子女入学等恰好对应习近平总书记在2021年2月25日脱贫攻坚总结表彰大会上的讲话中所提到的"对易地扶贫搬迁群众要搞好后续扶持，多渠道促进就业，强化社会管理，促进社会融入。"的内容，如果事先读过这段讲话，或对易地搬迁脱贫群众的后续帮扶措施有了解的话，那么此部分材料理解起来就会更容易，找要点也会更容易。

考霸蛙敲黑板！

谈例子

如江苏省考的部分文章写作题，比较典型的是2023年江苏省考A卷第4题，"结合对'给定材料8'中习近平总书记考察殷墟时所作'学习理解中华文明，古为今用'指示精神的理解，围绕特定主题写一篇文章"，这就要求考生对习近平新时代中国特色社会主义思想中文化部分有所了解，否则便很难准确理解习近平总书记这段指示精神的含义；类似的还有2021年江苏A卷第4题，要求围绕习近平总书记"开学第一课"上对青年干部的要求，联系实际，写一篇文章，当时的背景是习近平总书记在当年中央党校国家行政学院中青年干部培训班秋季学期开班仪式上做了重要讲话，强调我们正处在大有可为的新时代，年轻干部要提高政治能力、调查研究能力、科学决策能力、改革攻坚能力、应急处突能力、群众工作能力、抓落实能力，如果对各个能力所指代的内涵不了解，不清楚，那么在文章写作中就容易出现"隔靴搔痒"的问题。

考霸蛙敲黑板！

另外有些题目，虽然也属于直接考查，但在题干或材料中并未出现明显的提示，需要考生根据自身对习近平新时代中国特色社会主义思想的了解对题干及材料内容进行分析。

除了文章写作之外，在小题类题目中，部分要点的得出及材料逻辑的梳理也离不开习近平新时代中国特色社会主义思想。

其二是间接考查。

除了通过答案要点、文章写作论点等方面进行直接考查以外，在历年的申论材料中，还有对习近平新时代中国特色社会主义思想进行间接考查的情况。所谓间接考查，就是不直接在答案中设置要点或论点，而是将习近平新时代中国特色社会主义思想所指导的施政行为体现在材料案例之中。如果事先了解相关的思想内容，则能够更为容易地把握材料思路，提升做题效率，甚至读材料前半段就能大致预估出其后半段的内容。

谈例子

如 2022 年山东 A 卷第 3 题考查的"大凡治事，必须通观全局"，考查为政者当胸怀大局，部分考生基于对材料深度的理解，也可以写出比较不错的论点。但如能够结合考试大纲，联想到此处可能有习近平新时代中国特色社会主义思想的渗透考查，则不难想到习近平总书记多次在不同场合提出的胸怀"国之大者"，进而就能想到党的十九届六中全会审议通过的《中共中央关于党的百年奋斗重大成就和历史经验的决议》指出："党中央要求党的领导干部提高政治判断力、政治领悟力、政治执行力，胸怀'国之大者'，对党忠诚、听党指挥、为党尽责。"将立意进一步上升到"立足中华民族伟大复兴战略全局和世界百年未有之大变局"的高度，则能够获得更高的分数。

考霸蛙敲黑板！

谈例子

例如在 2023 年国考副省卷第 1 题中，请你谈谈玉陵湖大桥"巧"在哪些地方？材料的最后提到了大桥为附近村庄带来了人气、商气、财气，提到了"路为线，人流、物流、信息流在此间快速流动"，但并未直接提到"巧"，部分考生很容易忽略这一要点，或在考场书写时有所犹豫，耽误时间。实际上，习近平总书记早在 2019 年新年贺词中就提到了"一个流动的中国，充满了繁荣发展的活力。我们都在努力奔跑，我们都是追梦人。"结合新年贺词前文中所说的"今年，恢复高考后的第一批大学生大多已经退休，大批'00后'进入高校校园。1亿多非户籍人口在城市落户的行动正在继续，1300万人在城镇找到了工作，解决棚户区问题的住房开工了580万套，新市民有了温暖的家。很多港澳台居民拿到了居住证，香港进入了全国高铁网。"不难判断出"流动"指的就是人的流动，交通的便利，则很容易想通大桥所带来的"流动"恰恰是其最"巧"的部分，"流动的中国"或"流动"这一词，并没有直接出现在答案要点之中，但其无疑解释了要点的存在，因而属于间接考查。

考霸蛙敲黑板！

间接考查还有一个特点就是相对"温和"，如果没有学习过习近平总书记的新年贺词，部分考生凭借对材料的阅读和理解，以及相对较高的做题技巧，也可以得到相应的分数。而政治素养相对较高的同学，作答起来则比较容易。

值得注意的是，2023年4月《中共中央关于在全党深入开展学习贯彻习近平新时代中国特色社会主义思想主题教育的意见》印发，其中指出"开展主题教育，总要求是'学思想、强党性、重实践、建新功'，根本任务是坚持学用贯通、知信行统一，把习近平新时代中国特色社会主义思想转化为坚定理想、锤炼党性和指导实践、推动工作的强大力量，使全党始终保持统一的思想、坚定的意志、协调的行动、强大的战斗力，努力在以学铸魂、以学增智、以学正风、以学促干方面取得实实在在的成效。"而且根据中共中央统一安排，主题教育自上而下分两批进行。第一批包括中央和国家机关及其直属单位、省（自治区、直辖市）和副省级城市机关及其直属单位，中管金融企业、中管企业、中管高校，从2023年4月开始，2023年8月基本结束；第二批包括省以下各级机关及其直属单位和其他基层党组织，从2023年9月开始，2024年1月基本结束。

主题教育结束了，为检验主题教育成果，在国家公务员选拔考试中考查相关的内容则是顺理成章的事。因而在未来的一段时期内，习近平新时代中国特色社会主义思想在公务员考试特别是申论题目中的考查，可能会更为明显。

谈备考

综上所述，学习习近平新时代中国特色社会主义思想尤为重要。前文多次提到的《习近平新时代中国特色社会主义思想学习纲要（2023年版）》是很好的学习资料，考生在学习中要注意有针对性地进行学习。

第三节　申论材料主题考查的内容

申论考试中材料的选择范围、主题的侧重点，在一定时期内具有一定程度的稳定性。探究近年申论真题中考查的热点范围，以何种形式进行考查，考查中如何体现自身政治素养、理论知识的积累储备，对于备考当年的考试有极为重要的作用。此部分内容主要是帮助考生学习和了解在近年申论真题中考查到的热点内容，辨析其考查方式，为应对当下的考试提供助力。

谈备考

在申论材料所涉及的价值观念、社会热点、为政理念、哲学思辨四个考查方向中，社会热点题目和考点相对较多，作为重难点学习；其他三个方向考点相对单一或简单，作为重点学习。

▌ 一、对社会热点的考查

近年，申论考试的题目和材料都具备很强的时效性，所考查的内容多为近期发生的、有一定关注度的社会现象，即为社会热点。社会热点内涵范围相对较广，很多话题都与社会热点直接相关，考生可以通过"两会热词"和一些官方报道进行相应了解。

就题目来看，申论考试一般不会直接考查考生对于某一社会热点基本知识的了解，但在材料中对社会中的新现象、新业态进行阐释，要求考生对其有一定的理解和把握，进而做出合理的要点提炼、概括、推导、透视等。

社会热点的考查在文章写作类和小题类的题目中都有涉及。在文章写作题中主要考查的是考生对社会热点的基本认识，包括其发展现状、存在问题、问题成因、解决措施、如何实现更好发展，甚至可能包括对当下有争议的观点和事物的看法和判断。

谈例子

如2021年国考副省卷第5题，"给定材料1"中说"夜色难免黑凉，前行必有曙光"，"给定材料2"中说"我们的改革之所以成功，离不开务实的精神和理性的思考"。请深入理解这两句话的含义，参考"给定材料"，联系实际，自拟题目，写一篇文章。题目对应的正是党的十八届三中全会之后，我们不断深化改革的内容，其中"夜色难免黑凉，前行必有曙光"与改革中遇到的各种问题相对应，按照《习近平新时代中国特色社会主义思想学习纲要（2023年版）》中的说法是"随着实践发展，一些深层次体制机制问题和利益固化的藩篱日益显现，改革进入攻坚期和深水区，遇到的阻力越来越大，面对的暗礁、潜流、漩涡越来越多。发展中的问题和发展后的问题、一般矛盾和深层次矛盾交织叠加、错综复杂。容易的、皆大欢喜的改革已经完成了，好吃的肉都吃掉了，剩下的都是难啃的硬骨头。改革开放中的矛盾只能用改革开放的办法来解决。中国要前进，就要全面深化改革。除了全面深化改革，别无他途。"

考霸蛙敲黑板！

社会热点在小题类题目中，主要是要求考生对相关背景的了解，以更好更快地读懂材料。

谈例子

如2024年国考副省卷第3题的小李感觉自己陷入了"两难"境地。请分析小李产生这种心态的原因，并提出走出这种困境的对策。其材料中就涉及了新能源车发展这一社会热点，考生如果对新能源车及传统汽车发展的形势事先有一定的了解，那么在分析"原因"时就会有更为清晰的思路，在材料中找寻对策时也会更有针对性，事半功倍。

如2021年山东省考A卷第3题的请根据对"给定材料8"中画线句子"时代变了，文化不再是后台的配角，已经成长为台前的主力"的理解，结合全部"给定材料"，自选角度，自拟题目，写一篇文章。题目就结合了"文化在发展中的地位的不断增强"这一背景，设计了文化这一社会热点。与当前我国加强国际传播能力建设，全面提升国际传播效能，形成同我国综合国力和国际地位相匹配的国际话语权，解决失语就要挨骂的问题相契合。

考霸蛙敲黑板！

在表达自己观点的时候还需要关注领导人关于此事的看法和说法，有所了解才能更好把握立意。

谈例子

如2024年国考市地卷第1题的"给定材料1"中提到："乡村需要的不仅仅是艺术家，更是对乡村有感情并能挖掘本土文化特色的运营官。"请根据"给定材料1"，谈谈冯教授团队是怎样当好这个"运营官"的。题目中所涉及的就是当前乡村建设这一热点，如果考生了解乡村建设中的基本原则，那么阅读材料时速度就会更快，找要点就会更准。其背后更宏大的热点话题就是国家的乡村振兴战略。此处不难看出，正是乡村振兴战略，近年的国考中才会多次出现与2021年市地卷"风林村""为乡村送戏"、2021年副省卷"小谷村"、2022年副省卷"临诗村"、2023年市地卷和行政执法卷中"碧澜乡""云瀑乡"、

谈 例子

如 2021 年国考市地卷第 3 题的 H 市近期准备召开"社区治理与服务经验交流座谈会",你作为石板街道负责人,将在座谈会上发言。请你根据"给定材料 3",以"清河社区的治理之道"为题,写一份发言提纲。考查的是社会治理这一热点,本题材料中所提及的案例,就包括社会治理中民主协商、法治保障、科技支撑等内容,而这正是考试前期党的十九届四中全会公报中所提及的社会治理的内容,原文是"坚持和完善共建共治共享的社会治理制度,保持社会稳定、维护国家安全。社会治理是国家治理的重要方面。必须加强和创新社会治理,完善党委领导、政府负责、民主协商、社会协同、公众参与、法治保障、科技支撑的社会治理体系,建设人人有责、人人尽责、人人享有的社会治理共同体,确保人民安居乐业、社会安定有序,建设更高水平的平安中国。要完善正确处理新形势下人民内部矛盾有效机制,完善社会治安防控体系,健全公共安全体制机制,构建基层社会治理新格局,完善国家安全体系。"因而,对相关社会热点及其政策理论文件的学习很重要。

考霸蛙敲黑板!

一般情况下,在申论考试中对社会热点的考查只是要求考生做好一名"观察者",但近年来申论考题不断出新,也曾出现过要求考生直接参与其中的情况。

23 年副省卷"窑洞修复"、2024 年市地卷"乡村运营官"、2024 年副省卷"C 市高标准农田"等一系列与乡村有关的内容。因此,对社会热点的关注离不开对国家战略、政府施政方略的学习和了解。

考霸蛙敲黑板!

部分情况下,在申论考试中答案要点或材料思路的设置也会与相应的社会热点在政府文件中的表述直接相关。

谈 例子

2021 年江苏 C 卷第 4 题,考查如果你是"给定材料 6"中 M 县不老村的第一书记小吕,将在"助农富农网络行,生态水果出深山"的直播中为当地的特色水果做代言,请拟写一份直播代言稿。本题目字数要求为 1000 字左右,接近文章写作,在实际解题材料中给出的信息也远不足以写出 1000 字的内容,因而需考生结合自身积累储备进行内容的填充。这就要求考生对网络直播的常用语言形式、基本思路逻辑有一定的了解和把握,否则难以将内容填充完整。换言之,如果考生仅仅了解网络直播的现状、成绩、问题、原因、影响等知识,去做一个"观察者"是不够的,还要作为一名"参与者"直接参与其中。

考霸蛙敲黑板!

谈 备考

政治领域的全过程人民民主、依法治国;经济领域的新三样、新质生产力、人工智能+;文化领域的丰富人民群众精神文化生活、大力发展文化产业、推进非物质文化遗产保护传承;社会领域的社区治理、民主协商;生态领域的美丽中国先行区、双碳目标等都曾经或仍然属于社会热点范畴。

▌ 二、对为政理念的考查

为政理念主要是从政府的角度出发，考查施政的理念和方法。政府施政在不同的领域、不同的阶段、面临不同的情况会有各种不同的考量。党的十九大报告中把坚持以人民为中心作为新时代坚持和发展中国特色社会主义的重要内容。习近平总书记强调："人民是历史的创造者，是决定党和国家前途命运的根本力量。必须坚持人民主体地位，坚持立党为公、执政为民，践行全心全意为人民服务的根本宗旨，把党的群众路线贯彻到治国理政全部活动之中，把人民对美好生活的向往作为奋斗目标，依靠人民创造历史伟业。"这些重要论述充分彰显了我们党始终坚持以人民为中心的价值追求和执政为民的责任担当，为把新时代中国特色社会主义推进向前提供了价值遵循。

因而在考试中，无论题目或材料如何变换，"以人民为中心"的核心理念一定是不变的，所有在为政理念方向上考查的题目都是以此为根基。

谈例子

如 2021 年国考市地级卷第 5 题考查的"治慧"，就是比较明显的对社会治理这一主题的考查，而社会治理是政府为政的一部分。而所有的治理智慧，所有的社会规律认识和把握，最终的目的都要让其造福于民，归根结底仍然是"以人民为中心"的根本立场。

如 2021 年山东 B 卷的第 3 题，请根据对"给定材料 5"中画线句子"治国犹如栽树，本根不摇则枝叶茂荣"的理解，结合全部"给定材料"，自选角度，自拟题目，写一篇文章。一方面考查了"基层社会治理"这一热点，另一方面也考查了对基层治理的重要意义和党建引领基层治理的认识。材料中也强调了"基层作为国家治理的最末端，服务群众的最前沿"，仍然是基于人民立场进行的主题选择。

考霸蛙敲黑板！

谈例子

如 2024 年国考行政执法卷第 5 题，围绕行政执法工作中的"力""理""利"进行思考并写一篇文章，考查的就是执法这一行政行为中"力""理""利"的相互关系，最终目的都是为人民谋幸福，让法治造福于民。类似的还有，

在 2022 年国考行政执法卷第 2 题考查谈谈你对"现在撤掉的是'眼中的柜台'，但我们更要在撤掉'心中的柜台'上下功夫"这句话的理解，题目和材料谈到的"拆掉的柜台"就是为民服务的距离，在答案中若体现"以人民为中心"等类似的表述，则可极大提高答案的水平。

考霸蛙敲黑板！

除了行政执法卷外，其他题目中也有关于为政理念的考查。

不只是层级相对较高的国考，为政理念的内容在各地省考中也有考查。

谈备考

综上所述，在此类考查中，考生只要站稳"以人民为中心"的根本立场，作答的大方向基本就不会有问题，其余的则需依靠阅读技巧和做题方法。

▊ 三、对价值观念的考查

公务员考试选拔的是国家未来的工作人员，参与考试并得以拔擢的人，其未来的言行举止代表着政府，其思想品质、价值观念对个人的成长及党和人民的事业都有着至关重要的影响，因而申论考试就是很好的一次考查机会，对考生思想品质、价值观念的考查会渗透到选拔过程的方方面面。

在申论考试中，往往会借助考生对文章写作主题或其他题目所对应的材料内容的理解，直接或间接地考查考生的思想品质和价值观念。

除了文章写作之外，在一些小题类题目中，价值观念的考查也一直存在。

谈例子

如2023年江苏A卷第2题考查的，"父母在，不远游，游必有方。"是我国传统文化中的经典语录，请结合"给定材料5"中的事例，谈谈你对这句话当代内涵的理解和认识。既考查了考生"孝"这一百善为先的品质，也考查了考生对于当前社会发展、时代变换背景下，具体"尽孝"行为的理解，等于同时考查了考生思想品质和应变能力。

如2023年江苏A卷第4题的文章写作，请结合你对"给定材料8"中习近平总书记考察殷墟时所作"学习理解中华文明，古为今用"指示精神的理解，围绕"从传统文化中汲取营养，在时代征程上绽放青春"这一主题，联系实际，写一篇文章。该题目既考查了考生对习近平文化思想的了解，也考查了其对传统文化这一社会热点，以及在传统文化中汲取营养，走好青春奋斗之路的内容。

考霸蛙敲黑板！

谈例子

比较明显的，如2023年浙江A卷第3题，关于就业，一方面，把"收入""舒适""稳定"等因素作为评价工作好坏首要标准的大学生比例有所提高；另一方面，也有越来越多的大学毕业生选择去基层"吃苦"，而这些年轻人在谈感受时，多用"成就感""开心""骄傲""满足""值得"这样的词。对此，你有怎样的思考？结合"给定材料"，联系实际，自选角度，自拟题目，写一篇议论性文章。本题目属于直接考查考生的职业观，要求考生树立正确的择业观念，选好自己应走的人生路。更为重要的是，通过文章写作题目还可以考查考生是否具有正确的思想价值观念，如果没有正确的思想价值观念，仅靠假话，是很难写出有说服力的文章的。同样的例子还有23年国考市地卷第5题，考查的"追寻长期价值"，每个人都知道应该着眼长远，但如果考生心中从来没有过向着长远目标努力的意识，则很难做到言之有物，往往会在论证环节陷入空洞。

考霸蛙敲黑板！

思想品质、价值观念的考查相较于社会热点比较简单的地方在于，主流价值观念倡导的精神品质是相对有限的，其价值取向也是公认的。因而在考查中不容易有区分度。因此在近年的考试中，对于考生思想品质的考查，有时也会和社会热点进行相应的结合。

谈备考

　　综上所述，考生应树立正确的价值观念，并从先进模范典型身上学习其先进事迹和品质，提高精神境界，以奠定答好题目的思想根基。

▍ 四、对哲学思辨的考查

　　哲学思辨主要考查考生的思想高度和思辨能力，以选拔在思想上有高度的人才。在申论考试中，与价值观念类的考查相比，此类题目更偏重于考查考生的思维能力。

　　而这种思维能力的考查，与社会热点和为政理念有着比较明显的关联。一般而言其考查的都是政府当前的重点工作或正确处理某些社会热点事件时所需要具备的思想、思维、观念等。

　　哲学思辨方向的题目时常会使用一些看起来"很玄"的句子，如引用蕴含哲理的诗句，或是古今中外的名言警句。一方面是提高题目的难度，另一方面也是用这种方法来提示考生，本题考查的是相对深邃的思想，在应对此类题目时，题干或材料中引用的诗句、引言等内容需要结合材料去理解，诗句和引言所在原文中的意思和意境则只能是仅供"参考"。

谈例子

　　如2024年国考副省卷第5题，"给定材料5"中提到"我们要用积极的态度对旧事物的价值进行最大挖掘，让它们重新焕发生机"，请你对此进行深入思考，参考"给定材料"，联系实际，自选角度，自拟题目，写一篇文章。本题考查的就是考生的创新思维，具体而言是考查考生对旧事物的看法以及从其中挖掘价值的能力。这种思维能力，与近年新事物的不断出现相关。

　　在2024年之前的一段时期，以人工智能、大数据、物联网为标志的第四次工业革命方兴未艾，各种新事物不断对旧事物形成冲击甚至替代，新能源车与传统车角逐汽车市场、5G网络造就通讯新格局、新旧动能转换不断创造发展新机遇、快递外卖主播等各种新业态的出现为就业市场带来挑战的同时也为人们创造了人生新选择。在这种背景下，如何看待和处理新旧事物之间的关系就显得尤为重要，本题的"考查重点"正是当下时代背景的产物。

考霸蛙敲黑板！

谈例子

　　如2021年陕西A卷第6题，就考查了"给定材料7"中的画线句子写到"风后面是风，天空上面是天空，道路的前面还是道路"，请结合"给定材料"，自选角度，自拟题目，撰写一篇文章。题目中引用了海子的诗句，该句出自《四姐妹》，诗中暗含着一种绝望的情怀，表现人在面对无尽的征程和奋斗时可能会产生没有希望、没有尽头的绝望感，但在本题中更多强调的是奋斗永不停息的进取精神。

考霸蛙敲黑板！

另外，在一些小题类题目中，哲学思辨的内容也有所考查。

举例子

如 2017 年国考副省卷考查的"我们只有通过'水'的意象，才能最真切地体味到'儒'之'柔'。"近年在小题类题目中哲学思辨的内容考查得相对较少，考生有所了解即可。

考霸蛙敲黑板！

第二章　申论热点材料的备考

在申论题目设立的四个方向即价值观念、社会热点、为政理念、哲学思辨中，其考查侧重点大相径庭，需要考生从不同的角度进行备考，本章内容主要是通过对四个考查方向的分析，为考生提供有针对性的指导建议。

第一节　关于价值观念方向的备考

价值观念方向，主要考查考生的精神品质和价值取向，梳理总结近年申论考试中对精神品质的考查不难发现，其所考查的都是国家党员干部、青年才俊所需具备的精神品质，要求考生有与主流价值相契合的价值观念。其范围相对有限，常考的精神品质无外乎志存高远、脚踏实地、戒骄戒躁、善于学习、勇于创新、敢于担当、无私奉献、善始善终、舍己为人、勤学苦练、艰苦奋斗、谦虚谨慎、甘为人梯等，在备考中相对容易应对。

▌ 一、端正自身思想观念

这里并不是要求考生从个人思想境界上做"圣人"，而是要求考生要明晰主流价值所认同的世界观、人生观和价值观，从内心深处真正认同所应肩负的职责和担当。更具体地说，就是不要抱着"上岸"的目的去考试，而是本着"为人民服务""接受党和政府考验"的原则去接受考试。

▌ 二、相关的素材积累

考生可以通过了解一些先进榜样、模范人物的事迹和经历，感悟其精神品质和思想境界，一方面可以积累写作的素材，另一方面也可以让自己潜移默化地受到熏陶，从而进一步端正自己的思想观念。

谈备考

考生在学习先进人物的事迹时，要注意兼顾典型性和时效性，典型性意味着人物的姓名或事迹，要在一定范围内为人所熟知；时效性意味着先进人物事迹不能是太久之前的，应是最近发生或最近再次为人所提及或熟知的。部分典型性极强的先进人物，可无视时效性的要求，如雷锋、焦裕禄等。

1.感动中国年度人物：《感动中国》是中央电视台打造的一个精神品牌栏目，由中央电视台新闻中心社会专题部活动直播组承办，每年2月前后推出，已经连续举办多年，通过多种投票方式选取年度具有震撼人心、令人感动的人物和团队。考虑到时效性的因素，考生了解储备考试当年及之前一年的人物即可，更之前年份的人物可选取典型性较强的进行学习。

2.共和国勋章获得者：共和国勋章是中华人民共和国最高荣誉勋章，授予在中国特色社会主义建设和保卫国家中作出巨大贡献、建立卓越功勋的杰出人士。截至2020年8月11日，共和国勋章获得者有于敏、申纪兰、孙家栋、李延年、张富清、袁隆平、黄旭华、屠呦呦、钟南山。

3.国家荣誉称号：国家荣誉称号是中华人民共和国国家最高荣誉，授予在经济、社会、国防、外交、教育、科技、文化、卫生、体育等各领域各行业作出重大贡献、享有崇高声誉的杰出人士。截至2020年8月11日，国家荣誉称号获得者共有31人。2019年9月17日，授予叶培建等28人国家荣誉称号。2020年8月11日，授予张伯礼、张定宇、陈薇"人民英雄"国家荣誉称号。

4."七一勋章"："七一勋章"是中共中央用于表彰全国优秀共产党员、全国优秀党务工作者和全国先进基层党组织的荣誉。2021年6月29日10时，"七一勋章"颁授仪式在人民大会堂隆重举行，根据《中共中央关于授予"七一勋章"的决定》，授予29名同志"七一勋章"。

5.国家最高科学技术奖：国家最高科学技术奖是中国五个国家科学技术奖中最高等级的奖项，授予在当代科学技术前沿取得重大突破或者在科学技术发展中有卓越建树、在科学技术创新、科学技术成果转化和高技术产业化中创造巨大经济效益或者社会效益的科学技术工作者，每年授予人数不超过2名。

6.其他先进典型：如时代楷模、最美公务员、脱贫攻坚先进楷模等。

备考

需要注意的是，共和国勋章和国家荣誉称号为国家最高荣誉，由全国人民代表大会常务委员会决定授予。"七一勋章"是党内的最高荣誉，这三个荣誉称号的获得者，其事迹的典型性极强，几乎可以无视时效性的要求。

第二节　关于为政理念方向的备考

考生在为政理念方向的备考中，需牢固地树立"以人民为中心"的思想，并以此为根基，在题目中结合题干和材料进行思考和判断。更具体地说，就是要求考生在思想上树立我们的力量来自人民、工作成效的评判标准来自人民、要坚持走群众路线这样的思维。强化树立"江山就是人民，人民就是江山""永远把人民对美好生活的向往作为奋斗目标"的观念。

关注政府为政新动向：在备考中，考生需了解政府改革的新动向、便民服务的新举措，备考省考的考生还需了解所在省份及兄弟省份的一些典型做法等。

近年政府工作的导向仍然是便民利民，打造法治型、数字型、服务型政府，提升国家治理体系和治理能力现代化，考生对此需有所了解。

第三节　关于哲学思辨方向的备考

哲学思辨考查的是考生的思想高度，以及运用自己的思想去分析和评判当下社会热点事件、政府行为的能力。考生在备考中，可从两个方面入手提升自己哲学思辨的能力，一方面积极学习和了解社会热点、为政理念相关的内容，为分析判断奠定知识基础；另一方面可以适当学习了解一些重要思想家，特别是与国考、省考中出现过的思想家同类型的思想家的基本思想、理论著述等。

一、学习了解中华优秀传统文化

在历史的长河中，中华民族走过了不同于世界其他文明体的发展历程。中华文明探源工程等重大工程的研究成果，实证了我国百万年的人类史、一万年的文化史、五千多年的文明史。中华文明在长期演进过程中，形成了中国人看待世界、看待社会、看待人生的独特价值体系、文化内涵和精神品质，创造了博大精深的优秀传统文化，铸就了博采众长的文化自信，为中华民族生生不息、发展壮大提供了强大精神支撑。中华优秀传统文化蕴藏着解决当代人类面临的难题的重要启示，可以为人们认识和改造世界提供有益启迪，可以为治国理政提供有益启示，也可以为道德建设提供有益启发。因而申论考试中，中国上古先贤的思想是易考点之一，可学习了解老子、孔子、庄子等基本的思想主张和相关论述，可结合自身的实际情况，观看《平"语"近人——习近平总书记用典》。

二、学习了解国外先进思想

在申论考试中，米兰·昆德拉、凯文·凯利、鸠山由纪夫、乔布斯、梭罗等人物及其相关观点都曾出现于材料中，甚至部分人物的观点还直接进行了文章写作考查。

需要注意的是：其一，国外的思想学习范围很大，难以穷尽，在日常学习中以适当关注和涉猎为主，不宜把大量的精力投入于此。其二，《习近平新时代中国特色社会主义思想学习纲要（2023年版）》中明确指出"我们不排斥任何有利于中国发展进步的他国国家治理经验，积极吸收借鉴人类制度文明有益成果，但绝不照抄照搬他国制度模式"。因此，不能脱离我国的实际，对国外理论思想的学习一定要结合我们当下的现实。

第四节　关于习近平新时代中国特色社会主义思想的备考

习近平新时代中国特色社会主义思想在近年的申论考试中的应用越来越明显，无论是在准备考试还是在日后工作中，运用习近平新时代中国特色社会主义思想分析和解决问题的能力都非常重要，因此在备考中对习近平新时代中国特色社会主义思想的学习不可轻视，主要学习的渠道如下。

一、《习近平新时代中国特色社会主义思想学习纲要》

中央宣传部组织根据中央要求编写的政治理论著作，由学习出版社、人民出版社联合出版，首次出版时间为2019年6月9日。全面、系统、深入阐释了习近平新时代中国特色社会主义思想的核心要义、精神实质、丰富内涵、实践要求。为推动全党全社会深刻领悟"两个确立"的决定性意义，把学习贯彻习近平新时代中国特色社会主义思想进一步引向深入，根据党中央要求，中央宣传部对2019年出版的《习近平新时代中国特色社会主义思想学习纲要》进行修订，组织编写了《习近平新时代中国特色社会主义思想学习纲要（2023年版）》，是广大党员、干部、群众深入学习领会习近平新时代中国特色社会主义思想的重要辅助读物。

谈备考

考生在阅读《习近平新时代中国特色社会主义思想学习纲要（2023年版）》时，可关注其中与申论考试关联相对密切的部分。

二、习近平总书记重要讲话

习近平总书记在各种重要场合、会议，以及到各地考查期间所做的讲话，为考生提供了学习了解习近平新时代中国特色社会主义思想的重要渠道。考生可关注人民日报、央视新闻、新华社、光明网等官方媒体对习近平总书记重要讲话、足迹、指示精神的相关报道。同时，人民网有专门的"习近平系列重要讲话数据库"模块供查阅和学习。

三、重要著作

可以阅读《之江新语》《习近平谈治国理政》《习近平著作选读》《习近平新时代中国特色社会主义思想专题摘编》等著作以及人民日报、新华社等刊发的习近平总书记署名文章，进一步提升对习近平新时代中国特色社会主义思想的了解和认识。

第二部分

用热点备申论考点

热点为线，解析考点。通过热点解析真题考点，学透"大国政策"，掌握申论本质，塑造政府化思维，提升政务素养。本篇章涉及法治、经济、青年、社会、生态、文化六大方向，以"思想导读"模块为指导，以"考点回顾"为案例，深度解析真题。建议考生重点学习：谈解析、谈要点。

第一章　大国法治

第一节　思想导读：习近平法治思想

　　习近平法治思想是在全面依法治国的伟大实践中创立的，是马克思主义法治理论中国化的新发展新飞跃。本文坚持政理、法理和学理相结合，从四个方面对这一命题进行了阐释，即习近平法治思想是内涵丰富、系统完备的科学理论体系；习近平法治思想是马克思主义法治理论中国化的最新成果；习近平法治思想是习近平新时代中国特色社会主义思想的重要组成部分；习近平法治思想是全面依法治国的根本遵循和行动指南。

　　党的十八大以来，习近平总书记在领导全面依法治国的伟大实践中，提出一系列法治新理念新思想新战略，创新发展了中国特色社会主义法治理论，创立了习近平法治思想，这是马克思主义法治理论中国化的新发展新飞跃。2020年11月，中央全面依法治国工作会议正式明确提出习近平法治思想，并将其确立为新时代全面依法治国的指导思想，这在马克思主义法治理论发展史和中国特色社会主义法治建设史上具有里程碑意义。习近平法治思想是一个内涵丰富、论述深刻、逻辑严密、系统完备的科学理论体系，是马克思主义法治理论中国化的最新成果，是习近平新时代中国特色社会主义思想的重要组成部分，是全面依法治国的根本遵循和行动指南。

　　——节选自《中国法学》2021年第2期

　　1.习近平强调，要坚持党对全面依法治国的领导。党的领导是推进全面依法治国的根本保证。国际国内环境越是复杂，改革开放和社会主义现代化建设任务越是繁重，越要运用法治思维和法治手段巩固执政地位、改善执政方式、提高执政能力，保证党和国家长治久安。全面依法治国是要加强和改善党的领导，健全党领导全面依法治国的制度和工作机制，推进党的领导制度化、法治化，通过法治保障党的路线方针政策有效实施。

　　2.习近平强调，要坚持以人民为中心。全面依法治国最广泛、最深厚的基础是人民，必须坚持为了人民、依靠人民。要把体现人民利益、反映人民愿望、维护人民权益、增进人民福祉落实到全面依法治国各领域全过程。推进全面依法治国，根本目的是依法保障人民权益。要积极回应人民群众新要求新期待，系统研究谋划和解决法治领域人民群众反映强烈的突出问题，不断增强人民群众获得感、幸福感、安全感，用法治保障人民安居乐业。

3.**习近平指出，要坚持中国特色社会主义法治道路。**中国特色社会主义法治道路本质上是中国特色社会主义道路在法治领域的具体体现。既要立足当前，运用法治思维和法治方式解决经济社会发展面临的深层次问题；又要着眼长远，筑法治之基、行法治之力、积法治之势，促进各方面制度更加成熟更加定型，为党和国家事业发展提供长期性的制度保障。要传承中华优秀传统法律文化，从中国革命、建设、改革的实践中探索适合自己的法治道路，同时借鉴国外法治有益成果，为全面建设社会主义现代化国家、实现中华民族伟大复兴夯实法治基础。

4.**习近平强调，要坚持依宪治国、依宪执政。**党领导人民制定宪法法律，领导人民实施宪法法律，党自身要在宪法法律范围内活动。全国各族人民、一切国家机关和武装力量、各政党和各社会团体、各企业事业组织，都必须以宪法为根本的活动准则，都负有维护宪法尊严、保证宪法实施的职责。坚持依宪治国、依宪执政，就包括坚持宪法确定的中国共产党领导地位不动摇，坚持宪法确定的人民民主专政的国体和人民代表大会制度的政体不动摇。

5.**习近平指出，要坚持在法治轨道上推进国家治理体系和治理能力现代化。**法治是国家治理体系和治理能力的重要依托。只有全面依法治国才能有效保障国家治理体系的系统性、规范性、协调性，才能最大限度凝聚社会共识。在统筹推进伟大斗争、伟大工程、伟大事业、伟大梦想的实践中，在全面建设社会主义现代化国家新征程上，我们要更加重视法治、厉行法治，更好发挥法治固根本、稳预期、利长远的重要作用，坚持依法应对重大挑战、抵御重大风险、克服重大阻力、解决重大矛盾。

6.**习近平指出，要坚持建设中国特色社会主义法治体系。中国特色社会主义法治体系是推进全面依法治国的总抓手。**要加快形成完备的法律规范体系、高效的法治实施体系、严密的法治监督体系、有力的法治保障体系，形成完善的党内法规体系。要坚持依法治国和以德治国相结合，实现法治和德治相辅相成、相得益彰。要积极推进国家安全、科技创新、公共卫生、生物安全、生态文明、防范风险、涉外法治等重要领域立法，健全国家治理急需的法律制度、满足人民日益增长的美好生活需要必备的法律制度，以良法善治保障新业态新模式健康发展。

7.**习近平强调，要坚持依法治国、依法执政、依法行政共同推进，法治国家、法治政府、法治社会一体建设。**全面依法治国是一个系统工程，要整体谋划，更加注重系统性、整体性、协同性。**法治政府建设是重点任务和主体工程，**要率先突破，用法治给行政权力定规矩、划界限，规范行政决策程序，加快转变政府职能。要推进严格规范公正文明执法，提高司法公信力。普法工作要在针对性和实效性上下功夫，特别是要加强青少年法治教育，不断提升全体公民法治意识和法治素养。要完善预防性法律制度，坚持和发展新时代"枫桥经验"，促进社会和谐稳定。

8.**习近平指出，要坚持全面推进科学立法、严格执法、公正司法、全民守法。**要继续推进法治领域改革，解决好立法、执法、司法、守法等领域的突出矛盾和问题。**公平正义是司法**

的灵魂和生命。要深化司法责任制综合配套改革，加强司法制约监督，健全社会公平正义法治保障制度，努力让人民群众在每一个司法案件中感受到公平正义。要加快构建规范高效的制约监督体系。要推动扫黑除恶常态化，坚决打击黑恶势力及其"保护伞"，让城乡更安宁、群众更安乐。

9.习近平强调，要坚持统筹推进国内法治和涉外法治。要加快涉外法治工作战略布局，协调推进国内治理和国际治理，更好维护国家主权、安全、发展利益。要强化法治思维，运用法治方式，有效应对挑战、防范风险，综合利用立法、执法、司法等手段开展斗争，坚决维护国家主权、尊严和核心利益。要推动全球治理变革，推动构建人类命运共同体。

10.习近平指出，要坚持建设德才兼备的高素质法治工作队伍。要加强理想信念教育，深入开展社会主义核心价值观和社会主义法治理念教育，推进法治专门队伍革命化、正规化、专业化、职业化，确保做到忠于党、忠于国家、忠于人民、忠于法律。要教育引导法律服务工作者坚持正确政治方向，依法依规诚信执业，认真履行社会责任。

11.习近平强调，要坚持抓住领导干部这个"关键少数"。各级领导干部要坚决贯彻落实党中央关于全面依法治国的重大决策部署，带头尊崇法治、敬畏法律、了解法律、掌握法律，不断提高运用法治思维和法治方式深化改革、推动发展、化解矛盾、维护稳定、应对风险的能力，做尊法学法守法用法的模范。要力戒形式主义、官僚主义，确保全面依法治国各项任务真正落到实处。

习近平指出，推进全面依法治国是国家治理的一场深刻变革，必须以科学理论为指导，加强理论思维，不断从理论和实践的结合上取得新成果，总结好、运用好党关于新时代加强法治建设的思想理论成果，更好指导全面依法治国各项工作。

——习近平在中央全面依法治国工作会议上的重要讲话

第二节　考点回顾

法治领域的话题在申论考试中的适用范围相对明显，主要是针对"行政执法卷"而言。在历年的题目中，主要考查的内容既包括了先进的执法经验、有效的普法手段，也包括了执法理念。同时关于执法队伍的建设等在题目中也有涉及。近年的考试中，有时会以情景化的形式进行考查。如2022年国考副省卷就在题目和材料给出具体情景的情况下，考查了"以G市市场监管局的名义撰写一封公开信"。

2023年国务院办公厅印发《提升行政执法质量三年行动计划（2023—2025年）》明确了全面提升行政执法人员能力素质、全面推进严格规范公正文明执法、健全完善行政执法工作体系、加快构建行政执法协调监督工作体系、健全行政执法和行政执法监督科技保障体系、不断强化行政执法保障能力，明确了未来提升行政执法工作质量的努力方向和具体措施，对申论考试具有借鉴意义。

一、话题1：执法理念方法

● **题目：**（2024年国考行政执法卷第5题）请结合"给定材料5"，围绕行政执法工作中的"力""理""利"进行深入思考，联系实际，自拟题目，写一篇文章。

材料主要内容："给定材料5"信息相对复杂，既有统一执法证件、统一执法标识、统一执法制式服装，也有人情、关系等因素，常常影响基层公共治理活动的公正性的讨论，还有对M市福兴公司负责人讲道理进行执法的过程及后续的一些探讨等。

考查热点： 行政执法、执法理念
涉及范围： 严格执法、法理情结合、以人民为中心

考霸蛙谈案例！

谈链接

习近平总书记在党的二十大报告中强调"扎实推进依法行政"，对转变政府职能、深化行政执法体制改革、强化行政执法监督机制和能力建设等作出重点部署、提出明确要求，为新时代法治政府建设提供了根本遵循。

谈解析

习近平总书记在2020年中央全面依法治国工作会议上讲到的"坚持全面推进科学立法、严格执法、公正司法、全民守法，要继续推进法治领域改革，解决好立法、执法、司法、守法等领域的突出矛盾和问题。"其中"严格执法"就是执法工作中的"力"。同时，习近平总书记在强调严格规范公正文明执法时，特别要求"坚持以法为据、以理服人、以情感人"。以法为据，就要严格依法、公正司法；以理服人，就要通晓事理、讲明道理；以情感人，就要"如我在诉"、将心比心。

《习近平新时代中国特色社会主义思想学习纲要（2023年版）》中明确提出："全面依法治国最广泛、最深厚的基础是人民。我国社会主义制度保证了人民当家作主的主体地位，也保证了人民在全面推进依法治国中的主体地位。要始终坚持以人民为中心，坚持法治为了人民、依靠人民、造福人民、保护人民，积极回应人民群众要求新期待，把体现人民利益、反映人民愿望、维护人民权益、增进人民福祉落实到全面依法治国各领域全过程。"

可以说"力""理""利"都有相应的理论依据。

要点

◆ **材料链接❶**：统一执法证件、统一执法标识、统一执法制式服装……做到了一人一号，人号对应。这种看起来只是形式上的统一，却有着非常深刻的意义——有利于进一步加强执法人员规范管理，强化社会监督，有利于切实提高行政执法公信力，推进规范文明执法。

①**得分要点**：关于"力"的论证，不应仅仅局限于对执法对象的力度，也应包括对执法队伍本身的严格约束。

②**思想理论依据**：《提升行政执法质量三年行动计划（2023—2025年）》中明确提出："全面提升行政执法人员能力素质。"其中强调了"加强基层行政执法单位党组织建设，充分发挥党建引领作用。推进行政执法队伍的革命化、正规化、专业化、职业化建设，持续提升做好行政执法工作的能力素养和本领，实现行政执法工作政治效果、法律效果和社会效果的有机统一。"

③**相关分析**：从《提升行政执法质量三年行动计划（2023—2025年）》来看，执法队伍建设是提升行政执法质量的重要条件。材料中的"统一"对应的正是队伍的"正规化、专业化、职业化"。

◆ **材料链接❷**："前段时间发生的个别执法人员在执法过程中简单粗暴、以权压人的行为影响恶劣，不仅会破坏良好的营商环境，损害政府公信力，还严重违背法治精神。"

①**得分要点**：行政执法的"利"主要指人民的利益。

②**思想理论依据**：《习近平新时代中国特色社会主义思想学习纲要（2023年版）》中明确提出："走中国特色社会主义政治发展道路，必须坚持党的领导、人民当家作主、依法治国有机统一。"

要始终坚持以人民为中心，坚持法治为了人民、依靠人民、造福人民、保护人民，积极回应人民群众新要求新期待，把体现人民利益、反映人民愿望、维护人民权益、增进人民福祉落实到全面依法治国各领域全过程。

——习近平总书记2021年12月6日在十九届中央政治局第三十五次集体学习时的讲话

③**相关分析**：材料中虽然没有像"力"和"理"那样明确指出"利"，但结合理论内容不难推断出，具有"力"和"理"的执法是保障人民利益的，否则就会损害人民的"利"。

二、 话题2：执法队伍建设

● **题目**：（2022年江苏B卷第5题）请结合你对"给定材料7"中"'徒法不足以自行'，高素养的行政执法队伍是从'有法可依'走向'良法善治'的可靠保障"这句话的理解，联系实际，写一篇文章。

材料主要内容：材料1—3列举了执法部门工作中一些好的做法，包括"开放日"活动、

"导师帮带制""驻队律师"等，材料4介绍了"砍香樟树被罚"引发的争议，材料5介绍了公安交管部门通过网络直播普法的情况，材料6讲述了"博士城管"小陶的事迹，材料7阐释了法治政府建设的重要性，强调了高素养的行政执法队伍的重要意义。

考查热点：执法队伍建设、法治政府

涉及范围：执法工作、普法宣传、执法争议

考霸蛙谈案例！

谈链接

2021年8月中共中央、国务院印发了《法治政府建设实施纲要（2021 — 2025年）》，并发出通知，要求各地区各部门结合实际认真贯彻落实。强调了法治政府建设是全面依法治国的重点任务和主体工程，是推进国家治理体系和治理能力现代化的重要支撑。其中包含：深入学习贯彻习近平法治思想，努力实现法治政府建设全面突破；健全政府机构职能体系，推动更好发挥政府作用；健全依法行政制度体系，加快推进政府治理规范化程序化法治化；健全行政决策制度体系，不断提升行政决策公信力和执行力；健全行政执法工作体系，全面推进严格规范公正文明执法；健全突发事件应对体系，依法预防处置重大突发事件；健全社会矛盾纠纷行政预防调处化解体系，不断促进社会公平正义；健全行政权力制约和监督体系，促进行政权力规范透明运行；健全法治政府建设科技保障体系，全面建设数字法治政府；加强党的领导，完善法治政府建设推进机制等内容。

谈解析

《习近平新时代中国特色社会主义思想学习纲要（2023年版）》中明确提出："创新法治人才培养机制，着力建设一支忠于党、忠于国家、忠于人民、忠于法律的社会主义法治工作队伍，为全面依法治国提供强有力的人才保障。"

《提升行政执法质量三年行动计划（2023—2025年）》中明确了全面提升行政执法人员能力素质的重点任务，其中着力提高政治能力、大力提升业务能力、切实加强全方位管理是三个具体方面。

谈要点

◆ **材料链接**：2001年大专毕业后，小陶进入金湖风景区环湖管理处，工作中他认识到，随着时代的进步，社会管理和公共服务职能越来越重要，对执法人员的要求也越来越高，应当不断提升自己。……他决定更加全面系统地学习法律知识，参加国家法律职业资格考试。但……他才再次进入备考节奏，早起学习1小时，午休学习1小时，晚上回家再接着学习，2021年他终于拿到了法律职业资格证书。

①**得分要点**：分论点可为"高素质执法队伍要有过硬的业务能力。"

②**思想理论依据**：2017年5月3日，习近平总书记在中国政法大学考察时要求："加强法学教育、法学研究工作者和法治实际工作者之间的交流""培养大批高素质法治人才。"在2019版的《习近平新时代中国特色社会主义思想学习纲要》中已经指出"着力建设一支忠于党、忠于国家、忠于人民、忠于法律的社会主义法治工作队伍，为全面依法治国提供强有力的人才保障。"

③**相关分析**：材料中的小陶就是行政执法队伍中的优秀代表，其身上最突出的特点就是过硬的业务能力。《提升行政执法质量三年行动计划（2023—2025年）》中更是进一步明确："严格落实行政执法人员资格管理和持证上岗制度，未取得行政执法证件的人员不得独立从事行政执法工作。全面落实行政执法责任制，健全完善行政执法人员年度考核制度。建立健全行政执法人员退出机制，对不符合执法要求的行政执法人员要依法暂扣、收回或者注销其行政执法证件。人民警察证件的管理使用按照人民警察法的规定执行。按照国家有关规定对在行政执法中作出突出贡献的集体和个人给予表彰奖励，推进示范创建活动。"

因此，"业务能力"应成为分论点中的关键词。

三、话题3：执法行为

● **题目**：（2024年国考行政执法卷第3题）如果你是"给定材料3"中有关部门的工作人员，请根据座谈会参会人员的发言内容，围绕非遗法实施的成效、不足和改进建议，写一份情况报告。

材料主要内容：材料以人物讲话的形式，介绍了《中华人民共和国非物质文化遗产法》出台后带来的成效，同时也阐释了部分人对法律理解的误区以及改进的建议。

考查热点：行政执法、非遗传承

涉及范围：法治观念、法律宣传、文化遗产

考霸蛙谈案例！

链接

中国非物质文化遗产，是指中国各族人民世代相传，并视为其文化遗产组成部分的各种传统文化表现形式，以及与传统文化表现形式相关的实物和场所。

党的十八大以来，习近平总书记在不同场合多次谈到非物质文化遗产的保护与传承。2022年12月习近平总书记在讲话中指出："要扎实做好非物质文化遗产的系统性保护，更好满足人民日益增长的精神文化需求，推进文化自信自强。要推动中华优秀传统文化创造性转化、创新性发展，不断增强中华民族凝聚力和中华文化影响力，深化文明交流互鉴，讲好中华优秀传统文化故事，推动中华文化更好走向世界。"

解析

2020年10月29日，习近平总书记在党的十九届五中全会第二次全体会议上强调："要坚持和完善规划有效实施的机制，完善规划实施中的动态监测、中期评估、总结评估机制，提高规划执行力和落实力。"《学习时报》中也指出："一分部署，九分落实。中国共产党成立100多年来，经受了各种风险考验，带领人民迎来了从站起来、富起来到强起来的伟大飞跃。究其原因，是我们党历来重视战略规划工作并予以坚定实施。'徒善不足以为政，徒法不足以自行'，法律法规、政策、规划等得不到严格执行，成了摆设，就会形成'破窗效应'。新时代新征程，推进伟大事业，更需要高效的执行力，这样才能出实招、干实事、创实绩。蓝图已绘就，接下来就需要发扬钉钉子精神，用高效的执行力保证规划落实到位，更好地把握当下、赢得未来。"

要点

◆ **材料链接❶**：非遗法实施后，我在开展非遗保护传承工作时得到了各级政府的关心和支持。……非遗保护、传承工作复杂而又庞大，需要社会各界给予更多关注，在资金、场地上进一步提供保障，同时也要对传承人进行严格的考核，保证其带徒授艺规范有序。

①**得分要点**：号召社会各界给予更多关注，进一步满足资金和场地需求。对传承人进行规范考核，确保带徒授艺规范有序。

②**思想理论依据**：习近平总书记在讲话中指出："要扎实做好非物质文化遗产的系统性保护。"

③**相关分析**：非遗传承是一项系统性的保护工作，并非因其在"行政执法"卷中，就仅靠行政执法手段，在法律之外也需要相应手段来推动取得实效。

◆ **材料链接❷**：非遗法的实施给集团的发展注入了新动力，坚定了非遗产业发展的战略信心。……非遗法实施后，我在开展非遗保护传承工作时得到了各级政府的关心和支持。

①**得分要点**：为企业发展注入新动力，坚定产业发展战略信心。争取得到各级政府资源支持。

②**思想理论依据**：法律规范对本人行为起到导向和引导的作用，指引作用是法律应起到的最主要的作用之一。

③**相关分析**：材料中的内容体现的正是法的这一作用，是属于非遗法实施的成效。

第二章　大国经济

第一节　思想导读：习近平经济思想

2017年12月18日至20日，中央经济工作会议在北京举行。中央经济工作会议指出："5年来，我们坚持观大势、谋全局、干实事，成功驾驭了我国经济发展大局，在实践中形成了以新发展理念为主要内容的习近平新时代中国特色社会主义经济思想。"

党的十八大以来，以习近平同志为核心的党中央高瞻远瞩、统揽全局、把握大势，提出一系列新理念新思想新战略，在实践中形成和发展了习近平经济思想，成为新时代做好经济工作的根本遵循和行动指南。

一、习近平经济思想体系严整

习近平经济思想体系严整、内涵丰富、博大精深，《习近平经济思想学习纲要》将其基本内容梳理归纳为十三个方面。

加强党对经济工作的全面领导是我国经济发展的根本保证；坚持以人民为中心的发展思想是我国经济发展的根本立场；进入新发展阶段是我国经济发展的历史方位；坚持新发展理念是我国经济发展的指导原则；构建新发展格局是我国经济发展的路径选择；推动高质量发展是我国经济发展的鲜明主题；坚持和完善社会主义基本经济制度是我国经济发展的制度基础；坚持问题导向部署实施国家重大发展战略是我国经济发展的战略举措；坚持创新驱动发展是我国经济发展的第一动力；大力发展制造业和实体经济是我国经济发展的主要着力点；坚定不移全面扩大开放是我国经济发展的重要法宝；统筹发展和安全是我国经济发展的重要保障；坚持正确工作策略和方法是做好经济工作的方法论。

二、习近平经济思想特征鲜明

习近平经济思想体现了理论和实践相结合、认识论和方法论相统一的鲜明特点，是指引我国经济高质量发展、科学应对重大风险挑战、全面建设社会主义现代化国家的锐利思想武器。

（一）习近平经济思想具有鲜明的科学性

这一重要思想坚持以辩证唯物主义和历史唯物主义科学世界观方法论认识世界、改造世界，系统回答了新时代我国经济发展的根本保证、根本立场、历史方位、指导原则、路径选择、鲜明主题等一系列重大问题，深入提炼和总结我国经济发展实践的规律性成果，为准确把握经济社会发展逻辑、推进社会主义经济建设提供了正确指引，展现出强大的真理力量。

（二）习近平经济思想具有鲜明的人民性

这一重要思想坚持把人民利益作为党领导经济工作的根本出发点和落脚点，强调发展为了人民、发展依靠人民、发展成果由人民共享，注重在发展中保障和改善民生，坚定不移走共同富裕的道路，不断增强人民群众获得感、幸福感、安全感，彰显了以人为本、人民至上的根本价值取向。

（三）习近平经济思想具有鲜明的时代性

这一重要思想站在时代前沿，洞察时代风云，把握时代脉搏，立足中国特色社会主义进入新时代的历史方位，提出统筹中华民族伟大复兴战略全局和世界百年未有之大变局，强调要准确识变、科学应变、主动求变，坚持正确的战略策略，为新时代经济工作确立了战略坐标，提供了战略指引。

（四）习近平经济思想具有鲜明的实践性

这一重要思想坚持实践导向，着眼客观实际，聚焦发展不平衡不充分的深层次矛盾，聚焦国际国内环境深刻复杂变化和经济运行面临的风险挑战，深刻回答了事关新时代经济发展的一系列重大现实问题，擘画推动了关乎基础和全局的一系列重大发展战略，为破解发展难题、增强发展动力、厚植发展优势、推动我国经济高质量发展提供了行动指南。

（五）习近平经济思想具有鲜明的开放性

这一重要思想坚持以我为主、为我所用，博采众长、去粗取精，科学继承马克思主义政治经济学和中国特色社会主义政治经济学的理论精髓，充分汲取中华优秀传统文化的养分精华，借鉴吸收世界各国经济发展经验和西方经济学有益成分，展现出强大的理论创新活力。

三、习近平经济思想意义重大

习近平经济思想是习近平新时代中国特色社会主义思想的重要组成部分；习近平经济思想是中国共产党不懈探索社会主义经济发展道路形成的宝贵思想结晶；习近平经济思想是运用马克思主义政治经济学基本原理指导新时代经济发展实践形成的重大理论成果；习近平经济思想是新时代我国经济工作的科学行动指南。

党的十八大以来，在习近平经济思想的科学指引下，我国经济社会发展取得历史性成就、发生历史性变革。

党的二十大报告指出："我国经济实力实现历史性跃升。国内生产总值从五十四万亿元增长到一百一十四万亿元，我国经济总量占世界经济的比重达百分之十八点五，提高七点二个百分点，稳居世界第二位；人均国内生产总值从三万九千八百元增加到八万一千元。谷物总产量稳居世界首位，十四亿多人的粮食安全、能源安全得到有效保障。城镇化率提高十一点六个百分点，达到百分之六十四点七。制造业规模、外汇储备稳居世界第一。建成世界最大的高速铁路网、高速公路网，机场港口、水利、能源、信息等基础设施建设取得重大成就；全社会研发经费支出从一万亿元增加到二万八千亿元，居世界第二位，研发人员总量居世界首位。""基础研究和原始创新不断加强，一些关键核心技术实现突破，战略性新兴产业发展壮大，载人航天、探月探火、深海深地探测、超级计算机、卫星导航、量子信息、核电技术、新能源技术、大飞机制造、生物医药等取得重大成果，进入创新型国家行列。""我们经过接续奋斗，实现了小康这个中华民族的千年梦想，我国发展站在了更高历史起点上。我们坚持精准扶贫、尽锐出战，打赢了人类历史上规模最大的脱贫攻坚战，全国八百三十二个贫困县全部摘帽，近一亿农村贫困人口实现脱贫，九百六十多万贫困人口实现易地搬迁，历史性地解决了绝对贫困问题，为全球减贫事业作出了重大贡献。"

——节选自《习近平经济思想学习纲要》、新华社

第二节　考点回顾

经济领域是申论考题中经常涉及的领域，题目较多，考法也相对丰富，从2012年一直到现在，经济领域的相关话题一直是申论考题中的"常青树"，在持续多年的考查中，各类不同的经济领域话题和考查方式层出不穷。既有经济领域的新名词、新动向的，如2018年国考副省卷考查的"想象力经济"，也有在经济高速发展中对现代社会人文理念的思考，如2015年国考市地卷考查的"科技是呆板的，人文是精彩的"。

在习近平新时代中国特色社会主义经济思想提出后，申论考试中经济领域的话题开始逐渐侧重于从贯彻新发展理念，实现高质量发展，构建新发展格局的角度进行考查。创新、协调、

绿色、开放、共享成为其考查的重点方向，其中"创新"的考查最多。与此同时，基于"以人民为中心"的根本立场，申论题目在考查经济类话题时，往往将经济的发展与民生的改善进行融合考查。另外，政府在优化营商环境、助力企业创新、推动经济发展等方面发挥的作用，在申论题目中也有较多的考查。

一、话题1：走高质量发展之路

● **题目1**：（2024年国考副省卷第1题）"耀然灯饰"的发展，是星河镇灯饰企业发展的缩影。请你根据"给定材料1"，简要总结"耀然灯饰"成功的经验。

　　材料主要内容：材料以"耀然灯饰"为主角，从其品牌战略、理念、形象打造等不同角度进行展开，穿插人物话语和数据、案例，全方位地展示了"耀然灯饰"的发展情况。

　　考查热点：创新、品牌

　　涉及范围：传统产业转型升级、品牌打造、时代发展

考霸蛙谈案例！

🐸链接

　　本套题目的文章写作主题是"我们要用积极的态度对旧事物的价值进行最大挖掘，让它们重新焕发生机"，考查的是考生如何在新时代，以新的理念对待旧事物，使之获得更好地发展。明确了这一内容之后，不难发现"耀然灯饰"所代表的正是传统灯饰企业这一"旧事物"，而其成功的发展则是"重焕生机"的过程。背后涉及的其实是传统产业的转型升级。这与中央经济工作会议强调的"广泛应用数智技术、绿色技术，加快传统产业转型升级"相契合。

🐸解析

　　习近平总书记在十四届全国人大一次会议闭幕会上发表重要讲话指出："在强国建设、民族复兴的新征程，我们要坚定不移推动高质量发展。要完整、准确、全面贯彻新发展理念，加快构建新发展格局，深入实施科教兴国战略、人才强国战略、创新驱动发展战略，着力提升科技自立自强能力，推动产业转型升级。"

　　《习近平新时代中国特色社会主义思想学习纲要（2023年版）》中指出："制造业是立国之本、强国之基，抓实体经济一定要抓好制造业。要保持制造业比重基本稳定，巩固壮大实体经济根基，推动制造业高质量发展，加快建设制造强国。传统制造业是现代化产业体系的基底，要加快数字化转型，推广先进适用技术，着力提升高端化、智能化、绿色化水平。战略性新兴产业是引领未来发展的新支柱、新赛道，要推动战略性新兴产业融合集群发展，构建新一代信息技术、人工智能、生物技术、新能源、新材料、高端装备、绿色环保等一批新的增长引擎。"

《习近平新时代中国特色社会主义思想学习纲要（2023年版）》中指出："习近平总书记指出，产业链、供应链在关键时刻不能掉链子，这是大国经济必须具备的重要特征。确保极端情景下国民经济循环畅通，必须切实提升产业链供应链韧性和安全水平，做到不仅能生存、还要有发展。要推动短板产业补链、优势产业延链，传统产业升链、新兴产业建链，增强产业发展的接续性和竞争力。优化生产力布局，推动重点产业在国内外有序转移，支持企业深度参与全球产业分工和合作，促进内外产业深度融合。"

谈要点

◆ **材料链接❶**：耀然灯饰是星河镇一家颇具代表性的灯饰骨干企业。看到"耀然"荣获国际大奖的"天鹅灯"后，大家才知道灯还能这样制作。

①**得分要点**：产品体现创新/创意

②**思想理论依据**：早在2018年12月18日，习近平总书记就在庆祝改革开放40周年大会上讲到"我们要坚持创新是第一动力、人才是第一资源的理念，实施创新驱动发展战略，完善国家创新体系，加快关键核心技术自主创新，为经济社会发展打造新引擎"。党的十八大以来，习近平总书记多次强调创新对于生产力的推动作用，指出"科技创新是提高社会生产力和综合国力的战略支撑""实施创新驱动发展战略决定着中华民族前途命运"，从战略高度阐明了科技创新在社会发展进程中的重要作用。

党的二十大报告中指出，"贯彻新发展理念是新时代我国发展壮大的必由之路"。创新是引领发展的第一动力，创新发展注重的是解决发展动力问题，必须坚持创新在我国现代化建设全局中的核心地位，让创新贯穿党和国家一切工作，全面提升创新能力和效率，把创新发展主动权牢牢掌握在自己手中。坚持创新是引领发展的第一动力，深入实施科教兴国战略、人才强国战略、创新驱动发展战略，我们才能实现高水平科技自立自强，为强国建设、民族复兴提供不竭动力。

③**相关分析**：材料中"大家才知道灯还能这样制作"是将耀然灯饰"创新"这一经验隐藏其中，单纯地靠阅读材料找寻要点的难度较大，但如果已明确创新在高质量发展中的地位和作用，那么就能比较容易地找出相应的要点。

◆ **材料链接❷**："从爱迪生发明了电灯开始，人类就开启了电气照明时代。在LED灯引领的照明新时代，我们的品牌战略又该从哪里破局？对此，耀然灯饰提出了'用照明科技创造美好生活'的品牌主张。"方经理说。

①**得分要点**：品牌战略，提出用照明科技创造美好生活主张。

②**思想理论依据**：为大力宣传知名自主品牌，讲好中国品牌故事，提高自主品牌影响力和认知度，自2017年起，我国将每年5月10日定为中国品牌日。习近平总书记高度重视品牌建设，多次提出殷切期许。2014年5月10日，习近平总书记在河南考察时提出"推动中国制造向中国创造转变、中国速度向中国质量转变、中国产品向中国品牌转变"的重要战略。

2017年6月22日，习近平总书记在山西考察时表示："希望企业用好我国交通发展和推进'一带一路'建设的历史性机遇，在技术创新和品牌建设上创出更大的天地。"2017年12月12日，习近平总书记在江苏考察时指出："实现中国制造向中国创造转变、中国速度向中国质量转变、中国产品向中国品牌转变，必须有信心、有耐心、有定力地抓好自主创新。"2020年7月23日，习近平总书记在吉林考察时强调："推动我国汽车制造业高质量发展，必须加强关键核心技术和关键零部件的自主研发，实现技术自立自强，做强做大民族品牌。"2020年6月9日，在宁夏考察的习近平总书记强调："宁夏要把发展葡萄酒产业同加强黄河滩区治理、加强生态恢复结合起来，提高技术水平，增加文化内涵，加强宣传推介，打造自己的知名品牌，提高附加值和综合效益。"2021年3月5日，在参加全国两会内蒙古代表团审议时，习近平总书记要求："要发展优势特色产业，发展适度规模经营，促进农牧业产业化、品牌化，并同发展文化旅游、乡村旅游结合起来，增加农牧民收入。"

③**相关分析**："品牌"不只是此部分材料的一个得分点，在整篇材料中"品牌"一词也反复出现，是整个题目的关键词，若不能呈现在答案中，则会造成比较严重的失分。如果事先了解了习近平总书记对"品牌"特别是对品牌强国建设的指示要求，则能够比较容易地留意到这一关键词。

● **题目2**：（2023年国考副省卷第5题）大河奔流不息，在流动中焕发生机。纵横交错的桥梁路网，构成了经济发展的动脉，不断产生新的发展机遇；产业通过转型升级，迸发出新的活力，不断释放新的动能……请你参考"给定材料"，联系实际，自选角度，以"流动与新生"为题目，写一篇文章。

材料主要内容：整篇材料以"流动"为支点进行展开，材料1介绍了玉陵湖大桥为当地带来的"流动"；材料2介绍了把窑洞打造成文化教育基地的过程，文化遗产随时代大潮中的流动与新生；材料3介绍了凤凰河河道疏浚和两岸文化发展的情况；材料4介绍了两个城市产业转型升级的不同做法和经验；材料5交代了乐原市关于引入新远眼镜公司时众人的讨论。

考查热点：创新、流动

涉及范围：传统产业转型升级、交通设施完善、文化传承

考霸蛙谈案例！

谈链接

"流动"成为热词，最早是在2019年，习近平总书记在2019年新年贺词中说："一个流动的中国，充满了繁荣发展的活力。我们都在努力奔跑，我们都是追梦人。"在当时的语境下，习近平总书记还提到了："恢复高考后的第一批大学生大多已经退休，大批'00后'进入高校校园。1亿多非户籍人口在城市落户的行动正在继续，1300万人在城镇找到了工作，解决棚户区问题的住房开工了580万套，新市民有了温暖的家。很多港澳台居民拿到了居住证，香港进入了全国高铁网。"即"流动"所指的本意。

后来在官方及主流媒体一系列运用中，"流动"逐渐被赋予了更多、更丰富的含义。2024年春节期间，《人民日报》专题报道了题为《流动的中国充满活力》的文章，将"流动"与"活力"挂钩。

谈解析

在2024年春节团拜会上，习近平总书记指出："完整、准确、全面贯彻新发展理念，统筹高质量发展和高水平安全。"春运，承载着人们的团圆期盼，折射出高质量发展新气象。《人民日报》望海楼曾专门以"流动的中国"为主题，撰写文章，其中包括："一个流动的中国，有利于进一步解放和发展社会生产力，实现经济持续健康发展。中国改革开放以来的经济增长奇迹，与社会性流动的放开密不可分。一个流动的中国，有利于释放和增强社会发展活力，保持社会公平正义和社会大局的长期稳定。一个流动的中国，有利于创造更多个人职业发展和价值实现的机会，增强个人通过努力奋斗改变命运的动力，实现人的全面发展。一个充满活力的中国，也必然是一个蒸蒸日上、未来可期的中国。"

谈要点

◆ **材料链接：** 乐原市一批老工业企业陆续搬迁改造，留下了大片破旧的老厂房。废旧的厂房、闲置的土地如何再利用？……经过我们的招商工作，目前新远眼镜公司有意向搬来。这家公司生产地目前还位于H市。

①**得分要点：** 此处"流动"并非简单的人或物在交通层面的流动，而是指"产业"的流动。

②**思想理论依据：**《习近平新时代中国特色社会主义思想学习纲要（2023年版）》中，谈到区域协调发展的部分，提到"按照客观经济规律调整完善区域政策体系，发挥各地区比较优势，促进各类要素合理流动和高效集聚"。党的二十大报告中，也多次提及"城乡要素流动""人才流动"等相关信息。可见，"流动"所指的范围并不仅仅局限于"交通"，而是包括"各类要素"与材料中所涉及的产业转型升级中，各类要素的流动相契合。

③**相关分析**：根据题干和材料，明确了"流动"不仅局限于人和物在"交通"层面的流动，就不难发现材料中的流动还包括交通路网层面、文化交融层面、产业转型层面等，可以作为分论点确认的依据。

二、话题2：经济造福民生

● **题目**：（2023年国考市地卷第4题）《金融报》"金融向善"专栏拟报道M市F银行的相关事例。假如你是该专栏的编辑，请根据"给定材料4"，为该报道撰写一则短评。

　　材料主要内容：材料以M市F银行为典型，通过其运用"小企快贷""美食贷""务工贷"等金融产品，服务中小企业，造福百姓民生的事迹。

考查热点：普惠金融

涉及范围：中小企业发展、金融产品作用

考霸蛙谈案例！

链接

　　普惠金融指的是立足机会平等和商业可持续原则，以可负担的成本为有金融服务需求的社会各阶层和群体提供适当、有效的金融服务。普惠金融与其他金融形式的主要区别在于，一是在地理空间和人群覆盖度上更加广泛，二是更加倾向于满足传统金融服务难以覆盖的低收入人群和小微企业等"长尾客户"的需求，三是以更低成本和创新服务来满足更广泛的客户需求。因具有包容性、面向"基层"、成本"可负担"等特点，普惠金融对社会大多数群体特别是中低收入群体具有显著的促进发展的作用。

　　2023年国务院印发《国务院关于推进普惠金融高质量发展的实施意见》，提出未来五年，高质量的普惠金融体系基本建成。重点领域金融服务可得性实现新提升，普惠金融供给侧结构性改革迈出新步伐，金融基础设施和发展环境得到新改善，防范化解金融风险取得新成效，普惠金融促进共同富裕迈上新台阶的目标，主要内容包括：优化普惠金融重点领域产品服务、健全多层次普惠金融机构组织体系、完善高质量普惠保险体系等。其中"支持小微经营主体可持续发展。鼓励金融机构开发符合小微企业、个体工商户生产经营特点和发展需求的产品和服务，加大首贷、续贷、信用贷、中长期贷款投放。建立完善金融服务小微企业科技创新的专业化机制，加大对专精特新、战略性新兴产业小微企业的支持力度。优化制造业小微企业金融服务，加强对设备更新和技术改造的资金支持。强化对流通领域小微企业的金融支持。规范发展小微企业供应链票据、应收账款、存货、仓单和订单融资等业务。拓展小微企业知识产权质押融资服务。鼓励开展贸易融资、出口信用保险业务，加大对小微外贸企业的支持力度。"和

"助力乡村振兴国家战略有效实施。健全农村金融服务体系。做好过渡期内脱贫人口小额信贷工作，加大对国家乡村振兴重点帮扶县的信贷投放和保险保障力度，助力增强脱贫地区和脱贫群众内生发展动力。加强对乡村产业发展、文化繁荣、生态保护、城乡融合等领域的金融支持。提高对农户、返乡入乡群体、新型农业经营主体的金融服务水平，有效满足农业转移人口等新市民的金融需求，持续增加首贷户。加大对粮食生产各个环节、各类主体的金融保障力度。强化对农业农村基础设施建设的中长期信贷支持。拓宽涉农主体融资渠道，稳妥推广农村承包土地经营权、集体经营性建设用地使用权和林权抵押贷款。积极探索开展禽畜活体、养殖圈舍、农机具、大棚设施等涉农资产抵押贷款。发展农业供应链金融，重点支持县域优势特色产业。"与本题直接相关。

解析

习近平总书记强调："要始终坚持以人民为中心的发展思想，推进普惠金融高质量发展，健全具有高度适应性、竞争力、普惠性的现代金融体系，更好满足人民群众和实体经济多样化的金融需求"。扎实推进共同富裕，实现全体人民共同富裕的现代化，必然要求大力发展高质量的普惠金融体系与之相匹配。

《光明日报》曾以"以普惠金融高质量发展助推共同富裕"为题发表文章，其中指出："基于我国普惠金融服务的重点对象是小微企业、农民、城镇低收入人群、贫困人群、残疾人和老年人等特殊群体，做好普惠金融这篇大文章，需从以下几方面努力：一是增加普惠金融供给，更好地服务普通大众。引导各类金融机构完善基础设施建设，降低金融服务成本，减少金融排斥现象，满足各类家庭不断增长的金融服务需求。发挥普惠金融的普惠性，促进普惠金融的下沉深度和覆盖广度。通过客户下沉，提高乡村人口、低人力资本、低物质资本、低社会资本等家庭获得正规金融服务的水平。二是优化营商环境，引导普惠金融支持创业。积极推进家庭创业，为创业营造更好营商环境。帮助低收入群体通过家庭经营增加收入，支持普惠金融为低收入群体开展家庭经营保驾护航。三是完善普惠金融政策体系，积极带动非农就业。支持农村剩余劳动力有序流动，利用普惠金融为农村居民从事非农就业提供更好政策环境。四是提升普惠金融科技水平，推动数字普惠金融发展。强化科技赋能，支持金融机构运用互联网、大数据、人工智能、区块链等科技手段，优化普惠金融服务模式，促进小微企业、个体工商户、涉农主体等获得更加便捷的金融服务。"

要点

◆ **材料链接❶**：不少小微企业主都是从农村出来的，多年打拼成功后，回过头来看到同村、同宗的人需要帮助，他们的感触往往都很深。自己被雨淋过，所以也想为别人撑把伞，或许这便是那些小微企业主愿意参与进来的原因之一。这些年来，F银行帮助了不少企业成长壮大。如今，它也在不断创造机会，让更多企业家参与进来，为实现共同富裕出一份力。

①**得分要点**：引导小微企业主参与，传递爱心，推进共同富裕。

②**思想理论依据**：实现全体人民共同富裕是中国式现代化的本质要求，构建高质量的普惠金融体系是推动我国14亿多人口整体迈向共同富裕的重要举措。2023年召开的中央金融工作会议明确要求做好普惠金融这篇大文章，为通过普惠金融的高质量发展助推共同富裕提供了重要指引。习近平总书记强调："要始终坚持以人民为中心的发展思想，推进普惠金融高质量发展，健全具有高度适应性、竞争力、普惠性的现代金融体系，更好满足人民群众和实体经济多样化的金融需求"。扎实推进共同富裕，实现全体人民共同富裕的现代化，必然要求大力发展高质量的普惠金融体系与之相匹配。

③**相关分析**：普惠金融是实现共同富裕的必要条件之一，换言之发展普惠金融的目的就在于实现共同富裕，因而材料中出现的"共同富裕"是答案中要体现的关键词。如不了解这一内在机理，在作答中很容易忽略。

◆ **材料链接❷**："我们始终坚持'金融向善'的理念，让全体社会成员公平享有金融服务的机会。我们将服务公众需求作为业务目标，更有温度地回应人民对美好生活的向往。"F银行黄行长说道。

①**得分要点**：坚持金融向善，让全体社会成员公平享有金融服务，回应人民对美好生活的向往。

②**思想理论依据**：2012年11月15日，面对中外记者，新当选的中共中央总书记习近平，以一句真诚、质朴的话语为新时代答卷起笔："人民对美好生活的向往，就是我们的奋斗目标。"2022年，二十届中共中央政治局常委同中外记者见面，习近平总书记的宣示始终如一："不断把人民对美好生活的向往变为现实。"

坚持普惠金融发展为了人民、发展依靠人民、发展成果由人民共享的原则，是中国特色普惠金融的宗旨所在，始终把人民对美好生活的向往作为普惠金融发展方向，是中国特色普惠金融的根本目标。

③**相关分析**："人民对美好生活的向往，就是我们的奋斗目标。"既是习近平总书记始终如一的宣示，也是我们党和政府工作的方向。普惠金融也必须以满足人民对美好生活的向往为目标，因而必须将材料中这部分内容作为短评的要点呈现在答案中。

三、 话题3：更好发挥政府作用

● **题目：**（2023年国考行政执法卷第2题）H市计划召开关于促进本市"无人经济"新业态健康发展的座谈会，假如你是市场监管部门的参会代表，将在座谈会上发言，请根据"给定材料2"，写一份发言提纲。

材料主要内容：主要介绍了"无人经济"的各类形态和使用场景以及其可能存在的风险和问题，并通过题目和材料引导考生思考，如何让无人经济发展得更好。

考查热点： 无人经济

涉及范围： 新业态、人工智能+

考霸蛙谈案例！

谈链接

无人经济主要指无人值守服务，是基于智能技术，在新零售、娱乐、生活、健康等消费场景下实现的无导购员和收银员的服务。

2020年7月15日，国家发展改革委发布《关于支持新业态新模式健康发展激活消费市场带动扩大就业的意见》（以下简称《意见》）。《意见》指出要发展基于新技术的"无人经济"，充分发挥智能应用的作用，促进生产、流通、服务降本增效。支持建设智能工厂，实现生产过程透明化、生产现场智能化、工厂运营管理现代化。发展智慧农业，支持适应不同作物和环境的智能农机研发应用。支持建设自动驾驶、自动装卸堆存、无人配送等技术应用基础设施。发展危险作业机器人，满足恶劣条件应用需求。试点探索完善智能公共服务新业态涉及的交通、食品等领域安全发展政策标准。

2020年习近平总书记在政协联组会上指出："疫情突如其来，'新就业形态'也是突如其来。对此，我们要顺势而为，让其顺其自然、脱颖而出。"

谈解析

《中华人民共和国国民经济和社会发展第十四个五年规划和2035年远景目标纲要》第二篇提到："坚持创新在我国现代化建设全局中的核心地位，把科技自立自强作为国家发展的战略支撑，面向世界科技前沿、面向经济主战场、面向国家重大需求、面向人民生命健康，深入实施科教兴国战略、人才强国战略、创新驱动发展战略，完善国家创新体系，加快建设科技强国。"

《习近平新时代中国特色社会主义思想学习纲要（2023年版）》中指出："实现高水平科技自立自强，必须打好关键核心技术攻坚战。要以关键共性技术、前沿引领技术、现代工程技术、颠覆性技术创新为突破口，集聚力量进行原创性引领性科技攻关，敢于走前人没走过的路，努力实现关键核心技术自主可控。统筹推进补齐短板和锻造长板，针对产业薄弱环节，实施好关键核心技术攻关工程，尽快解决一批'卡脖子'问题，同时在产业优势领域精耕细作，搞出更多独门绝技，加速科技成果向现实生产力转化，提升产业链水平。"

习近平总书记多次强调科技创新的重要性，如2023年在四川考察时强调："以科技创新开辟发展新领域新赛道、塑造发展新动能新优势，是大势所趋，也是高质量发展的迫切要求，必须依靠创新特别是科技创新实现动力变革和动能转换。"党的十八大以来，以习近平同志为核心的党中央把提升原始创新能力摆在更加突出的位置，把科技自立自强作为国家发展的战略支撑，走出一条从人才强、科技强，到产业强、经济强、国家强的发展道路。

谈要点

◆ **材料链接❶**："受疫情影响出门少了，加上年纪大了，行动不方便，这辆无人配送车真是太贴心了！"……以前的商店进去后经常有售货员跟着，还时不时推荐产品，现在有了无人便利店，自在多了。

①**得分要点**：无人经济满足了消费者的个性化需求，……需积极支持其发展，打造无人经济新优势（或其他类似表述）

②**思想理论依据**：2020年的《政府工作报告》中指出，电商网购、在线服务等新业态在抗疫中发挥了重要作用，要继续出台支持政策，全面推进"互联网+"，打造数字经济新优势。

③**相关分析**：无人经济也属于新业态的一部分，虽然材料中体现了很多无人经济现存的问题，但作为政府的市场监管部门，支持其发展的态度一定要表明。因而答案中需体现相应表述。

◆ **材料链接❷**：不过，整体来看，我国"无人经济"仍处于起步阶段，缺乏相关政策的指引和法律条文的规范。

①**得分要点**：补齐法律短板，完善相关规定和政策指引。

②**思想理论依据**：习近平总书记强调："新业态虽是后来者，但依法规范不要姗姗来迟，要及时跟上研究，把法律短板及时补齐，在变化中不断完善。"

③**相关分析**：无人经济作为新业态的一部分，其法律短板也需及时补齐。因而答案中需体现诸如"填补法律空白""完善相关法规"等类似表述。

第三章　大国青年

第一节　思想导读：新时代中国青年

　　青年工作抓住的是当下，传承的是根脉，面向的是未来，攸关党和国家的前途命运。党的十八大以来，习近平总书记围绕新时代青年工作发表一系列重要论述，阐明了青年工作在党和国家事业全局中的战略地位，深刻回答了新时代培养什么样的青年、怎样培养青年等重大问题，为新时代青年工作指明了前进方向、提供了根本遵循。

　　要加大各类人才计划对基础研究人才支持力度，培养使用战略科学家，支持青年科技人才挑大梁、担重任，积极引进海外优秀人才，不断壮大科技领军人才队伍和一流创新团队。

　　——2023年2月21日，习近平总书记在二十届中央政治局第三次集体学习时的讲话

　　青年人有理想、敢担当、能吃苦、肯奋斗，中国青年才会有力量，党和国家事业发展才能充满希望。要加强对广大青年的理想信念教育，引导广大青年树立共产主义远大理想，坚定中国特色社会主义共同理想，坚定听党话、跟党走的政治信念，在强国建设、民族复兴的历史潮流中确立正确的人生目标，为一生的奋斗奠定基石。

　　——2023年6月26日，习近平总书记在同团中央新一届领导班子成员集体谈话时强调

　　中国愿同国际大体联和各国各地区代表团一道努力，把成都大运会办成一届具有中国特色、时代气息、青春风采的国际体育盛会，让来自世界各地的青年朋友因成都大运会相聚相知，增进理解，为促进人类进步事业提供新动力。

　　——2023年7月28日，习近平主席在成都第三十一届世界大学生夏季运动会开幕式欢迎宴会上的致辞

　　明天的中国，希望寄予青年。青年兴则国家兴，中国发展要靠广大青年挺膺担当。年轻充满朝气，青春孕育希望。广大青年要厚植家国情怀、涵养进取品格，以奋斗姿态激扬青春，不负时代，不负华年。

　　——2022年12月31日，习近平主席二〇二三年新年贺词

要抓好面向广大团员和青年的主题教育，引导团员和青年认真学习领会新时代中国特色社会主义思想，努力掌握这一科学思想的世界观和方法论，善于运用贯穿其中的立场观点方法分析问题，提高对党的基本理论、基本路线、基本方略的领悟力。

——2023年6月26日，习近平总书记在同团中央新一届领导班子成员集体谈话时强调

我们要深化交流互鉴，以包容的胸怀构建和而不同的精神家园。文明是多样的，世界是多彩的。青年充满了活力，应该也能够以平等、包容、友爱的视角看待和而不同，用欣赏、互学、互鉴的态度对待多种文化。

——2023年7月28日，习近平主席在成都第三十一届世界大学生夏季运动会开幕式欢迎宴会上的致辞

当前，新一轮科技革命和产业变革蓬勃兴起。科技的未来在青年。开展科技人文交流，推动青年创新合作，是各国共同愿望。

——2019年10月26日，习近平主席向2019世界青年科学家峰会致贺信

各国青年要弘扬和平、发展、公平、正义、民主、自由的全人类共同价值，以实际行动推进全球发展倡议，助力落实联合国2030年可持续发展议程，共同谱写世界青年团结合作的时代新篇章。

——2022年7月21日，习近平主席向世界青年发展论坛致贺信

我们要携手世界青年，以青春的活力促进世界和平与发展。国之交在于民相亲，民相亲要从青年做起。全球青年有理想、有担当，人类就有未来，和平与发展的崇高事业就有希望。

——2023年7月28日，习近平主席在成都第三十一届世界大学生夏季运动会开幕式欢迎宴会上的致辞

青年是整个社会力量中最积极、最有生气的力量，国家的希望在青年，民族的未来在青年。中国青年始终是实现中华民族伟大复兴的先锋力量。

近代以后，中国逐步沦为半殖民地半封建社会，国家蒙辱、人民蒙难、文明蒙尘，中华民族遭受了前所未有的劫难，中国青年深切感受到日益深重的民族危机。

中国青年的觉醒，点燃了中华民族伟大复兴的希望之光。"五四运动"前后，一大批率先接受新思想、新文化、新知识的有志青年在反复比较中选择了马克思列宁主义，促进中国人民

和中华民族实现了自鸦片战争以来的第一次全面觉醒。1921年7月，平均年龄仅28岁的13位代表参加中国共产党第一次全国代表大会，宣告了中国共产党诞生这一开天辟地的大事变，吹响了全民族觉醒和奋起的号角，开启了民族复兴的新纪元。在中国共产党的领导下，中国共产主义青年团于1922年成立，中国青年运动翻开了新的历史篇章。

回首百年，无论风云变幻、沧海桑田，中国青年爱党、爱国、爱人民的赤诚追求始终未改，坚定不移听党话、跟党走的忠贞初心始终未变。在新民主主义革命时期，中国青年不怕牺牲、敢于斗争，经受了生与死的考验，为争取民族独立、人民解放冲锋陷阵、抛洒热血。在社会主义革命和建设时期，中国青年勇于拼搏、甘于奉献，经受了苦与乐的考验，在新中国的广阔天地忘我劳动、发愤图强。在改革开放和社会主义现代化建设新时期，中国青年开拓创新、勇立潮头，经受了得与失的考验，为推动中国大踏步赶上时代锐意改革、拼搏奋进。

党的十八大以来，中国特色社会主义进入新时代。以习近平同志为核心的党中央高度重视青年、热情关怀青年、充分信任青年，鲜明提出党管青年原则，大力倡导青年优先发展理念，着力发挥共青团作为党的助手和后备军作用，推动青年发展事业实现全方位进步、取得历史性成就。在这个伟大的新时代，中国青年展现了亮丽的青春风采、迸发出豪迈的青春激情。

新时代中国青年刚健自信、胸怀天下、担当有为，衷心拥护党的领导，奋力走在时代前列，展现出前所未有的昂扬风貌；追求远大理想，心中铭刻着对马克思主义的崇高信仰、对共产主义和中国特色社会主义的坚定信念；深植家国情怀，与国家同呼吸、与人民共命运，时刻彰显着鲜明的爱国主义精神气质；传承奋斗担当，先天下之忧而忧、后天下之乐而乐，勇做走在时代前列的奋进者、开拓者、奉献者。

历史清晰而深刻地昭示，没有中国共产党就没有朝气蓬勃的中国青年运动，矢志不渝跟党走是中国青年百年奋斗的最宝贵经验，深深融入血脉的红色基因是中国青年百年奋斗的最宝贵财富。

2021年7月1日，习近平总书记在庆祝中国共产党成立100周年大会上深情寄语："新时代的中国青年要以实现中华民族伟大复兴为己任，增强做中国人的志气、骨气、底气，不负时代，不负韶华，不负党和人民的殷切期望！"

展望未来，民族复兴大业已经站在新的历史起点、踏上新的伟大征程。新时代中国青年迎来了实现抱负、施展才华的难得机遇，更肩负着建设社会主义现代化强国、实现中华民族伟大复兴中国梦的时代重任。

中国梦是历史的、现实的，也是未来的；是广大人民的，更是青年一代的。新时代中国青年必将以永不懈怠的精神状态、永不停滞的前进姿态，在接续奋斗中将中华民族伟大复兴的中国梦变为现实。

——节选自《新时代的中国青年》白皮书

第二节 考点回顾

青年相关的话题也是申论考试中常考的热点话题之一，不同于其他社会热点，此类题目主要考查的并不是考生对某些社会现象的具体看法或了解，而是<mark>对于自身价值观念、责任担当的认识，也包括对就业择业的抉择、人生选择的评判等内容。其主要考查的核心在于考生的精神品质和思想观念</mark>。在部分题目中，也不单纯局限于青年，而是<mark>直接考查考生的精神品质和思想观念</mark>，其内核基本相同，故将此类题目都归于大国青年。

在早年的申论考试中，<mark>对考生精神品质和思想观念主要以文章写作的形式呈现</mark>。如2018年山东C卷就直接考查了"什么才是真正重要的东西"，2019年国考市地卷就考查了"为国利民"。但随着"以德为先"的选人用人导向不断细化落实，在申论考试中对考生精神品质和思想观念的考查形式也更为丰富。主要表现为<mark>在一些小题类题目中也开始考查考生的思想观念等内容，同时在文章写作题目中有时也将青年的人生选择等内容与社会热点进行融合考查</mark>，难度有了明显的增加。在备考中需多加留意，树立正确的世界观、人生观、价值观。

一、 话题1：青年的人生选择

● **题目1**：（2024年国考副省卷第3题）"给定材料3"中提到，小李感觉自己陷入了"两难"境地。请分析小李产生这种心态的原因，并提出走出这种困境的对策。

材料主要内容：材料有两个主人公，小李和小王，材料前半部分主要介绍了小李的职业生涯，从入职A企业的一路顺境到面临新能源车崛起后的职业困境，及其心路历程。材料后半部分主要介绍了小王对职业前景的评判和对自身未来发展的看法。

考查热点：<mark>青年人生选择</mark>

涉及范围：<mark>青年发展、新能源车崛起、就业形式</mark>

> 考霸蛙谈案例！

链接

习近平总书记在二○二四年新年贺词中指出："新能源汽车、锂电池、光伏产品给中国制造增添了新亮色。"

2023年，我国汽车产销量首次迈上3000万辆台阶，跃升为全球最大的汽车出口国。其中，新能源汽车产销量占全球比重超过60%，连续9年位居世界第一。今年一季度，我国汽车销量同比增长10.6%，新能源汽车国内销量同比增长33.3%，出口同比增长23.8%，迎来开门红。

时光回溯至1983年4月，第一辆合资轿车桑塔纳在上海下线，中国以改革开放的步伐开始迈入汽车大国的新旅程。

从新中国成立时"一辆汽车都不能造"到1956年7月第一辆解放牌卡车下线；汽车产销量从2009年首次突破1000万辆大关，到2023年连续15年保持全球第一，"中国人民一定能，中国一定行"的背后，蕴含着怎样的密码？

"现在中国要向制造业强国、工业强国的更高目标发展，就是要在发展战略性新兴产业方面，抢抓机遇、弯道超车"；

"我们要成为制造业强国，就要做汽车强国"；

"发展新能源汽车是我国从汽车大国迈向汽车强国的必由之路"。

……

循着新时代中国汽车特别是新能源汽车的发展轨迹，深入学习领会习近平总书记的一系列重要论断，我们更加真切认识到"高质量发展是新时代的硬道理"，更为深刻体会到"推进中国式现代化是一个探索性事业，还有许多未知领域，需要我们在实践中去大胆探索，通过改革创新来推动事业发展"。

——节选自《人民日报》

解析

"得知你们118名同学毕业后将奔赴新疆基层工作，立志同各族群众一起奋斗，努力成为可堪大用、能担重任的西部建设者，我支持你们作出的这个人生选择。"2020年7月7日，习近平总书记给中国石油大学（北京）克拉玛依校区毕业生回信，肯定他们到边疆基层工作的选择。

半个月后，习近平总书记前往吉林考察，在一汽集团研发总院同几位刚毕业的大学生亲切交流，勉励广大高校毕业生"改变择业观、就业观，找到自己的定位，投入到踏踏实实的工作中"。

择业中有家国情怀，就业中有远大理想。从基层成长起来的习近平同志，用实干的青春作出表率。

1984年夏，时任正定县委书记的习近平同志邀请暑期返乡的正定籍大学生座谈，谈到大学生报效国家的多种选择时，他表示，"基层更需要大学生，更需要人才""我觉得在基层很充实，有干头儿"。

2022年6月8日下午，习近平总书记在四川考察期间来到宜宾学院，察看毕业生创新创业代表作品展示，了解学校开展就业创业指导服务工作。他对青年学子亲切指出："劳动最光荣，我们的幸福生活是靠劳动创造的，一夜暴富、一夜成名是不现实的。大学生就业要怀着一颗平实之心，综合考虑自身条件和社会需求，防止高不成、低不就。"

谈要点

◆ **材料链接：** 因为他实在适应不了 W 公司内卷的工作氛围，……，但实在是担心适应不了内卷的工作。时至今日，小李依旧没有下定决心离开，他感觉自己陷入了"两难"境地。

①**得分要点：** "两难"的原因：新能源车企工作氛围内卷，难以适应。对策：砥砺奋进精神。

②**思想理论依据：** 2022 年人民网文章《奋进的青春拒绝"躺平"与"内卷"》对时下流行的"内卷"和"躺平"现象发表了观点，其中鲜明指出，"'青春是用来奋斗的，奋斗本身就是一种幸福'。然而纵观当下，从前几年的'佛系'到这两年的'躺平'，越来越多被寄予厚望的年轻人，在本应不懈奋斗的青春里选择了'放过自己'。"文章对"躺平"提出了批评，并指出"一代人有一代人的使命，一代人有一代人的担当。"面对时代带给我们的难题，在"躺平"和"内卷"两者之间找寻恰当的平衡，才是一个长久有效的答案。而这个答案，正是"奋进"二字。

③**相关分析：** 本题中小李陷入"两难"根源在于其缺少了奋进精神。值得一提的是，《新时代的中国青年》白皮书中谈到，"面对社会思潮的交流交融交锋，中国青年有困惑、有迷惘，但有一条主线始终未变，就是对党和国家的赤诚热爱、对崇高价值理念的不懈追求。"本题中，小李的困惑和迷惘是切实存在的，但其"主线"未变，虽然不直接涉及本题踩分点，但关乎青年价值观念。

（注意，2023 年浙江 A 卷的第 3 题，关于就业，一方面，把"收入""舒适""稳定"等因素作为评价工作好坏首要标准的大学生比例有所提高；另一方面，也有越来越多的大学毕业生选择去基层"吃苦"，而这些年轻人在谈感受时，多用"成就感""开心""骄傲""满足""值得"这样的词。对此，你有怎样的思考？结合"给定材料"，联系实际，自选角度，自拟题目，写一篇议论性文章。其价值导向与本题基本相同。）

● **题目 2：** （2023 年江苏 A 卷第 2 题）"父母在，不远游，游必有方。"是我国传统文化中的经典语录，请结合"给定材料 5"中的事例，谈谈你对这句话当代内涵的理解和认识。

材料主要内容： 材料主要通过黄旭华"许国难许家"；周先生为国、为家乡尽忠，为老人尽孝，心安无愧；小万姑娘辞去工作为爷爷实现了"去北京"的心愿，三种不同的选择和经历，阐释了文化多元的时代，经典的熏陶下人们的不同选择。

考查热点： 传统文化、时代发展

涉及范围： 文化继承、青年成长、价值取向

考霸蛙谈案例！

要点

◆ **材料链接**：孝顺父母长辈，天经地义，在当下文化多元的时代，经典的熏陶对不同的人的行为有着怎样的影响呢？

①**得分要点**：孝顺父母长辈天经地义，在当今时代尽孝的方式可有多种。

②**思想理论依据**：习近平总书记在2019年春节团拜会上的讲话中引用"夫孝，德之本也"，并提到"在家尽孝、为国尽忠是中华民族的优良传统。我们要在全社会大力弘扬家国情怀，培育和践行社会主义核心价值观，弘扬爱国主义、集体主义、社会主义精神，提倡爱家爱国相统一，让每个人、每个家庭都为中华民族大家庭作出贡献。"

2001年，时任福建省省长的习近平因工作繁忙而未能赶赴深圳，缺席了家人为父亲88周岁"米寿"举办的生日宴，他抱愧给父亲写了一封拜寿信。习仲勋听完这封拜寿信后，向家人、子女和亲朋们说："还是以工作为重，以国家大事为重""为人民服务，就是对父母最大的孝！"

③**相关分析**：材料中三个人的不同选择，表面看似乎是在"在家尽孝、为国尽忠"之间做了不同选择，但仔细了解习近平总书记重要讲话和事迹后，不难发现，"为国尽忠"也是"尽孝"，是尽孝的另一种方式。

二、 话题2：青年的茁壮成长

● **题目**：（2023年江苏省考A卷第4题）请结合你对"给定材料8"中习近平总书记考察殷墟时所作"学习理解中华文明，古为今用"指示精神的理解，围绕"从传统文化中汲取营养，在时代征程上绽放青春"这一主题，联系实际，写一篇文章。

材料主要内容：材料1到4介绍了地方和部门借鉴传统文化中的相关智慧赋能现代社会治理，取得的成效。材料5介绍了黄旭华等三人尽孝的不同选择。材料6介绍了《棋局人生勿忘初心》的内容和成效。材料7通过《我在故宫修文物》《本草中华》等案例，阐释了传统文化和年轻人的零距离接触。材料8谈到了习近平总书记对传统文化的指示要求，并将传统文化和青年成长相结合，点题升华。

考查热点：传统文化、青年成长

涉及范围：传统文化创造性转化、创新性发展

考霸蛙谈案例！

链接

党的二十大报告指出："中华优秀传统文化源远流长、博大精深，是中华文明的智慧结晶，其中蕴含的天下为公、民为邦本、为政以德、革故鼎新、任人唯贤、天人合一、自强不息、厚德载物、讲信修睦、亲仁善邻等，是中国人民在长期生产生活中积累的宇宙观、天下观、社会

观、道德观的重要体现，同科学社会主义价值观主张具有高度契合性。"报告系统阐释了蕴含于中华优秀传统文化中的重要元素，鲜明指出了中华优秀传统文化是中国传统文化的精华所在、精神所在、气魄所在，精准体现了党的历史自信、文化自信。在文化传承发展座谈会上，习近平总书记强调，"要坚定文化自信、担当使命、奋发有为，共同努力创造属于我们这个时代的新文化，建设中华民族现代文明"，提振了推动文化传承发展、加快建设社会主义文化强国的信心，进一步坚定了践行赓续历史文脉、谱写当代华章的时代使命。

中华优秀传统文化同科学社会主义价值观主张高度契合，对厚植新时代青年爱国情怀、塑造新时代青年思想品格、引导新时代青年正确认识远大抱负和脚踏实地具有重要意义。在党的青年工作实践中，充分挖掘中华优秀传统文化的丰富资源，为推动文化繁荣、建设文化强国、建设中华民族现代文明，贡献青春力量。

中华优秀传统文化是中华民族的精神命脉。用传统文化精髓滋养青年，有利于引导青年树立正确的价值观，坚定文化自信，养成昂扬向上的精神风貌。

谈解析

青年在成长道路上离不开中国优秀传统文化和社会主义核心价值观的滋养和培育，传统文化与现代技术的融合也离不开青年的努力。

《培养担当民族复兴大任的时代新人》是 2018 年 8 月 21 日习近平总书记在全国宣传思想工作会议上讲话的一部分。文章指出，担当民族复兴大任的时代新人，必须是在思想水平、政治觉悟、道德品质、文化素养、精神状态等方面同新时代要求相符合的。培养时代新人，重中之重是要以坚定的理想信念筑牢精神之基。要在全体人民特别是青少年中加强理想信念教育，深化社会主义和共产主义宣传教育，深化中国特色社会主义和中国梦宣传教育，弘扬以爱国主义为核心的民族精神和以改革创新为核心的时代精神，让理想信念的明灯永远在全国各族人民心中闪亮。要推动社会主义核心价值观转化为思想自觉和行为习惯，抓住青少年价值观形成和确定的关键时期，从小就抓、从幼儿园就抓，引导青少年扣好人生第一粒扣子。

习近平总书记在《加强文化遗产保护传承 弘扬中华优秀传统文化》中强调："营造传承中华文明的浓厚社会氛围，教育引导群众特别是青少年更好认识和认同中华文明，增强做中国人的志气、骨气、底气。"在青年的理想信念教育中，必有中国优秀传统文化的一席之地。青年人锐意进取、积极创新的精神也将影响中华优秀传统文化的发展。

谈要点

◆ **材料链接**：传统文化如何进入现代生活、触动年轻人的心弦？近年来，随着《我在故宫修文物》《本草中华》等一批高质量国产纪录片的不断出现和走红，纪录片成为实现传统文化

"创造性转化、创新性发展"的绝佳载体。

①**得分要点**：分论点可为"传统文化走进青年，汲取精神力量。"

②**思想理论依据**：《习近平新时代中国特色社会主义思想学习纲要（2023年版）》中提到："传承和弘扬中华优秀传统文化，要坚持创造性转化和创新性发展。创造性转化，就是要按照时代特点和要求，对那些至今仍有借鉴价值的内涵和陈旧的表现形式加以改造，赋予其新的时代内涵和现代表达形式，激活其生命力。创新性发展，就是要按照时代的新进步新进展，对中华优秀传统文化的内涵加以补充、拓展、完善，增强其影响力和感召力。要通过创造性转化和创新性发展，使中华民族最基本的文化基因同当代中国相适应、同现代社会相协调、同现实文化相融通，把跨越时空、超越国界、富有永恒魅力、具有当代价值的文化精神弘扬起来。

传承和弘扬中华优秀传统文化，要认真汲取其中的思想精华和道德精髓，展示中华民族的独特精神标识，更好构筑中国精神、中国价值、中国力量。讲清楚中华优秀传统文化的历史渊源、发展脉络、基本走向，讲清楚其独特创造、价值理念、鲜明特色，增强文化自信和价值观自信。深入挖掘和阐发中华优秀传统文化讲仁爱、重民本、守诚信、崇正义、尚和合、求大同的时代价值，使之成为涵养社会主义核心价值观的重要源泉。推进中国文明历史研究，深入阐释中华文明的精神特质和发展形态，为人类文明新形态实践提供有力理论支撑。"

③**相关分析**：传统文化走进青年，触动其心弦，才能让青年从中汲取营养，从而绽放青春。因而可将之作为一个分论点，表述为"传统文化走进青年，汲取精神力量"。在论证中注意体现"创造性转化、创新性发展"的内容，绝不能忽略不提。

三、话题3：青年工作生活状态

● **题目**：（2021年河北乡镇卷第3题）"给定材料3"中提到："尽管有些磕磕绊绊，但日子越过越有奔头"请根据"给定材料3"，谈谈你的理解。

材料主要内容：材料以小冯为主人公，从他的视角出发，介绍了他在易地扶贫搬迁之后经历的生活不适应、就业难、子女入学难等"磕绊"被一个个解决的过程。

考查热点：脱贫攻坚和乡村振兴的衔接、青年在时代大潮下的奋斗

涉及范围：易地扶贫搬迁、就业、教育、社区治理

考霸蛙谈案例！

链接

2015年10月16日，国家主席习近平在减贫与发展高层论坛上首次提出"五个一批"的脱贫措施，为打通脱贫"最后一公里"开出破题药方。随后，"五个一批"的脱贫措施被写入《中共中央国务院关于打赢脱贫攻坚战的决定》，"五个一批"即发展生产脱贫一批、易地搬迁

脱贫一批、生态补偿脱贫一批、发展教育脱贫一批、社会保障兜底一批。本题所涉及的正是易地搬迁脱贫。

2020年是全面建成小康社会目标实现之年，是全面打赢脱贫攻坚战收官之年。当年的中央一号文件中明确指出，脱贫攻坚最后堡垒必须攻克，全面小康"三农"领域突出短板必须补上。小康不小康，关键看老乡。脱贫攻坚质量怎么样、小康成色如何，很大程度上要看"三农"工作成效。全党务必深刻认识做好2020年"三农"工作的特殊重要性，毫不松懈，持续加力，坚决夺取第一个百年奋斗目标的全面胜利。

谈解析

脱贫攻坚和青年的成长发展密不可分，一方面脱贫攻坚战的全面胜利为青年创造了更为良好的发展条件，另一方面在脱贫攻坚战中青年勇于担当、甘于奉献，收获了成长和进步，为投身乡村振兴奠定了基础。《新时代的中国青年白皮书》中指出："青年高质量发展，物质丰裕是基础。中国创造了世所罕见的经济快速发展和社会长期稳定'两大奇迹'，2021年国内生产总值超过110万亿元、稳居世界第二。超过2500万贫困青年彻底摆脱贫困，中国青年共同迈向更高水平的小康生活。中国青年向往更有品质的美好生活，消费方式从大众化迈向个性化，消费需求从满足生存转向享受生活，从有衣穿到穿得时尚、穿出个性，从吃饱饭到吃得丰富、吃出健康，从能出行到快捷通畅、平稳舒适。中国青年的生活水平实现了质的跃升，高质量发展有了更加丰盈、更为坚实的物质基础。"

谈要点

◆**材料链接❶**：接到易地扶贫搬迁的消息时，小冯还有点不敢相信："一家子还能搬出大山，做梦都没想到。"

①**得分要点**：这句话指易地扶贫搬迁后，工作生活中虽有困难，但终究都被克服，未来会越来越好。

②**思想理论依据**：易地搬迁是解决一方水土养不好一方人、实现贫困群众跨越式发展的根本途径，也是打赢脱贫攻坚战的重要途径。2015年10月16日，习近平主席在2015减贫与发展高层论坛上发表主旨演讲指出："我们坚持分类施策，因人因地施策，因贫困原因施策，因贫困类型施策，通过扶持生产和就业发展一批，通过易地搬迁安置一批，通过生态保护脱贫一批，通过教育扶贫脱贫一批，通过低保政策兜底一批。"

③**相关分析**：只要了解习近平总书记的指示要求，就不难看出材料中谈的是易地扶贫搬迁的事。能够比较快地找出答案中提出观点部分的要点，解决本题的一大难点。

◆ **材料链接❷**：从村里人成为新市民，有很多新的不适应：垃圾得倒进楼下的垃圾桶，要开始交物业费了……进了城，刚安顿好，小冯就开始找工作……"因为经常换工作，孩子几乎没有在固定的地方上完一年学。"一说到这儿，小冯满是愧疚。

①**得分要点**：3个要点中的3个关键词为促进就业（小冯找工作）、社会管理（垃圾倾倒和物业费）、社会融入（子女入学）

②**思想理论依据**：习近平总书记在脱贫攻坚总结表彰大会上讲道："对易地扶贫搬迁群众要搞好后续扶持，多渠道促进就业，强化社会管理，促进社会融入。"

③**相关分析**：本题的材料内容与习近平总书记在脱贫攻坚总结表彰大会上的讲话完美契合，如果读过这段讲话，那么就容易看出要点分类的依据。

第四章　大国社会

第一节　思想导读：党的二十大报告和党的十九届四中全会

公报节选

　　江山就是人民，人民就是江山。中国共产党领导人民打江山、守江山，守的是人民的心。治国有常，利民为本。为民造福是立党为公、执政为民的本质要求。必须坚持在发展中保障和改善民生，鼓励共同奋斗创造美好生活，不断实现人民对美好生活的向往。

　　我们要实现好、维护好、发展好最广大人民根本利益，紧紧抓住人民最关心最直接最现实的利益问题，坚持尽力而为、量力而行，深入群众、深入基层，采取更多惠民生、暖民心举措，着力解决好人民群众急难愁盼问题，健全基本公共服务体系，提高公共服务水平，增强均衡性和可及性，扎实推进共同富裕。

　　（一）完善分配制度。 分配制度是促进共同富裕的基础性制度。坚持按劳分配为主体、多种分配方式并存，构建初次分配、再分配、第三次分配协调配套的制度体系。努力提高居民收入在国民收入分配中的比重，提高劳动报酬在初次分配中的比重。坚持多劳多得，鼓励勤劳致富，促进机会公平，增加低收入者收入，扩大中等收入群体。完善按要素分配政策制度，探索多种渠道增加中低收入群众要素收入，多渠道增加城乡居民财产性收入。加大税收、社会保障、转移支付等的调节力度。完善个人所得税制度，规范收入分配秩序，规范财富积累机制，保护合法收入，调节过高收入，取缔非法收入。引导、支持有意愿有能力的企业、社会组织和个人积极参与公益慈善事业。

　　（二）实施就业优先战略。 就业是最基本的民生。强化就业优先政策，健全就业促进机制，促进高质量充分就业。健全就业公共服务体系，完善重点群体就业支持体系，加强困难群体就业兜底帮扶。统筹城乡就业政策体系，破除妨碍劳动力、人才流动的体制和政策弊端，消除影响平等就业的不合理限制和就业歧视，使人人都有通过勤奋劳动实现自身发展的机会。健全终身职业技能培训制度，推动解决结构性就业矛盾。完善促进创业带动就业的保障制度，支持和规范发展新就业形态。健全劳动法律法规，完善劳动关系协商协调机制，完善劳动者权益保障制度，加强灵活就业和新就业形态劳动者权益保障。

（三）健全社会保障体系。社会保障体系是人民生活的安全网和社会运行的稳定器。健全覆盖全民、统筹城乡、公平统一、安全规范、可持续的多层次社会保障体系。完善基本养老保险全国统筹制度，发展多层次、多支柱养老保险体系。实施渐进式延迟法定退休年龄。扩大社会保险覆盖面，健全基本养老、基本医疗保险筹资和待遇调整机制，推动基本医疗保险、失业保险、工伤保险省级统筹。促进多层次医疗保障有序衔接，完善大病保险和医疗救助制度，落实异地就医结算，建立长期护理保险制度，积极发展商业医疗保险。加快完善全国统一的社会保险公共服务平台。健全社保基金保值增值和安全监管体系。健全分层分类的社会救助体系。坚持男女平等基本国策，保障妇女儿童合法权益。完善残疾人社会保障制度和关爱服务体系，促进残疾人事业全面发展。坚持房子是用来住的、不是用来炒的定位，加快建立多主体供给、多渠道保障、租购并举的住房制度。

（四）推进健康中国建设。人民健康是民族昌盛和国家强盛的重要标志。把保障人民健康放在优先发展的战略位置，完善人民健康促进政策。优化人口发展战略，建立生育支持政策体系，降低生育、养育、教育成本。实施积极应对人口老龄化国家战略，发展养老事业和养老产业，优化孤寡老人服务，推动实现全体老年人享有基本养老服务。深化医药卫生体制改革，促进医保、医疗、医药协同发展和治理。促进优质医疗资源扩容和区域均衡布局，坚持预防为主，加强重大慢性病健康管理，提高基层防病治病和健康管理能力。深化以公益性为导向的公立医院改革，规范民营医院发展。发展壮大医疗卫生队伍，把工作重点放在农村和社区。重视心理健康和精神卫生。促进中医药传承创新发展。创新医防协同、医防融合机制，健全公共卫生体系，提高重大疫情早发现能力，加强重大疫情防控救治体系和应急能力建设，有效遏制重大传染性疾病传播。深入开展健康中国行动和爱国卫生运动，倡导文明健康生活方式。

——在中国共产党第二十次全国代表大会上的报告（节选）

全会提出，坚持和完善共建共治共享的社会治理制度，保持社会稳定、维护国家安全。社会治理是国家治理的重要方面。必须加强和创新社会治理，完善党委领导、政府负责、民主协商、社会协同、公众参与、法治保障、科技支撑的社会治理体系，建设人人有责、人人尽责、人人享有的社会治理共同体，确保人民安居乐业、社会安定有序，建设更高水平的平安中国。要完善正确处理新形势下人民内部矛盾有效机制，完善社会治安防控体系，健全公共安全体制机制，构建基层社会治理新格局，完善国家安全体系。

——中国共产党第十九届中央委员会第四次全体会议公报（节选）

第二节　考点回顾

社会领域的话题在申论考试中主要考查的方向有两个，其一是民生，其二是社会治理，在早年的试题中，民生相关的试题相对较多。在党的十九大之后，社会治理相关的考题逐渐增多。党的十九大报告提出："加强社会治理制度建设，完善党委领导、政府负责、社会协同、公众参与、法治保障的社会治理体制，提高社会治理社会化、法治化、智能化、专业化水平。"党的十九届四中全会公报提出："社会治理是国家治理的重要方面。必须加强和创新社会治理，完善党委领导、政府负责、民主协商、社会协同、公众参与、法治保障、科技支撑的社会治理体系，建设人人有责、人人尽责、人人享有的社会治理共同体，确保人民安居乐业、社会安定有序，建设更高水平的平安中国。"仔细观察近几年的真题就会发现，社会治理方面的命题主要就是围绕这些内容展开。如2020年国考副省卷第3题，"智慧锦林"，题干中要求介绍的"社区治理方面的特点"就是"社会化、法治化、智能化、专业化"；再如2021年国考市地卷第3题"清河社区的治理之道"，其中就有民主协商、法治保障、科技支撑的内容。

而在民生方面主要考查就业、医疗、教育等话题，材料案例往往是阐释某地的发展状况，在题目考查中与经济、生态、文化等领域的融合比较明显。

一、话题1：社会治理

● **题目1**：（2024年重庆联考第3题）省里准备召开"城市高质量发展"论坛，请根据"给定材料3"，拟写一份介绍H市南山工业社区治理模式的发言提纲。

材料主要内容：材料由H市产业园区存在的问题切入，以南山工业社区为核心，介绍了其通过党建引领、增强服务功能等提升治理能力，化解园区难题的过程。

考查热点：社会治理

涉及范围：工业社区治理、党建引领、共建共享

考霸蛙谈案例！

链接

工业社区指的是运用社区治理和服务居民的理念，在工业集聚区内建立社区服务中心，发挥其整合社会资源、联结政府部门的平台作用，实现党建引领，企业、职能部门、群团组织、社会力量等共同参与园区建设与管理，服务企业生产生活的一种特殊类型社区。

解析

《习近平新时代中国特色社会主义思想学习纲要（2023年版）》中明确提出："加强和创新

社会治理，关键在体制创新，核心是人。要以最广大人民根本利益为坐标，确保社会治理过程人民参与、成效人民评判、成果人民共享。健全共建共治共享的社会治理制度，完善党委领导、政府负责、民主协商、社会协同、公众参与、法治保障、科技支撑的社会治理体系，提升社会治理效能。构建源头防控、排查梳理、纠纷化解、应急处置的社会矛盾综合治理机制，善于运用法治、民主、协商的办法正确处理新形势下人民内部矛盾和社会矛盾。坚持生命至上、安全第一，健全公共安全体制机制，编织全方位、立体化的公共安全网。完善社会治安综合治理体制机制，加快建设立体化、信息化社会治安防控体系。健全社会心理服务体系和疏导机制、危机干预机制，塑造自尊自信、理性平和、亲善友爱的社会心态。"

习近平总书记指出："社会治理是一门科学，管得太死，一潭死水不行；管得太松，波涛汹涌也不行。"要讲究辩证法，正确处理好维稳与维权、活力与秩序的关系，充分调动一切积极因素，确保社会既充满生机活力又保持安定有序。

谈要点

◆ **材料链接❶**："党建统领是'定盘星'。"南山工业社区只有6名社区工作人员，而各类企业有500多家、员工近8万名。南山工业社区在成立之初就建立了党组织，书记主要推选优秀社区工作人员担任。

①**得分要点**：党建统领，建立党组织，推选优秀社区工作人员任书记

②**思想理论依据**：2020年7月习近平总书记在吉林考察时的讲话中提到："推进国家治理体系和治理能力现代化，社区治理只能加强、不能削弱。要加强党的领导，推动党组织向最基层延伸，健全基层党组织工作体系，为城乡社区治理提供坚强保证。"2021年6月习近平总书记在青海考察时讲道："社区治理得好不好，关键在基层党组织、在广大党员，要把基层党组织这个战斗堡垒建得更强，发挥社区党员、干部先锋模范作用，健全基层党组织领导的基层群众自治机制，把社区工作做到位做到家，在办好一件件老百姓操心事、烦心事中提升群众获得感、幸福感、安全感。要牢记党的初心使命，为人民生活得更加幸福再接再厉、不懈奋斗。"

③**相关分析**：习近平总书记多次强调党建、党组织在基层治理中的重要作用。本题中工业社区治理，也属于基层社区治理，因而材料中出现"党建统领"时就应引起足够的重视，将之作为要点书写在答案中。

◆ **材料链接❷**："大家的园区大家建，我们还推出了志愿服务菜单机制，吸引志愿者参与社区共建共治。"老柯说。交通引导、平安夜巡、家园美化……社区有服务需求"下单"，志愿者队伍"接单"，有落户、子女入学积分需要的职工"抢单"，服务对象摇身一变成为共同服务

者，让社区服务更加及时高效。

①**得分要点**：共建共治/居民自治，推出志愿服务菜单机制，吸引志愿者参与，按接单需求累加计分，做共同服务者。

②**思想理论依据**：《习近平新时代中国特色社会主义思想学习纲要（2023年版）》中提到："要健全基层党组织领导的基层群众自治机制，完善网格化管理、精细化服务、信息化支撑的基层治理平台，健全城乡社区治理体系，实现政府治理和社会调节、居民自治良性互动。"

③**相关分析**：材料此处体现的就是比较典型的"居民自治"。也与十九届四中全会公报中所提到的"共建共治共享"相契合。此处与2024年江苏C卷第2题强调的都是群众参与。

◆ **材料链接❸**：社区划分成几个网格，每个网格再进一步分成若干个微网格，微网格细化到企业甚至车间，是社区掌握基层信息的触角，也是治理和服务的抓手。

①**得分要点**：网格化治理，微网格细化到企业车间，掌握信息做好服务和治理。

②**思想理论依据**：习近平总书记在党的二十大报告中指出："完善网格化管理、精细化服务、信息化支撑的基层治理平台，健全城乡社区治理体系。"社区是城市的"细胞"，不仅是市民群众日常的生活场所和居住空间，而且是公共服务和社会治理的基本单元，是实现人民对美好生活向往的"最后一公里"。党的十八大以来，习近平总书记在全国各地城市社区考察调研，对社区建设提出明确要求。社区建设包括两个方面：一是社区服务，二是社区治理。

③**相关分析**：材料中的内容符合习近平总书记重要讲话中的指示要求，可直接表述为"网格化治理"。

● **题目2**：（2024年四川省考第1题）请根据"给定材料1"，谈谈莲花社区为什么能"脱胎换骨"？

材料主要内容：材料从川齿厂的发展历程开始讲起，介绍了厂子破产面临的一系列问题，之后按照时间顺序，讲述了以张大姐为代表的基层工作者在县委、县政府的帮助下通过拆除违建、再就业、重现社区文化等，将社区建设好的历程。

考查热点：社区治理
涉及范围：老区改造、群众参与

考霸蛙谈案例！

谈链接

社区治理是社区范围内的多个政府、非政府组织机构，依据正式的法律、法规以及非正式社区规范、公约、约定等，通过协商谈判、协调互动、协同行动等对涉及社区共同利益的公共事务进行有效管理，从而增强社区凝聚力，增进社区成员社会福利，推进社区发展进步的过程。是社会治理的重要组成部分。

🔊 解析

2021年，中共中央、国务院印发《关于加强基层治理体系和治理能力现代化建设的意见》，强调基层治理是国家治理的基石，统筹推进乡镇（街道）和城乡社区治理，是实现国家治理体系和治理能力现代化的基础工程。习近平总书记指出："要坚定不移走中国特色社会主义社会治理之路，善于把党的领导和我国社会主义制度优势转化为社会治理优势，从我国实际出发，遵循治理规律，把握时代特征，加强和创新社会治理，不断完善中国特色社会主义社会治理体系，推进国家治理体系和治理能力现代化，更好解决我国社会出现的各种问题，确保社会既充满活力又和谐有序。"

2023年中共中央党史和文献研究院编辑的《习近平关于基层治理论述摘编》一书，由中央文献出版社出版。基层强则国家强，基层安则天下安。党的十八大以来，以习近平同志为核心的党中央站在巩固党的执政基础和维护国家政权安全的高度，坚持和加强党对基层治理的领导，把服务群众、造福群众作为出发点和落脚点，坚持系统治理、依法治理、综合治理、源头治理，加强基层政权治理能力建设，构建共建共治共享的城乡基层治理格局，激发基层活力，提升社区能力，形成了群众安居乐业、社会安定有序的良好局面。习近平总书记围绕基层治理发表的一系列重要论述，立意高远，内涵丰富，思想深刻，对于不断健全党组织领导的自治、法治、德治相结合的城乡基层治理体系，实现基层治理体系和治理能力现代化，建设人人有责、人人尽责、人人享有的社会治理共同体，具有十分重要的意义。

🔊 要点

◆ **材料链接❶**：为大家实施住房改造等民生工程，越来越多的居民生活不断改善，他们感受到党委政府的诚意，心气儿平了，信心足了。

①**相关要点**：实施民生工程，不断改善居民生活，使居民感受到党委政府的诚意，平心气、涨信心。

②**思想理论依据**：《习近平新时代中国特色社会主义思想学习纲要（2023年版）》中指出："保障和改善民生既要尽力而为，又要量力而行。民生工作直接同老百姓见面、对账，承诺了就要兑现。决不能开空头支票，否则就会失信于民。要坚守底线、突出重点、完善制度、引导预期，持之以恒把民生工作抓好，一件事情接着一件事情办，一年接着一年干，让群众看到变化、得到实惠。"

③**相关分析**：社会治理与民生工作息息相关，二者相辅相成，做好民生工作可以调动居民

更好地参与社会治理，在社会治理中得到实惠的居民也会更乐于参与社会治理，形成良性循环。而民生工作要求"让群众看到变化"恰好对应本题中"不断改善居民生活"这一要点。

◆ **材料链接❷**：2017年，为进一步彰显社区的历史文化，莲花社区两委班子决定将原川齿厂的老旧物件作为社区的独特装饰，让居民睹物生情，重新凝聚在一起。

①**得分要点**：彰显历史文化，以老旧物件作独特装饰，增强凝聚力。

②**思想理论依据**：习近平总书记在党的二十大报告中明确提出："加大文物和文化遗产保护力度，加强城乡建设中历史文化保护传承。"

③**相关分析**：老川齿人过往的奋斗经历是社区历史文化遗存的一部分，对其的留存与彰显是答案要点之一。

二、话题2：民生

● **题目1**：（2024年国考市地卷第3题）Y市拟在总结江平县做法的基础上，提出关于加强Y市基层卫生人才队伍建设的实施意见。请根据"给定材料3"，起草该意见的主要内容。（要求中明确指出包括指导思想、基本目标和主要措施）

材料主要内容：材料以居民诊病的场景引入，介绍了江平县稳定人才队伍、招引人才、培养人才的做法。

考查热点：民生、医疗

涉及范围：基层人才、选用、育留人才

考霸蛙谈案例！

谈链接

县、乡、村三级医疗卫生机构是医疗卫生服务的网底，是人民群众健康的守门人。然而这些基层医疗机构普遍存在"人员数量不足、业务能力偏低"的问题，特别是经济欠发达的偏远山区，人才断层、人才流失、机构"空壳化"等现象更加严重。"招不到""留不住"是基层医疗机构面临的主要问题。主要原因包括：基层卫生人才缺乏职业发展路径；基层卫生人才待遇条件较差；医学生基层就业后面临个人住房、子女教育等困难。

谈解析

习近平总书记在党的二十大报告中指出："深化以公益性为导向的公立医院改革，规范民营医院发展。发展壮大医疗卫生队伍，把工作重点放在农村和社区。"

习近平总书记强调："要推动医疗卫生工作重心下移、医疗卫生资源下沉，推动城乡基本

公共服务均等化，为群众提供安全有效方便价廉的公共卫生和基本医疗服务，真正解决好基层群众看病难、看病贵问题。"

习近平总书记强调："乡亲们吃穿不愁后，最关心的就是医药问题。要加强乡村卫生体系建设，保障好广大农民群众基本医疗。"

中共中央办公厅、国务院办公厅2021年2月印发的《关于加快推进乡村人才振兴的意见》提出："加强县域卫生人才一体化配备和管理，在区域卫生编制总量内统一配备各类卫生人才，强化多劳多得、优绩优酬，鼓励实行'县聘乡用'和'乡聘村用'。"

谈要点

◆ **材料链接：** 江平县根据上级文件要求，大力推动实施农村卫生人才"县管乡用"和"乡管村用"。

①**得分要点：** 推动"县管乡用"和"乡管村用"

②**思想理论依据：** 2024年中央一号文件中指出，"实施乡村振兴人才支持计划，加大乡村本土人才培养，有序引导城市各类专业技术人才下乡服务，全面提高农民综合素质。强化农业科技人才和农村高技能人才培养使用，完善评价激励机制和保障措施。加强高等教育新农科建设，加快培养农林水利类紧缺专业人才。发挥普通高校、职业院校、农业广播电视学校等作用，提高农民教育培训实效。推广医疗卫生人员'县管乡用、乡聘村用'，实施教师'县管校聘'改革。推广科技小院模式，鼓励科研院所、高校专家服务农业农村。"

③**相关分析：** 此处"县管乡用、乡聘村用"的内容在《关于加快推进乡村人才振兴的意见》中也有提到，只要了解了这一信息，一方面可以快速地定位要点，另一方面也可以明晰这个"上级文件要求"并非来自省里，而是来自中央。

● **题目2：**（2021年国考副省卷第1题）"给定材料1"中说："这些努力和奋斗所换来的，有形的会老去，无形的却能从此改变小谷村。"请你根据"给定材料1"，谈谈对这句话的理解。

材料主要内容： 材料以汪杰为主人公，讲述了他在小谷村带领村民和干部一起奋斗的经历，在奋斗中既有路、网等"有形"的变化，也有村民思想等"无形"的变化，最终让小谷村发生了翻天覆地的变化。

考查热点： 民生、乡村振兴

涉及范围： 基础设施建设、扶智、乡村特色

考霸蛙谈案例！

谈链接

2020年12月中共中央、国务院发布《中共中央 国务院关于实现巩固拓展脱贫攻坚成果同

乡村振兴有效衔接的意见》指出："脱贫摘帽不是终点，而是新生活、新奋斗的起点。打赢脱贫攻坚战、全面建成小康社会后，要在巩固拓展脱贫攻坚成果的基础上，做好乡村振兴这篇大文章，接续推进脱贫地区发展和群众生活改善。做好巩固拓展脱贫攻坚成果同乡村振兴有效衔接，关系到构建以国内大循环为主体、国内国际双循环相互促进的新发展格局，关系到全面建设社会主义现代化国家全局和实现第二个百年奋斗目标。全党务必站在践行初心使命、坚守社会主义本质要求的政治高度，充分认识实现巩固拓展脱贫攻坚成果同乡村振兴有效衔接的重要性、紧迫性，举全党全国之力，统筹安排、强力推进，让包括脱贫群众在内的广大人民过上更加美好的生活，朝着逐步实现全体人民共同富裕的目标继续前进，彰显党的根本宗旨和我国社会主义制度优势。"

在随后几年的中央一号文件中持续以"三农"作为关注点，如2024年的中央一号文件以推进乡村全面振兴为主题，以学习运用"千万工程"经验为主线，对2024年及今后一个时期的"三农"工作作出全面部署，充分体现了以习近平同志为核心的党中央对"三农"工作一以贯之的高度重视。推进中国式现代化，必须坚持不懈夯实农业基础，推进乡村全面振兴。

因而在未来一段时间中，乡村振兴都是考试的重点。

解析

乡村振兴战略是习近平总书记于2017年10月18日在党的十九大报告中提出的战略。党的十九大报告指出："农业农村农民问题是关系国计民生的根本性问题，必须始终把解决好'三农'问题作为全党工作重中之重。"

习近平总书记指出："农业强国是社会主义现代化强国的根基。没有农业强国就没有整个现代化强国；没有农业农村现代化，社会主义现代化就是不全面的。"全面建设社会主义现代化国家，最艰巨最繁重的任务仍然在农村。建设农业强国，必须走中国特色社会主义乡村振兴道路，大力实施乡村振兴战略，全面推进乡村振兴。

《习近平新时代中国特色社会主义思想学习纲要（2023年版）》中指出："实施乡村振兴战略，农业农村现代化是总目标，坚持农业农村优先发展是总方针，产业兴旺、生态宜居、乡风文明、治理有效、生活富裕是总要求，建立健全城乡融合发展体制机制和政策体系是制度保障。要坚持乡村全面振兴，实现乡村产业振兴、人才振兴、文化振兴、生态振兴、组织振兴，推动农业全面升级、农村全面进步、农民全面发展。

实施乡村振兴战略，必须统筹谋划、科学推进。要处理好长期目标和短期目标的关系，遵循乡村建设规律，坚持科学规划、注重质量、从容建设。处理好顶层设计和基层探索的关系，在贯彻落实党中央关于乡村振兴顶层设计的前提下，发挥亿万农民的主体作用和首创精神，制定符合自身实际的实施方案。处理好充分发挥市场决定性作用和更好发挥政府作用的关系，发挥政府在规划引导、政策支持、市场监管、法治保障等方面的积极作用，加快推进农村重点领域和关键环节改革，激发农村资源要素活力。处理好增强群众获得感和适应新发展阶段的关系，既要围绕农民群众最关心最直接最现实的利益问题，加快补齐农村发展和民生短板，又要形成可持续发展的长效机制。"

谈要点

◆ **材料链接❶**：改变小谷村硬件容易，但是人们的思想呢？……做人的工作也许不像修房修路那样起眼，但最根本，也最长远，哪怕我们暂时看不到结果，也必须全力去做。

①**得分要点**：人思想的改变虽不起眼，却能带来最根本长远的改变。

②**思想理论依据**：在脱贫攻坚阶段，习近平总书记就在很多场合讲过这句话："加强扶贫同扶志扶智相结合，让脱贫具有可持续的内生动力。"在脱贫攻坚总结表彰大会上，习近平总书记也讲到："坚持调动广大贫困群众积极性、主动性、创造性，激发脱贫内生动力。'志之难也，不在胜人，在自胜。'脱贫必须摆脱思想意识上的贫困。我们注重把人民群众对美好生活的向往转化成脱贫攻坚的强大动能，实行扶贫和扶志扶智相结合，既富口袋也富脑袋，引导贫困群众依靠勤劳双手和顽强意志摆脱贫困、改变命运。我们引导贫困群众树立'宁愿苦干、不愿苦熬'的观念，鼓足'只要有信心，黄土变成金'的干劲，增强'弱鸟先飞、滴水穿石'的韧性，让他们心热起来、行动起来。脱贫群众说'现在国家政策好了，只要我们不等待、不观望，发扬'让我来'的精神，一定能过上好日子。''生活改变了我，我也改变了生活。'"

③**相关分析**：习近平总书记在讲话中对脱贫攻坚经验的总结，强调了群众依靠勤劳双手和顽强意志在"脱贫攻坚"中的作用。在乡村振兴中，群众的思想工作自然也就是工作的重点之一。

◆ **材料链接❷**：他开始奔波，提议筹办专为大龄失学儿童提供义务教育的"桐华班"。筹办还算顺利，"桐华班"由县教育局牵头，集中县里的优秀老师，加上一些知名高校的学生志愿者，自己编写教材，精心安排课程。学生们初来时，有的还哭哭啼啼的，汪杰对他们就像对自己的孩子，给他们爱与鼓励。……村里的孩子在"桐华班"学习后，渐渐有了明确的方向，他们想着继续读初中、高中，还要考大学。想到未来的生活，他们的脸上焕发着光彩，看向远方的目光更加坚定。

①**得分要点**：发展教育：筹建桐华班，关爱鼓励，让孩子憧憬未来、坚定信心。

②**思想理论依据**：习近平总书记强调："我们紧紧扭住教育这个脱贫致富的根本之策，强调再穷不能穷教育、再穷不能穷孩子，不让孩子输在起跑线上，努力让每个孩子都有人生出彩的机会，尽力阻断贫困代际传递。"

③相关分析：巩固脱贫攻坚成果，自然也离不开教育。因而"教育"这一关键词应体现在答案中。

● **题目3**：（2022年国考市地卷第3题）F市教育局准备根据"给定材料3"中任校长的发言稿编一期简报，推广第三中学"五育"融合育人的做法。请你为该简报撰写一则"编者按"。

材料主要内容：F市第三中学开展德智体美劳"五育融合"教育教学改革实践的情况。

考查热点：教育

涉及范围：教育发展、德智体美劳融合、党建引领

考霸蛙谈案例！

链接

2019年2月，中共中央、国务院印发《中国教育现代化2035》，要求"更加注重全面发展，大力发展素质教育，促进德育、智育、体育和劳动教育的有机融合"，打造中国特色世界先进水平的优质教育。2020年3月，中共中央、国务院印发《关于全面加强新时代大中小学劳动教育的意见》，强调"把劳动教育纳入人才培养全过程，贯通大中小学各学段，贯穿家庭、学校、社会各方面，与德育、智育、体育、美育相融合"，以劳树德、以劳增智、以劳强体、以劳育美，发挥劳动的综合育人功能。2020年5月，中共中央办公厅、国务院办公厅印发《关于全面加强和改进新时代学校体育工作的意见》和《关于全面加强和改进新时代学校美育工作的意见》，强调"推动青少年文化学习和体育锻炼协调发展""加强各学科有机融合"，整合资源，补齐短板。

解析

党的十八大以来，习近平总书记反复强调，教育是国之大计、党之大计，把教育摆在优先发展的战略位置，提出了一系列新理念、新思想和新论断，系统回答了教育工作的根本性、全局性、方向性和战略性问题。习近平总书记关于教育的重要论述，是习近平新时代中国特色社会主义思想的重要组成部分。

2018年9月10日，中共中央召开了新时代第一次全国教育大会，习近平总书记在会上发表重要讲话，系统总结和深刻阐述了中国教育改革发展实践中形成的新理念、新思想和新观点，创造性地提出了推进我国教育改革发展的"九个坚持"：一是要坚持党对教育事业的全面领导；二是要坚持把立德树人作为根本任务；三是要坚持优先发展教育事业；四是要坚持社会主义办学方向；五是要坚持扎根中国大地办教育；六是要坚持以人民为中心发展教育；七是要坚持深化教育改革创新；八是要坚持把服务中华民族伟大复兴作为教育的重要使命；九是要坚

持把教师队伍建设作为基础工作。"九个坚持"是习近平总书记关于教育的科学内涵的首次高度概括，从本质上阐明了新时代中国特色社会主义教育的发展方向、道路、方针和原则等一系列根本性问题，从思想上进一步深化了对社会主义建设规律、教育发展规律和人才培养规律的认识。2023年5月29日，习近平总书记在主持二十届中央政治局第五次集体学习时，发表了关于"建设教育强国"的重要讲话，这是继2018年在全国教育大会发表重要讲话之后，习近平总书记对教育工作的又一次极具政治性、思想性、全局性和战略性的重要讲话，是对党的二十大报告中有关教育内容的全面、系统和深入地阐述。

要点

◆ **材料链接**：一直以来，我校将党建和德育工作有机结合，党员教师在思想工作和教育工作上始终发挥着模范引领作用。

①**得分要点**：党建与德育相融合。

②**思想理论依据**：2023年9月9日习近平致信全国优秀教师代表，信中提到"新征程上，希望你们和全国广大教师以教育家为榜样，大力弘扬教育家精神，牢记为党育人、为国育才的初心使命，树立'躬耕教坛、强国有我'的志向和抱负，自信自强、踔厉奋发，为强国建设、民族复兴伟业作出新的更大贡献。"

《习近平新时代中国特色社会主义思想学习纲要（2023年版）》中也指出："在当今中国，中国共产党是最高的政治领导力量。党政军民学，东西南北中，党是领导一切的。"习近平总书记强调："党的领导是全面的、系统的、整体的，必须全面、系统、整体加以落实。"

③**相关分析**：党对教育工作同样具有领导作用，因而当"党建"出现在材料中，其与德育的融合必须体现在答案中。

第五章　大国生态

第一节　思想导读：习近平生态文明思想

党的十八大以来，习近平总书记以马克思主义政治家、战略家、理论家的深刻洞察力、敏锐判断力和战略定力，继承和发展马克思主义关于人与自然关系的思想精华和理论品格，深刻把握新时代我国人与自然关系的新形势新矛盾新特征，开展了一系列根本性、开创性、长远性工作，推动生态文明建设和生态环境保护从实践到认识发生历史性、转折性、全局性变化，形成了习近平生态文明思想。2018年5月，在全国生态环境保护大会上，习近平总书记发表重要讲话，对全面加强生态环境保护，坚决打好污染防治攻坚战，作出了系统部署和安排。此次大会确立了习近平生态文明思想。

习近平生态文明思想内涵丰富、博大精深，深刻回答了"为什么建设生态文明""建设什么样的生态文明""怎样建设生态文明"等重大理论和实践问题，集中体现为"生态兴则文明兴"的深邃历史观、"人与自然和谐共生"的科学自然观、"绿水青山就是金山银山"的绿色发展观、"良好生态环境是最普惠的民生福祉"的基本民生观、"山水林田湖草是生命共同体"的整体系统观、"实行最严格生态环境保护制度"的严密法治观、"共同建设美丽中国"的全民行动观、"共谋全球生态文明建设之路"的共赢全球观。这一重要思想进一步丰富了坚持和发展中国特色社会主义的总目标、总任务、总体布局、战略布局和发展理念、发展方式、发展动力等，是习近平新时代中国特色社会主义思想的重要组成部分和核心内涵。

——节选自《新时代党员干部学习关键词（2020版）》

2022年7月中央宣传部、生态环境部组织编写《习近平生态文明思想学习纲要》（以下简称《纲要》）一书，由学习出版社、人民出版社联合出版，在全国发行。全书系统阐释了习近平生态文明思想的核心要义、精神实质、丰富内涵、实践要求，全面反映习近平新时代中国特色社会主义思想在生态文明建设领域的原创性贡献。《纲要》将习近平生态文明思想的科学内涵由原来的"八个坚持"拓展为"十个坚持"，即坚持党对生态文明建设的全面领导，坚持生态兴则文明兴，坚持人与自然和谐共生，坚持绿水青山就是金山银山，坚持良好生态环境是最普惠的民生福祉，坚持绿色发展是发展观的深刻革命，坚持统筹山水林田湖草沙系统治理，坚持用最严格制度最严密法治保护生态环境，坚持把建设美丽中国转化为全体人民自觉行动，坚持共谋全球生态文明建设之路。

第二节 考点回顾

生态领域话题在前些年的考试中考查相对较少，党的十八大报告中提出建设中国特色社会主义，总布局是经济建设、政治建设、文化建设、社会建设、生态文明建设五位一体之后的较长一段时间，生态领域的话题考查相对于文化、经济等领域的题目仍然相对较少。在题目考查和材料内容上更像是配角，比如在21年之前考查的"水生态＋扶贫""石甸花椒酱"等题目，虽然也有"生态"这一要素，但无论是所占篇幅还是对内容的支撑作用都比较小。但在2020年9月我国明确提出2030年"碳达峰"与2060年"碳中和"目标之后，生态领域的话题在申论考试中的考查频率明显增多，特别是《习近平生态文明思想学习纲要》出版后，生态领域的话题在申论考试中出现的频率更高了。

就实际考查情况来看，国考中考查生态领域相关话题的时候，比较倾向于将生态与其他领域的话题进行融合考查，如2023年国考市地卷第1题考查的GEP核算实现生态产品价值，就属于生态＋经济的考虑；2021年国考市地卷第1题考查的风林村村寨银行项目，就属于生态＋经济＋民生的融合考查。

在各省省考中，考情虽然不尽相同，但与国考相比，也出现了单独考查"生态"话题的情况，如2022年山东A卷第1题，考查了X县根治"生态伤疤"的经验，材料中的内容虽然涉及了一般负分产业发展，但题目的核心立足点仍然是"生态"这一单一主题。类似的2023年江苏B卷第2题，考查了漾湖生态监管的成功实践对做好行政执法工作的启示，虽有行政执法的元素，但核心立足点仍然在于"生态"这一单一话题，与经济、文化等领域无关。

一、话题1：生态作为驱动发展的资源。

● **题目：**（2023年国考市地卷第1题）GEP反映了生态系统产生的直接、间接或潜在的经济效益。请你根据"给定材料1"，谈谈A市是如何利用GEP核算实现生态产品价值的。

材料主要内容：材料主要介绍了A市通过GEP核算，挖掘生产产品价值，驱动发展的案例。材料中相继介绍了碧澜乡、云瀑乡、景叶县的案例，以不间断地场景切换，将A市利用GEP核算实现生产产品的价值的情况，从不同方面进行了阐释。

考查热点：生态红利、GEP

涉及范围：生态产品、生态＋经济、绿水青山就是金山银山

考霸蛙谈案例！

🔊 **链接**

以"绿水青山"为代表的高质量森林、草地、湿地等生态系统，不仅提供了人类生活与生

产所必需的食物、医药、木材、生态能源及原材料等物质产品，还提供了调节气候、涵养水源、调蓄洪水、净化环境、防风固沙等维持人类赖以生存与发展的自然环境条件的生态调节服务产品，以及提升人们生活质量、促进人民精神健康的文化服务产品。生态系统生产总值（GEP）是生态文明思想指导下，对生物多样性部分产出的一种统计。其核算的根本目的在于实现生物多样性保护与人类可持续发展的目标，也是对各地方进行考核的重要的生态文明指标。

建立GEP核算制度是为落实"绿水青山就是金山银山"理念，为生态产品价值实现提供制度保障，同时也是把生态效益纳入经济社会发展评价体系的具体措施。

谈解析

2005年8月，时任浙江省委书记习近平同志在浙江安吉的余村考察时，首次提出"绿水青山就是金山银山"的重要论断。在"两山论"的引领下，当地探索出一条经济与生态互融共生的新路子。党的十八大以来，习近平总书记在多个场合对"两山论"进行了更加深刻、系统的理论概括和阐释。"我们既要绿水青山，也要金山银山。宁要绿水青山，不要金山银山，而且绿水青山就是金山银山"。绿水青山就是金山银山的理念深刻揭示了发展与保护的辩证统一关系，实现了对马克思主义生产力理论的丰富与发展，是习近平生态文明思想的重要内容，具有重大的思想价值和现实意义。

2022年10月，党的二十大报告指出："中国式现代化是人与自然和谐共生的现代化。人与自然是生命共同体，无止境地向自然索取甚至破坏自然必然会遭到大自然的报复。我们坚持可持续发展，坚持节约优先、保护优先、自然恢复为主的方针，像保护眼睛一样保护自然和生态环境，坚定不移走生产发展、生活富裕、生态良好的文明发展道路，实现中华民族永续发展。"

在人与自然的关系问题上，西方现代化大都经历了对自然资源肆意掠夺和生态环境恶性破坏的阶段，在创造巨大物质财富的同时，往往造成环境污染、资源枯竭等严重问题。中国式现代化坚持可持续发展，统筹推进经济社会发展和生态环境保护。必须牢固树立和践行"绿水青山就是金山银山"的理念，坚持节约优先、保护优先、自然恢复为主的方针，坚定不移走生产发展、生活富裕、生态良好的文明发展道路，实现中华民族永续发展。

习近平总书记强调："绿水青山既是自然财富、生态财富，又是社会财富、经济财富。""生态环境保护和经济发展不是矛盾对立的关系，而是辩证统一的关系。只有把绿色发展的底色铺好，才会有今后发展的高歌猛进。"人不负青山，青山定不负人。良好生态本身蕴含着无穷的经济价值，能够源源不断创造综合效益，实现经济社会可持续发展。以习近平生态文明思想为根本遵循和行动指南，牢固树立"绿水青山就是金山银山"的理念，把绿水青山建得更美，把金山银山做得更大，我们就一定能走出一条生产发展、生活富裕、生态良好的文明发展道路，让人民群众在绿水青山中共享自然之美、生命之美、生活之美。

由此可见，生态环境的保护可以形成生态产品这一发展资源，生态产品会带来经济效益和发展潜力。

习近平总书记在看望参加全国政协十四届二次会议的民革、科技界、环境资源界委员时强调："全面准确落实精准治污、科学治污、依法治污方针，推动经济社会发展绿色化、低碳化，加强资源节约集约循环利用，拓展生态产品价值实现路径，积极稳妥推进碳达峰碳中和，为高质量发展注入新动能、塑造新优势。"其中，明确提到了"拓展生态产品价值实现路径"的要求，这为锚定美丽中国建设目标，化生态优势为发展优势，培育绿色低碳发展新动能，推动经济社会发展绿色转型提供了重要指引。

本题考查的GEP核算就是"拓展生态产品价值实现路径"的探索之一。

谈要点

◆ **材料链接❶**：截至2021年底，A市所有乡镇均组建了生态强村公司，主攻生态产品价值转化，负责自然资源管理与开发、生态环境保护与修复等，成为公共生态产品的供给主体和市场化交易主体。金融市场也闻风而动，"GEP贷"等金融产品应运而生。

①涉及要点：组建生态强村公司，主攻价值转化；激活金融属性。

②思想理论依据：习近平总书记指出："要积极探索推广绿水青山转化为金山银山的路径，选择具备条件的地区开展生态产品价值实现机制试点，探索政府主导、企业和社会各界参与、市场化运作、可持续的生态产品价值实现路径。"

③相关分析：材料中A市成立生态强村公司以及"GEP贷"的出现，就是"政府主导、企业和社会各界参与、市场化运作"的表现。

◆ **材料链接❷**：日前，A市"两山银行"与明渚乡签下首笔湿地碳汇收储合约，以每吨58.83元的价格购入明渚乡湿地一万吨碳汇量。同时，"两山银行"又向该市农商银行等9家单位分别出售碳汇量，这也是A市将GEP核算应用到碳汇市场的首次尝试。

①涉及要点：促成碳汇交易，"两山银行"购售碳汇。

②思想理论依据：党的二十大报告指出："积极稳妥推进碳达峰碳中和。""完善碳排放统计核算制度，健全碳排放权市场交易制度。提升生态系统碳汇能力。"

2022年1月24日，习近平总书记在十九届中央政治局第三十六次集体学习时强调："要建立完善绿色低碳技术评估、交易体系，加快创新成果转化。要创新人才培养模式，鼓励高等学校加快相关学科建设。"

③**相关分析**：可见，"碳交易"已成为生态文明建设中的重要组成部分。如果对此热点有了解的话，"碳汇交易"这一要点就能比较容易地发现。

二、话题2：生态作为最普惠的公共产品

● **题目**：（2021年国考市地卷第1题）"给定材料1"中，风林村在实施"村寨银行"项目后，发生了巨大变化。请你谈谈风林村有了哪些变化。

材料主要内容：材料介绍了Y县的枫林村探索实施"村寨"银行的过程，村民由开始的不理解、不配合到主动积极参与。村庄也在村寨银行的带动下，发生包括收入提升、环境改善、治理方式转变等变化。

考查热点：生态、民生

涉及范围：村寨银行、发展理念、生态红利、民主协商

考霸蛙谈案例！

谈链接

本题中风林村建设村寨银行的事例的原型是黎光村。黎光村地处云南省丽江市玉龙纳西族自治县黎明傈僳族乡，这里是世界自然遗产地"三江并流"核心区、老君山国家公园腹地，平均海拔3100米，森林覆盖率达90%，生物多样性丰富。材料中风林村的村支书周云光，原型是黎光村党总支部书记蜂金龙。

黎光村的村寨银行建设也经历了村民从不理解到配合再到积极主动参与的过程。看到山林成了发展的"绿色资本"，周边的村寨也纷纷来黎光村"取经"，目前玉龙县已有8个行政村兴办了村寨银行，总资金达190余万元，入股农户980余户，涉及生态保护面积27万多亩。

"绿水青山就是金山银山"，这个傈僳族山村的实践生动有力。

谈解析

《习近平新时代中国特色社会主义思想学习纲要（2023年版）》中指出："良好生态环境是最公平的公共产品，是最普惠的民生福祉。对人的生存来说，金山银山固然重要，但绿水青山是人民幸福生活的重要内容，是金钱不能代替的。挣到了钱，但空气、饮用水都不合格，哪有什么幸福可言。环境就是民生，青山就是美丽，蓝天也是幸福。发展经济是为了民生，保护生态环境同样也是为了民生。要坚持生态惠民、生态利民、生态为民。"

习近平总书记在全国生态环境保护大会上强调："要把解决突出生态环境问题作为民生优先领域。"人不负青山，青山定不负人。绿水青山既是自然财富、生态财富，又是社会财富、经济财富。要坚持生态效益和经济社会效益相统一，积极探索推广绿水青山转化为金山银山的路径，利用自然优势发展特色产业，因地制宜壮大"美丽经济"，让资源变资产、资金变股金、

农民变股东，把绿水青山蕴含的生态产品价值转化为金山银山。完善生态保护补偿制度，建立生态产品价值实现机制，调动全社会保护生态环境的积极性，让青山常在、绿水长流。

📶 要点

◆ **材料链接❶**："以前大家没钱了就上山去砍树卖，钱用完了又去砍，你砍、我砍、大家砍，对森林的破坏很大。"风林村村民赵春桥说。这样的生产生活方式……"村寨银行"既满足了村民在生产生活中的各种资金需求，又激发了村民保护生态的内生动力，让保护自然环境成为了一种自觉。

"以前我们都是各过各的，谁也不管谁，现在要集资建银行，我们哪里懂哦！""大家的钱怎么管？往哪个方向奔？要争取哪些利益？这些事情我们可能几十年都没想过。靠我们自己，能行吗？"……村民不断提出疑问、发表意见，并最终讨论出一个人人都能接受的管理制度……村民们建客栈、开餐馆、跑运输、做向导，过好日子的劲头越来越足。

①**得分要点**：从掠夺自然的生活逻辑到自觉保护环境。

从靠帮扶生活，信心不足到自力更生谋发展，干劲十足。

②**思想理论依据**：2018年3月8日习近平总书记在参加十三届全国人大一次会议山东代表团审议时提到："要充分尊重广大农民意愿，调动广大农民积极性、主动性、创造性，把广大农民对美好生活的向往化为推动乡村振兴的动力，把维护广大农民根本利益、促进广大农民共同富裕作为出发点和落脚点。"

以生态带动发展的过程，也要充分尊重村民的主体地位，调动起村民参与生态保护和经济发展的积极性。

③**相关分析**：习近平总书记强调了"调动广大农民积极性、主动性、创造性"，村民身上发生的变化，体现的正是村民主体地位和主人翁意识的增强，只有充分发挥农民群众的主体地位，生态保护带动经济发展的举措才能成功。因而村民观念的变化，也是"村寨银行"给风林村带来的变化之一。

◆ **材料链接❷**：有环境治理专家评论道："'村寨银行'与生态环保联动，通过对人们观念和行为方式的改变，进而影响自然的改变，最终实现人与自然关系的平衡和发展。"

①**得分要点**：改变人们观念和行为方式，影响自然改变，实现人与自然平衡发展。

②**思想理论依据**：2017年5月26日，习近平总书记在十八届中央政治局第四十一次集体学习时的讲话中指出："推动形成绿色发展方式和生活方式，是发展观的一场深刻革命。这就要坚持和贯彻新发展理念，正确处理经济发展和生态环境保护的关系，像保护眼睛一样保护生态环

境，像对待生命一样对待生态环境，坚决摒弃损害甚至破坏生态环境的发展模式，坚决摒弃以牺牲生态环境换取一时一地经济增长的做法，让良好生态环境成为人民生活的增长点、成为经济社会持续健康发展的支撑点、成为展现我国良好形象的发力点，让中华大地天更蓝、山更绿、水更清、环境更优美。"

《习近平新时代中国特色社会主义思想学习纲要（2023年版）》也强调了："发展理念是发展行动的先导，发展理念是否对头，从根本上决定着发展成效乃至成败。习近平总书记指出，'新时代抓发展，必须更加突出新发展理念，坚定不移贯彻创新、协调、绿色、开放、共享的新发展理念。'"

"绿色是永续发展的必要条件和人民对美好生活追求的重要体现，绿色发展注重的是解决人与自然和谐共生问题，必须实现经济社会发展和生态环境保护协同共进，加快发展方式绿色转型，推动形成绿色低碳的生产方式和生活方式。"

③相关分析：习近平总书记的讲话中"绿色发展方式和生活方式"，在风林村中就体现为村民的"行为方式"，所需坚持和贯彻的新发展理念中，绿色是普遍形态。因而，材料中"观念和行为方式"的改变是村寨银行带给风林村其他改变的基础，应体现在答案中。

三、话题3：生态环境保护治理

● **题目：**（2022年山东A卷第1题）请根据"给定材料2"，概括X县根治"生态伤疤"的经验。

材料主要内容：材料介绍了X县经历了采矿之后形成的环境问题，成为了当地"生态伤疤"，X县通过完善政策法规，统筹协调一体化治理，发展生态产业等一系列措施，最终成功将生态环境治理好。

考查热点：生态修复

涉及范围：生态治理、山水林田湖草沙一体化治理、生态+经济

谈链接

生态修复（ecological remediation）是在生态学原理指导下，以生物修复为基础，结合各种物理修复、化学修复以及工程技术措施，通过优化组合，使之达到最佳效果和最低耗费的一种综合的修复污染环境的方法。

习近平总书记在《以美丽中国建设全面推进人与自然和谐共生的现代化》中写到"着力提升生态系统多样性、稳定性、持续性。要站在维护国家生态安全、中华民族永续发展和对人类文明负责的高度，加强生态保护和修复，为子孙后代留下山清水秀的生态空间"。党的十八大

以来，以习近平同志为核心的党中央以更有力的举措保护和修复生态，作出长江经济带"共抓大保护、不搞大开发"的战略决策，部署推进黄河流域生态保护和高质量发展，加快构建以国家公园为主体的自然保护地体系，统筹推进山水林田湖草沙一体化保护和系统治理。生态文明建设不断深入推进。生态修复则是建设生态文明的重要手段。

解析

党的二十大报告把"提升生态系统多样性、稳定性、持续性"作为推动绿色发展、促进人与自然和谐共生的一项战略任务和重大举措。在《以美丽中国建设全面推进人与自然和谐共生的现代化》这篇重要文章中，习近平总书记再次强调这一任务和举措，并从三个方面作出重要部署。

——加大生态系统保护力度。习近平总书记提出四方面重点举措：一是加快建设以国家公园为主体、以自然保护区为基础、以各类自然公园为补充的自然保护地体系。二是推进实施重要生态系统保护和修复重大工程，持续推进"三北"防护林体系建设和京津风沙源治理，集中力量在重点地区实施一批防沙治沙工程，特别是全力打好三大标志性战役。三是推进生态系统碳汇能力巩固提升行动。四是实施一批生物多样性保护重大工程，努力建设美丽山川。

——切实加强生态保护修复监管。习近平总书记严肃告诫："这些年来，破坏生态行为禁而未绝，凸显了生态保护修复离不开强有力的外部监管。"总书记对监管工作提出两方面要求：一是在生态保护修复上强化统一监管，强化生态保护修复监管制度建设和自然保护地、生态保护红线督察执法。二是坚决杜绝生态修复中的形式主义，决不允许打着生态建设的旗号干破坏生态的事情。

——拓宽绿水青山转化金山银山的路径。良好的生态环境蕴含着无穷的经济价值。习近平总书记从两方面提出思路举措：一是推进生态产业化和产业生态化，让生态优势源源不断转化为发展优势。二是推进重要江河湖库、重点生态功能区、生态保护红线、重要生态系统等保护补偿，让保护修复者获得合理回报，让破坏者付出相应代价。

要点

◆ **材料链接❶**：坚持"抱团攻坚"，打破原来山水林田湖草"碎片化"治理格局，推进区域内"山、水、林、田、湖、草、路、景、村"一体化治理。

①**得分要点**：抱团攻坚；推进一体化治理。

②**思想理论依据**：2021年全国两会期间习近平总书记强调："统筹山水林田湖草沙系统治理，这里要加一个'沙'字。"党的二十大报告中指出："我们要推进美丽中国建设，坚持山水林田湖草沙一体化保护和系统治理，统筹产业结构调整、污染治理、生态保护、应对气候变

化，协同推进降碳、减污、扩绿、增长，推进生态优先、节约集约、绿色低碳发展。"《习近平新时代中国特色社会主义思想学习纲要（2023年版）》中也指出："山水林田湖草沙是一个生命共同体，是不可分割的生态系统。人的命脉在田，田的命脉在水，水的命脉在山，山的命脉在土，土的命脉在林和草，这个生命共同体是人类生存发展的物质基础。生态是统一的自然系统，是相互依存、紧密联系的有机链条。<mark>要坚持系统观念，统筹山水林田湖草沙系统治理。</mark>"

③相关分析：<mark>统筹山水林田湖草沙系统治理，深刻揭示了生态系统的整体性、系统性及其内在发展规律，为全方位、全地域、全过程加强生态环境保护提供了方法论指导。</mark>在本题中，X县根据自身矿区治理的实际特点，实施区域内"山、水、林、田、湖、草、路、景、村"一体化治理，则是在这种思想引导下的有效经验，需要体现在答案中。

◆ **材料链接❷**：在推进山水林田湖草综合治理与生态修复的同时，X县积极探索生态发展之路，促进生态产品价值实现。发展"生态+工业"……

①**得分要点**：探索生态发展之路，促进生态产品价值实现。

②**思想理论依据**：习近平总书记在全国生态环境保护大会上强调："总结新时代十年的实践经验，分析当前面临的新情况新问题，继续推进生态文明建设，必须以新时代中国特色社会主义生态文明思想为指导，正确处理几个重大关系。"习近平总书记对正确处理高质量发展和高水平保护的关系、重点攻坚和协同治理的关系、自然恢复和人工修复的关系、外部约束和内生动力的关系、"双碳"承诺和自主行动的关系作了深刻阐述，为全面推进美丽中国建设、加快推进人与自然和谐共生的现代化提供了根本遵循。其中，<mark>第一个重大关系就是高质量发展和高水平保护的关系。</mark>

<mark>生态环境保护与经济发展是辩证统一的关系。</mark>习近平总书记指出："要正确处理经济发展同生态环境保护的关系，牢固树立保护生态环境就是保护生产力、改善生态环境就是发展生产力的理念，更加自觉地推进绿色发展、循环发展、低碳发展，决不以牺牲环境为代价去换取一时的经济增长。"经济发展不应是对自然资源和生态环境的竭泽而渔，生态环境保护也不应是舍弃经济发展的缘木求鱼，而是要坚持在发展中保护、在保护中发展。一方面，生态环境保护的成败，归根到底取决于经济结构和经济发展方式。靠过度消耗资源、严重破坏环境来推动经济增长，不仅难以为继，还会危及人类社会发展。绿色低碳发展是实现高质量发展和高水平保护协同共进的发展方式，有助于推动经济发展质量变革、效率变革、动力变革。另一方面，保护生态环境就是保护生产力，改善生态环境就是发展生产力。自然资源的可持续利用是经济社会可持续发展的关键，经济再生产越来越依赖于生态环境的优化和再生产。而且，良好生态环境本身蕴含着无穷的经济价值，能够源源不断地创造综合效益。

习近平总书记强调："要站在人与自然和谐共生的高度谋划发展，通过高水平环境保护，不断塑造发展的新动能、新优势，着力构建绿色低碳循环经济体系，有效降低发展的资源环境代价，持续增强发展的潜力和后劲。"建立健全绿色低碳循环发展经济体系，促进经济社会发展全面绿色转型，是解决我国资源环境生态问题的基础之策。

——节选自《人民日报》

③**相关分析**：保护生态环境并非只谈保护，不谈发展，相反生态保护与修复和经济发展之间是辩证统一的关系。因此，探索生态发展之路，促进生态产品价值实现也是修复"生态伤疤"的经验之一，是其题中应有之义。

第六章 大国文化

第一节 思想导读：习近平文化思想

2023年10月7日至8日，全国宣传思想文化工作会议在北京召开。会议最重要的成果就是首次提出了习近平文化思想。

一、实践总结、理论结晶

进入新时代，文化在振奋民族精神、维系国家认同、促进经济社会发展和人的全面发展等方面作用充分凸显。

党的十八大以来，习近平总书记把宣传思想文化工作摆在治国理政的重要位置，出席一系列重要会议、发表一系列重要讲话、作出一系列重要指示批示，对网信、文艺、新闻、哲学社会科学、思政、文化传承发展等各个领域，进行统筹谋划、分类指导、部署推进，倾注了巨大心血，投入了大量精力。

聚焦做好新时代宣传思想文化工作，总书记鲜明提出一系列重大创新理论：提出坚定文化自信，并将其纳入中国特色社会主义"四个自信"；把坚持社会主义核心价值体系纳入新时代坚持和发展中国特色社会主义的基本方略；着眼新形势新任务新要求，明确宣传思想文化工作"举旗帜、聚民心、育新人、兴文化、展形象"的使命任务；提出"两个结合"特别是"第二个结合"的重大论断，让我们能够在更广阔的文化空间中，充分运用中华优秀传统文化的宝贵资源，探索面向未来的理论和制度创新；

......

习近平总书记在新时代文化建设方面的新思想新观点新论断，内涵十分丰富、论述极为深刻，是新时代党领导文化建设实践经验的理论总结，丰富和发展了马克思主义文化理论，构成了习近平新时代中国特色社会主义思想的文化篇，形成了习近平文化思想。

这一重要思想，充分反映了习近平总书记关于文化建设理论成果在体系化、学理化方面日益完善的实际，标志着我们党对中国特色社会主义文化建设规律的认识达到了新高度，表明我们党的历史自信、文化自信达到了新高度，在党的宣传思想文化事业发展史上具有里程碑意义。

二、明体达用、体用贯通

习近平总书记在重要指示中强调，新时代新征程，世界百年未有之大变局加速演进，中华民族伟大复兴进入关键时期，战略机遇和风险挑战并存，宣传思想文化工作面临新形势新任务，必须要有新气象新作为。

如何才能展现新气象新作为？

1.明确首要政治任务，即坚持以习近平新时代中国特色社会主义思想为指导，全面贯彻党的二十大精神，聚焦用党的创新理论武装全党、教育人民；

2.聚焦新的文化使命，即在新的历史起点上继续推动文化繁荣、建设文化强国、建设中华民族现代文明；

3.指明基本遵循原则，即坚定文化自信，秉持开放包容，坚持守正创新；

4.明确提出"七个着力"的要求，即着力加强党对宣传思想文化工作的领导，着力建设具有强大凝聚力和引领力的社会主义意识形态，着力培育和践行社会主义核心价值观，着力提升新闻舆论传播力引导力影响力公信力，着力赓续中华文脉、推动中华优秀传统文化创造性转化和创新性发展，着力推动文化事业和文化产业繁荣发展，着力加强国际传播能力建设、促进文明交流互鉴。

一系列重要内容，既有认识论又有方法论，既有宏观层面的整体指导，又有具体层面的实践路径，充分表明习近平文化思想既有文化理论观点上的创新和突破，又有文化工作布局上的部署要求，彰显了这一思想明体达用、体用贯通的鲜明特点。

三、思想武器、行动指南

一个民族的复兴，需要强大的物质力量，也需要强大的精神力量。

宣传思想文化战线肩负着为全面建设社会主义现代化国家、全面推进中华民族伟大复兴提供坚强思想保证、强大精神力量、有利文化条件的重要职责。

重任在肩、使命光荣。宣传思想文化战线更要科学把握新的形势和任务：

从内部环境看，踏上新征程，向着以中国式现代化全面推进中华民族伟大复兴的目标迈进，迫切需要统一思想、坚定信心，凝聚起万众一心的磅礴力量。

从国际局势看，世界百年变局加速演进，国际环境发生深刻变化，迫切需要不断提升国家文化软实力和中华文化影响力。

从技术发展看，信息化浪潮迅猛发展，迫切需要把互联网这个变量变成事业发展的增量，汇聚网上网下同心圆。

从自身发展看，在取得历史性成就的同时，宣传思想文化工作也还存在亟待解决的难题，迫切需要坚持守正创新、主动识变应变求变，推动事业发展迈向新天地。

因此，面临这样的形势任务，必须推动宣传思想文化工作高质量发展，这是时代所需、使命所系、群众所盼，是宣传思想文化战线面临的一道必答题。

习近平文化思想，为做好新时代新征程宣传思想文化工作、担负起新的文化使命提供了强大思想武器和科学行动指南。

面向未来，宣传思想文化战线唯有紧紧围绕学习贯彻这一重要思想，持续加强学习、研究、阐释，并自觉贯彻落实到宣传思想文化工作各方面和全过程，推动各项工作落地见效，才能答好必答题，不断开创新时代宣传思想文化工作新局面。

——节选自《新华社·第一观察》

第二节　考点回顾

文化是民族的血脉，是人民的精神家园。文化自信是更基本、更深层、更持久的力量。中华文化独一无二的理念、智慧、气度、神韵，增添了中国人民和中华民族内心深处的自信和自豪。从宏观的视角看，文化关系到国家精神、民族根脉，是民族的根和魂，从微观看，文化的发展关系到百姓的精神文化生活，而高质量的精神文化生活是人民对美好生活向往的一部分，同时在近年的发展中，文化与科技、经济等领域的融合愈加明显。

因而在申论考试中，文化类话题的热度一直较高，围绕文化考查的题目，既可以单独考查"文化"这一领域，也可以将文化与其他话题进行融合考查，就近年的情况来看，融合考查的情况越来越多，需要引起足够重视。

在文化领域中，主要考查过的话题如下。

一、话题1：文化发展的新动向

● **题目1：**（2024年国考副省卷第2题）"新民乐"走红引发了网民的诸多议论。请根据"给定材料2"谈谈这些议论主要涉及了哪些问题，并分别予以简要说明。

材料主要内容：材料介绍了"新民乐"这一以民族音乐元素为基础，用现代理念、手段进行创作和演绎的音乐新形式并引出了网民的讨论，其内容主要围绕新民乐的概念界定、发展方向、价值评判等，其中既有赞同的声音，也有反对的声音。

考查热点：新民乐、民乐

涉及范围：文化发展、民间文化、传统文化与时代融合

链接

"新民乐"并不是一个全新的词汇，多年以前就已经有"新民乐"，当时其所指代的是把具有民族特色的乐器、乐风、节奏与西方音乐风格予以融合，就是常说的"中乐西奏"。而今，随着喊麦、嘻哈、说唱等各种艺术形式的不断衍生和变化，一些文艺创作者开始尝试将民乐与各种潮流方式进行融合，形成了全新的"新民乐"。

解析

《习近平新时代中国特色社会主义思想学习纲要（2023年版）》中明确提出："传承和弘扬中华优秀传统文化，要坚持创造性转化和创新性发展。创造性转化，就是要按照时代特点和要求，对那些至今仍有借鉴价值的内涵和陈旧的表现形式加以改造，赋予其新的时代内涵和现代表达形式，激活其生命力。创新性发展，就是要按照时代的新进步新进展，对中华优秀传统文化的内涵加以补充、拓展、完善，增强其影响力和感召力。要通过创造性转化和创新性发展，使中华民族最基本的文化基因同当代中国相适应、同现代社会相协调、同现实文化相融通，把跨越时空、超越国界、富有永恒魅力、具有当代价值的文化精神弘扬起来。"

传统文化中民乐的表现形式，相对于各种潮流方式而言是陈旧的，而中华民乐博大精深，其中仍有借鉴价值的内涵，因而对其进行创造性转化无疑是必要的，由此可见对民乐的整体应该是呈开放包容的，而不应"谈之色变""畏之如虎"。

同时，习近平总书记指出："文艺要通俗，但决不能庸俗、低俗、媚俗。文艺要生活，但决不能成为不良风气的制造者、跟风者、鼓吹者。文艺要创新，但决不能搞光怪陆离、荒腔走板的东西。文艺要效益，但决不能沾染铜臭气、当市场的奴隶。"因此，创新，应当是在尊重艺术自身规律基础上的求新求变。近几年，民乐改良的步伐在加快，尤其是在新媒介环境下，舞台上，声、光、电和服、道、化等手段的融入，很迅速地就能在感官上将民乐节目包装出耳目一新的效果。对于形式创新，一方面可以尝试、探索，另一方面也要避免走入误区，不能把一味追求感官刺激作为民乐创新的审美取向和评判标准。独特的音韵格律，讲究听觉和味道，音色丰富、旋律性强是民乐的优势，不要为了"创新"而"创新"，更不能为了"炫技"而"炫技"。"快和响"不是艺术的最高境界，民乐创作与作品表达，过于追求谱面"图式"、表面"格式"或外化"取悦"都不可取。

要点

◆ **材料链接❶**：创新不等于媚俗。这就对从业者的审美和艺术修养提出了比较高的要求，需要从业者坚持一种引领——我要让你听到你喜欢的音乐，这种音乐，是引领你向更高、更好、更深远、更民族、更中国的地方。

①**得分要点**：创新不媚俗。需要从业者以更高审美和艺术修养引领向更高、更好、更深远、更民族、更中国的地方。

②**思想理论依据**：文艺要通俗，但决不能庸俗、低俗、媚俗。——习近平总书记在中国文联十一大、中国作协十大开幕式上的重要讲话中指出。

③**相关分析**：此部分强调新民乐的发展路径，与习近平总书记的讲话内容相符合，<mark>如事先了解习近平总书记对文艺创作的指示，则能够比较容易留意到这一要点。</mark>

◆ **材料链接❷**：所以民乐发展的道路有很多，不必求同，而应百花齐放、百家争鸣。

①**得分要点**：应百花齐放、百家争鸣。

②**思想理论依据**：坚持为人民服务、为社会主义服务，坚持百花齐放、百家争鸣。——党的二十大报告。

③**相关分析**：此部分内容对应着题目中"新民乐"的发展方略，是网友观点的一部分，<mark>只要对"百花齐放、百家争鸣"稍有了解，就可以很容易地关注到这一要点，有效降低解题难度。</mark>

● **题目2**：（2021年山东A卷第3题）请根据对"给定材料8"中画线句子"时代变了，文化不再是后台的配角，已经成长为台前的主力"的理解，结合全部"给定材料"，自选角度，自拟题目，写一篇文章。

材料主要内容：全篇材料中，材料1到3分别介绍了文家村、潮州、沂南等地保护和发展地方特色文化的案例，材料4介绍数字科技与文化的融合，材料5讲述A市农家文化大院发展建设情况，材料6介绍了S市图书馆的建设，材料7通过马栏山视频文创产业园，介绍了文化新业态，材料8为题干画线句子所在段落，强调了文化的重要作用。

考查热点：<mark>文化</mark>

涉及范围：<mark>地方特色文化、基层乡村文化、科技与文化融合、公共文化空间</mark>

考霸蛙谈案例！

链接

党的十九届五中全会公报提出："坚持马克思主义在意识形态领域的指导地位，坚定文化自信，坚持以社会主义核心价值观引领文化建设，加强社会主义精神文明建设，围绕举旗帜、聚民心、育新人、兴文化、展形象的使命任务，促进满足人民文化需求和增强人民精神力量相统一，推进社会主义文化强国建设。要提高社会文明程度、提升公共文化服务水平、健全现代文化产业体系。"

解析

《习近平新时代中国特色社会主义思想学习纲要（2023年版）》中明确提出："文化是一个国家、一个民族的灵魂。文化自信是更基础、更广泛、更深厚的自信，是一个国家、一个民族发展中最基本、最深沉、最持久的力量。习近平总书记强调：'没有高度的文化自信，没有文化的繁荣兴盛，就没有中华民族伟大复兴。'坚定中国特色社会主义道路自信、理论自信、制度自信，说到底是要坚定文化自信。必须推进文化自信自强，激发全民族文化创新创造活力，不断铸就社会主义文化新辉煌，不断增强实现中华民族伟大复兴的精神力量。"

因此，文章的立足点不能仅仅局限于文化对地方特色的留存、对精神文化生活的满足，而应从更深远的层面进行立意，写出"文化是中华民族伟大复兴路上的强大精神力量"这一层意思。

一个大国发展兴盛，必然要求文化传播力、文明影响力大幅提升，实现软实力和硬实力相得益彰。中华文明是世界上唯一自古延续至今、从未中断的文明，向世界贡献了深刻的思想体系、丰富的科技文化艺术成果、独特的制度创造，深刻影响了世界文明进程。随着我国经济实力、科技实力、综合国力的不断增强，国际地位和国际影响力的不断提高，我国的文化传播力和文化影响力必然也要有所提升，因而文化这一话题的考查，在未来会不断出现。

要点

◆ **材料链接❶**：现场聆听习近平总书记的讲话后，马栏山视频文创产业园党工委书记邹犇淼信心满满，他说，园区将继续推动以新技术、新业态、新产业、新模式为主要特征的新经济蓬勃发展，用"马栏山实践"讲好中国故事。

①**得分要点**：此处提到的"讲好中国故事"是论点立意的方向之一，参考表述为"文化建设发展能讲好中国故事"。可与"文化建设能满足人民精神需求""文化建设能传承不朽精神力量"组合为分论点。

②**思想理论依据**：习近平总书记强调："我们有本事做好中国的事情，还没有本事讲好中国的故事？我们应该有这个信心！"——《习近平新时代中国特色社会主义思想学习纲要（2023年版）》

③**相关分析**：2018年8月21日习近平总书记在全国宣传思想工作会议上就曾指出："展形象，就是要推进国际传播能力建设，讲好中国故事、传播好中国声音，向世界展现真实、立体、全面的中国，提高国家文化软实力和中华文化影响力。"从那之后，"讲好中国故事、传播好中国声音"在官方媒体中开始被反复提及，成为热词和高端词，"中国故事"出现在材料中，考生应思考此处是否设置论点。

◆ **材料链接❷**：越是接近实现中华民族伟大复兴的目标，就越要重视文化的价值，越要加强文化建设，不断铸就中华文化新辉煌，让更多有新时代特色的文化扛鼎之作，在中国文化的广阔星空中绽放光芒，为我们攻坚克难、砥砺前行提供坚强的思想保证、强大的精神力量和丰润的道德滋养。

①**得分要点**：此处提到的"坚强的思想保证、强大的精神力量和丰润的道德滋养"最早是由习近平总书记在会见第四届全国文明城市、文明村镇、文明单位和未成年人思想道德建设工作先进代表时的重要讲话中提到的，如考生充分理解了这段讲话及其内涵，可以将坚强的思想保证、强大的精神力量、丰润的道德滋养作为三个分论点进行书写，极大提高立意的深度，使竞争对手望尘莫及。

②**思想理论依据**：我们要继续锲而不舍、一以贯之抓好社会主义精神文明建设，为全国各族人民不断前进提供坚强的思想保证、强大的精神力量、丰润的道德滋养。——习近平总书记在会见第四届全国文明城市、文明村镇、文明单位和未成年人思想道德建设工作先进代表时的重要讲话

③**相关分析**：习近平总书记在会见第四届全国文明城市、文明村镇、文明单位和未成年人思想道德建设工作先进代表时的重要讲话中指出："要坚持'两手抓、两手都要硬'，以辩证的、全面的、平衡的观点正确处理物质文明和精神文明的关系，把精神文明建设贯穿改革开放和现代化全过程、渗透社会生活各方面，紧密结合培育和践行社会主义核心价值观，大力倡导共产党人的世界观、人生观、价值观，坚守共产党人的精神家园；大力加强社会公德、职业道德、家庭美德、个人品德建设，营造全社会崇德向善的浓厚氛围；大力弘扬中华优秀传统文化，大力加强党风政风、社风家风建设，特别是要让中华民族文化基因在广大青少年心中生根发芽。要充分发挥榜样的作用，领导干部、公众人物、先进模范都要为全社会做好表率、起好示范作用，引导和推动全体人民树立文明观念、争当文明公民、展示文明形象。"

充分理解此部分内容则可作为立意和论点论证的依据。

二、 话题2：公共文化服务

● **题目1**：（2024年国考市地卷第4题）请根据"给定材料4"，梳理S市公共文化空间建设和运营中存在的问题，并提出解决建议。

材料主要内容：材料介绍了S市公共文化空间建设和运营中存在的问题，包括缺乏统一规划、运营能力不足、使用效率低下等内容。

考查热点：公共文化空间

涉及范围：民间文化、文化惠民

考霸蛙谈案例！

谈链接

随着人民群众对美好生活需要的日益增长，以城市书房、文化驿站等为代表的各类新型公共文化空间不断涌现，成为公共文化蓬勃发展的崭新气象。与传统文化空间以公共文化场馆为载体的建设模式不同，新型公共文化空间多设在都市商圈等人群密集区域，采取新（改）建、共建、共享模式，呈现出前所未有的开放性和延展度。

——节选自《中国文化报》

谈解析

《"十四五"文化发展规划》中提出："加强各级各类公共文化设施建设，打造新型城乡公共文化空间。统筹推进基层公共文化资源整合，提高基层综合性文化服务中心使用效益，推进基层公共文化机构运行与县级融媒体中心建设、新时代文明实践中心建设相衔接。"

谈考点

公共文化空间可为文化领域中一个考点。

2024年的政府工作报告在"民生工作"中提到："要丰富人民群众精神文化生活。深入学习贯彻习近平文化思想。广泛践行社会主义核心价值观。发展哲学社会科学、新闻出版、广播影视、文学艺术和档案等事业。制定推动文化传承发展的政策举措。深入推进国家文化数字化战略。深化全民阅读活动。完善网络综合治理，培育积极健康、向上向善的网络文化。创新实施文化惠民工程，提高公共文化场馆免费开放服务水平。大力发展文化产业。"

谈考点

可见文化事业的发展与民生工程的建设密切相关。而就近年的申论考试题目来看，文化与民生的融合特别是与基层群众的结合，已经成为出现频率较高的考点。

谈要点

◆ **材料链接❶**：记者来到市博物馆，这里正在举办非遗表演，观众非常多，喝彩声和掌声不断。经了解，市博物馆针对不同年龄段观众，开设定制了市博研学、非遗表演、礼乐专题讲座等各类活动和课程。博物馆公共服务部常主任认为，市博物馆人气持续走高，不仅源于藏品和博物馆自身的历史，更因为博物馆通过提供"场所"进行文化价值的"输出"，实现了教育功能。

①**得分要点**：对策建议：提供"场所"进行文化价值的"输出"，丰富群众性文化活动，吸引人流，实现教育功能。

②**思想理论依据**：完善公共文化服务体系，深入实施文化惠民工程，丰富群众性文化活动。

——习近平总书记在中国共产党第十九次全国代表大会上的报告

③相关分析：材料中"市博研学、非遗表演、礼乐专题讲座等各类活动和课程"内容相对较多且过于具体，如了解过相关思想内容，则可概括为"丰富群众性文化活动"。

◆ **材料链接❷**：我们在区政府的支持下，建起了全市第一家民办美术馆。刚建成时人特别多，其他地方看到我们这么火爆，就纷纷效仿。

①得分要点：问题：区政府主导，存在效仿和重复建设；对策：全市统一规划，确保各区空间功能互补，增强建设均衡性，避免重复。

②思想理论依据：健全基本公共服务体系，提高公共服务水平，增强均衡性和可及性，扎实推进共同富裕。——党的二十大报告

③相关分析：材料中容易找出"重复建设"的问题，但对策中可能出现雷同表述。党的二十大报告中强调的"均衡性"既有避免重复建设，也有保持各类公共文化空间均衡的含义。

● **题目2**：（2024年国考市地卷第1题）"给定材料1"中提到："乡村需要的不仅仅是艺术家，更是对乡村有感情并能挖掘本土文化特色的运营官。"请根据"给定材料1"，谈谈冯教授团队是怎样当好这个"运营官"的。

材料主要内容：材料介绍了冯教授及其团队在桃李镇清池村用艺术助力乡村建设的过程。材料中，冯教授及其团队的做法和思想观点相互交织，最终通过调动村民的共同参与，当好了"运营官"。

考查热点：乡村文化建设

涉及范围：乡村艺术建设、乡村文化振兴、基层文化建设

考霸蛙谈案例！

（谈）**链接**

对大多数人来说，乡村运营官是个新鲜名词，官方的表述是农村职业经理人。早在2020年，中共中央、国务院公布了14个新兴职业，其中，"农业经理人"作为标题出现，并单独进行了新兴职业的说明。农村职业经理人是在农民专业合作社等农业经济合作组织中，从事农业生产组织、设备作业、技术支持、产品加工与销售等管理服务的人员。通俗点说，就是"乡村CEO"。

2023年，浙江省委、省政府发布《关于2023年高水平推进乡村全面振兴的实施意见》提出："鼓励有条件的地区聘请农村职业经理人，引入懂农村、善经营、会管理的专业人才或团队参与乡村运营。"此后，农村职业经理人频繁出现。

解析

《中共中央 国务院关于学习运用"千村示范、万村整治"工程经验有力有效推进乡村全面振兴的意见》指出："推动农耕文明和现代文明要素有机结合，书写中华民族现代文明的乡村篇章。改进创新农村精神文明建设，推动新时代文明实践向村庄、集市等末梢延伸，促进城市优质文化资源下沉，增加有效服务供给。深入开展听党话、感党恩、跟党走宣传教育活动。加强乡村优秀传统文化保护传承和创新发展。强化农业文化遗产、农村非物质文化遗产挖掘整理和保护利用，实施乡村文物保护工程。开展传统村落集中连片保护利用示范。坚持农民唱主角，促进'村BA'、村超、村晚等群众性文体活动健康发展。"

冯教授及其团队所做的工作，就是推动农耕文明和现代文明要素有机结合。这也和2023年中央一号文件中的"深入实施农耕文化传承保护工程，加强重要农业文化遗产保护利用"相契合。

要点

◆ **材料链接❶**：村民的知识多数是从生活里学的，和村民一起动手而不是去授课，可能是一种接近村民、启发村民的好方法。……决定他们的工作就从在这里建一把"大椅子"开始。建椅子用的材料在村里随处可见——毛竹和石头，唯一花钱的是水泥。椅子建好后，能躺能坐，也有艺术美感，村里几个阿婆都说坐着舒服、看着好看。

①**得分要点**：就地取材，建"大椅子"，兼顾实用和艺术，接近、启发村民。

②**思想理论依据**：社会主义文艺是人民的文艺。习近平总书记指出："源于人民、为了人民、属于人民，是社会主义文艺的根本立场，也是社会主义文艺繁荣发展的动力所在。"人民需要文艺，文艺需要人民，文艺要热爱人民。

③**相关分析**：乡村的艺术建设属于文艺的一部分，明晰了人民和文艺的关系，就不难明白材料中冯教授开展的"接近、启发村民"为何是其"当好运营官"的一部分了，因为只有拉近了与村民即人民的关系，艺术建设或者说文艺工作才是有效的。

◆ **材料链接❷**：清池村仍然保留着原始的"清池八景"，古建筑的外观也已修旧如旧，现代文明的气息似乎并没有"侵蚀"这个乡村。

①**得分要点**：古建筑修旧如旧，保持清池八景

②**思想理论依据**：习近平总书记在云南考察时指出："新农村建设一定要走符合农村实际的路子，遵循乡村自身发展规律，充分体现农村特点，注意乡土味道，保留乡村风貌，留得住青山绿水，记得住乡愁。"在新发展阶段，优先发展农业农村，全面推进乡村振兴，需要总结

实施乡村振兴战略的经验做法，用"乡土味道"赋能乡村振兴。

③相关分析：材料的内容是"乡土味道"的留存，这与望得见山、看得见水、记得住乡愁的城镇化建设思路如出一辙。

三、话题3：与其他领域的融合考查

● **题目：**（2023年江苏A卷第1题）"给定材料1—4"中，一些地方和部门借鉴传统文化中的相关智慧赋能现代社会治理，在不同领域取得了显著成效，请用一段话对此进行归纳概括。

材料主要内容：介绍了龙门镇大山村用"六尺巷"的故事进行社区调解、新时代的"河长制"、发展全民阅读推动精神文明建设等内容。

考查热点：传统文化与社会治理的融合考查

涉及范围：社会治理、传统文化、生态建设、精神文明

考霸蛙谈案例！

🔊链接

中华优秀传统文化是中华民族传承和发展的根本。在漫长的历史进程中，中华民族创造了独树一帜的灿烂文化，体现了中国人几千年来积累的知识智慧和理性思辨，蕴藏着解决当代人类面临的难题的重要启示，积累了丰富的治国理政经验。

习近平总书记指出："历史是最好的老师。要治理好今天的中国，就要善于从中华优秀传统文化中汲取治国理政的理念和思维，对我国古代治国理政的探索和智慧进行积极总结。"

🔊解析

《习近平新时代中国特色社会主义思想学习纲要（2023年版）》中指出："中华文明在长期演进过程中，形成了中国人看待世界、看待社会、看待人生的独特价值体系、文化内涵和精神品质，创造了博大精深的优秀传统文化，铸就了博采众长的文化自信，为中华民族生生不息、发展壮大提供了强大精神支撑。中华优秀传统文化蕴藏着解决当代人类面临的难题的重要启示，可以为人们认识和改造世界提供有益启迪，可以为治国理政提供有益启示，也可以为道德建设提供有益启发。"

本题的设立，就是从传统文化中找到社会治理的相关启示。

🔊要点

◆ **材料链接：**近年来，"全国文明典范城市"Z市不断推广全民阅读，精准对接城乡群众需求，在实践中探索出一条符合港城实际的"书香城市"建设新路子。百家桥村24小时图书馆

驿站"百味书屋"开张已有两年，不少村民成为这里的常客。"两年来，通过阅读活动，村民的不良习惯改变了很多。下一步，我们将继续在提升村民文明习惯上下功夫。"村党委书记老徐说。坐落在沙洲湖畔的公益空间·源书房是Z市打造的首个"捐赠图书馆"，现有市民捐赠图书8700多册。市委宣传部李部长介绍，通过制度引领，全民参与，阅读已成为Z市"传播思想、成就梦想"的文明实践新路径。

①**得分要点**：全民阅读，Z市延续耕读传统，推广全民阅读，建设书香城市，提升文明。

②**思想理论依据**：习近平总书记向首届全民阅读大会致贺信："中华民族自古提倡阅读，讲究格物致知、诚意正心，传承中华民族生生不息的精神，塑造中国人民自信自强的品格。"希望全社会都参与到阅读中来，形成爱读书、读好书、善读书的浓厚氛围。贺信引发热烈反响，全社会掀起读书热潮。

③**相关分析**：表面看材料中Z市推广全民阅读的做法似乎和"借鉴传统文化"无关，但从习近平总书记向首届全民阅读大会致贺信中可以发现，"阅读"是中华民族自古提倡的，是属于传统文化的一部分，因而应该成为要点。

第三部分

跟热点练实战模拟

热点为题，预测考点。通过解读热点话题、时评文章，预测考点，实战练习文章"豹头"、"凤尾"。建议考生重点学习：考点预测、文章写作模拟、谈案例、考情速递。

第一章 解读热点话题

第一节 新质生产力

一、话题价值

2023年9月，习近平总书记在黑龙江考察调研期间首次提到"新质生产力"。此后习近平总书记多次在不同场合谈到新质生产力。

2024年1月19日，习近平总书记在"国家工程师奖"首次评选表彰之际作出重要指示："推动发展新质生产力，加快实现高水平科技自立自强，服务高质量发展，为以中国式现代化全面推进强国建设、民族复兴伟业作出更大贡献。"

2024年1月31日，习近平总书记在二十届中央政治局第十一次集体学习时强调："加快发展新质生产力，扎实推进高质量发展。"

2024年2月2日，习近平总书记在听取天津市委和市政府工作汇报时强调："天津作为全国先进制造研发基地，要发挥科教资源丰富等优势，在发展新质生产力上勇争先、善作为。"

2024年2月29日，习近平总书记在二十届中央政治局第十二次集体学习时强调："要瞄准世界能源科技前沿，聚焦能源关键领域和重大需求，合理选择技术路线，发挥新型举国体制优势，加强关键核心技术联合攻关，强化科研成果转化运用，把能源技术及其关联产业培育成带动我国产业升级的新增长点，促进新质生产力发展。"

2024年3月5日，习近平总书记在参加十四届全国人大二次会议江苏代表团审议时强调："要牢牢把握高质量发展这个首要任务，因地制宜发展新质生产力。"

2024年3月6日，习近平总书记在看望参加全国政协十四届二次会议的民革、科技界、环境资源界委员，并参加联组会，听取意见和建议时强调："科技界委员和广大科技工作者要进一步增强科教兴国强国的抱负，担当起科技创新的重任，加强基础研究和应用基础研究，打好关键核心技术攻坚战，培育发展新质生产力的新动能。"

二、话题概要

新质生产力，是以科技创新为主的生产力，是摆脱了传统增长路径、符合高质量发展要求的生产力，是数字时代更具融合性、更体现新内涵的生产力。

三、考点预测

（一）文章写作题考查预测

1.直接考查

以新质生产力为主题，从其基本内涵（更高素质的劳动者、更高技术含量的劳动资料、更广范围的劳动对象），主要特征（高科技、高效能、高质量），三要素良性循环（教育、科技、人才），或推动其发展的主要措施（推动产业链供应链优化升级、积极培育新兴产业和未来产业、深入推进数字经济创新发展）或传统产业与新质生产力间的关系等角度设置分论点。

> **谈备考**
>
> 了解新质生产力的基本内容、主要特征和推动其发展的主要举措，明确新质生产力与传统产业之间的关系，知晓新质生产力的提出过程。

2.间接考查

以新质生产力为案例素材，将之与创新、科技自立自强、高质量发展等话题进行融合考查。也可能结合新质生产力考查为政或哲学层面的相关内容，如借"新旧相生"从历史和科技发展的角度看待新质生产力。

> **谈备考**
>
> 对近年考查的与新质生产力密切相关的话题，如高质量发展、数字经济、人工智能等有所了解。对新质生产力的提出背景有基本的认识。

（二）小题类考查预测

1.直接考查

考查某地发展新质生产力的情况，如以归纳概括的形式考查其"新在何处"或具体的做法、经验；提出对策题考查如何将新质生产力发展得更好；贯彻执行问题考查撰写报告和经验总结材料等。在要点设置上可能与新质生产力的内涵、特点等相关。

> **谈备考**
>
> 对新质生产力的内涵、特点、发展举措等有基本的认识。同时对发展新质生产力的典型案例有所了解。

2.间接考查

题目可能不直接出现新质生产力，但考查与之相关的新能源汽车、人工智能+、低碳技术、生物技术、农业现代化、锂电池、光伏产品等领域。如考查某企业发展新能源汽车的主要经验，那么其经验的关键词就有可能是高科技、高效能、高质量。

> **谈备考**
>
> 知晓新质生产力的主要形态和应用场景，对具体的案例有所了解。

四、文章写作模拟

预测

老子说："长短相形，高下相倾，音声相和，前后相随。"请根据对这段话的理解与思考，围绕传统产业与新质生产力的关系，撰写一个开头和结尾。

扫码看范例

【亮点开头】

（100字）

（200字）

【精彩结尾】

（100字）

（表格：空白方格稿纸）

（200 字）

五、经典论述

不断塑造发展新动能新优势

"要牢牢把握高质量发展这个首要任务，因地制宜发展新质生产力。"在参加十四届全国人大二次会议江苏代表团审议时，习近平总书记从党和国家事业发展全局的高度，深刻阐明了发展新质生产力等重大问题，对谋划进一步全面深化改革重大举措、继续巩固和增强经济回升向好态势等提出明确要求，对我们坚定信心、真抓实干，扎实稳健推进中国式现代化建设具有重大指导意义。

新质生产力特点是创新，关键在质优，本质是先进生产力。党的十八大以来，以习近平同志为核心的党中央坚持高质量发展是新时代的硬道理，不断深化对生产力发展规律的认识，作出一系列重大决策部署，促进新质生产力加快发展，推动高质量发展成为全党全社会的共识和自觉行动，成为经济社会发展的主旋律。过去一年，我国经济总体回升向好，国内生产总值超过126万亿元；现代化产业体系更加健全，一批高端化、智能化、绿色化新型支柱产业快速崛起；关键核心技术攻关成果丰硕，人工智能、量子技术等前沿领域创新成果不断涌现……新质生产力已经在实践中形成并展示出对高质量发展的强劲推动力、支撑力，助力实现更高质量、更有效率、更加公平、更可持续、更为安全的发展。

实现高质量发展，关系我国社会主义现代化建设全局。必须清醒看到，制约高质量发展因素还大量存在。新质生产力代表先进生产力的演进方向，是由技术革命性突破、生产要素创新性配置、产业深度转型升级而催生的先进生产力质态，具有高科技、高效能、高质量特征。发展新质生产力是推动高质量发展的内在要求和重要着力点，也是推动生产力迭代升级、实现现代化的必然选择。面对新一轮科技革命和产业变革，只有抢抓机遇，加大创新力度，培育壮大新兴产业，超前布局建设未来产业，完善现代化产业体系，才能推动新质生产力加快发展，不断塑造发展新动能新优势。

"发展新质生产力不是忽视、放弃传统产业，要防止一哄而上、泡沫化，也不要搞一种模式。"习近平总书记突出强调要因地制宜发展新质生产力，为我们改造提升传统产业，积极促进产业高端化、智能化、绿色化，指明了努力方向，提供了科学方法与路径。我国地域广阔、各地情况千差万别，发展新质生产力务必坚持从实际出发，先立后破、因地制宜、分类指导，根据本地的资源禀赋、产业基础、科研条件等，有选择地推动新产业、新模式、新动能发展。要把思想和行动统一到习近平总书记重要讲话精神上来，不折不扣、雷厉风行、求真务实、敢作善为抓好落实。

发展出题目，改革做文章。发展新质生产力，必须进一步全面深化改革，形成与之相适应的新型生产关系。习近平总书记从"构建高水平社会主义市场经济体制""完善落实'两个毫不动摇'的体制机制""深化科技体制、教育体制、人才体制等改革""持续建设市场化、法治化、国际化一流营商环境"等方面提出了一系列要求，明确了谋划进一步全面深化改革重大举措的战略重点、主攻方向。面向未来，聚焦妨碍中国式现代化顺利推进的体制机制障碍，着力打通束缚新质生产力发展的堵点卡点，激发劳动、知识、技术、管理、资本和数据等生产要素活力，必将为推动高质量发展、推进中国式现代化持续注入强劲动力。

大道至简，实干为要。继续做好创新这篇大文章，因地制宜推动新质生产力发展，中国发展必将长风破浪、未来可期。

——节选自《人民日报》

六、写作素材积累

（一）引言素材

◆积极培育新能源、新材料、先进制造、电子信息等战略性新兴产业，积极培育未来产业，加快形成新质生产力，增强发展新动能。

——2023年9月习近平总书记在主持召开的新时代推动东北全面振兴座谈会上强调

◆发展新质生产力是推动高质量发展的内在要求和重要着力点。

——2024年1月习近平总书记在二十届中央政治局第十一次集体学习时强调

◆新质生产力是创新起主导作用，摆脱传统经济增长方式、生产力发展路径，具有高科技、高效能、高质量特征符合新发展理念的先进生产力质态。

——2024年1月习近平总书记在二十届中央政治局第十一次集体学习时强调

（二）案例素材

1. 新质生产力下的春耕"新把式"

"东生118"是东北地理所应用分子设计育种技术经过多年选育出来的耐盐碱大豆新品种。去年在吉林省农安县小城子乡，当地企业在过去粮食作物难以生长的盐碱地里试种了500亩"东生118"，实现每亩240公斤的高产。"发展农业新质生产力，种业振兴是关键之举。采用国际上先进的分子设计育种手段，是目前实现国产大豆育种突破的途径之一。"东北地理所研究员冯献忠说。

2016年，经过多年的艰苦攻关和一系列性能及可靠性试验，中国自主研发的电控系统全面应用于"东方红"动力换挡拖拉机，实现了中国在该领域零的突破。"以前，全家6口人种40亩地，累得脱层皮。现在，一个人轻松管理几千亩地，我们的大马力拖拉机一天能耕400亩地。"王建华说。今年春耕，中国一拖生产的智能拖拉机已在中国大地上广泛使用。

当下，在安徽省亳州市谯城区智慧农场里，"90后"新农人焦瑞端坐在调度大厅内，通过近200平方米的智慧大屏将农作物的长势尽收眼底。如今，焦瑞在智慧大屏上可以实时查看田地里的土壤墒情监测系统、虫情监测站、气象监测系统、水肥一体化自动灌溉系统传来的数据，在手机上动一动手指就可对特定区域进行定量施肥与灌溉。

2. 阳泉：以新质生产力打造高质量发展新优势

今年以来，阳泉市积极践行新发展理念，以新质生产力推动煤炭产业转型升级，以科技创新积蓄发展动能，以引才聚智重塑产业面貌，推动传统"煤城"迈入高端化、多元化、低碳化发展新路径。

煤矿智能化是煤炭产业高质量发展的核心技术支撑，对于保障煤炭稳定供应、提升煤矿安全生产水平具有重要意义。阳泉市制定深入推进煤矿智能化建设年度工作方案，明确智能化建设工作目标任务，大力推广新技术、新工艺、新装备，提升单产单进水平，并根据工作需要及时到煤矿开展"一矿一策"入企服务和工作指导，加快推进煤矿智能化建设步伐。

截至目前，阳泉市建成5座智能化矿井、131处智能化采掘工作面，煤炭先进产能占比94.5%、全省第二。全省累计建成的4处智能化高级掘进工作面全部在华阳集团。

第二节　双碳目标

一、话题价值

2020年9月，习近平总书记向世界宣布，中国将力争2030年前实现碳达峰、2060年前实现碳中和。习近平总书记亲自决策、亲自部署、亲自推动"双碳"工作。他强调："实现'双碳'目标，不是别人让我们做，而是我们自己必须要做。"习近平总书记的国内考察，都高度重视"双碳"工作，指出坚持绿色发展是必由之路，并要求要在推进全面绿色转型中实现新突破。

2021年12月8日，习近平总书记在中央经济工作会议上的讲话中提到："推进碳达峰碳中和是党中央经过深思熟虑作出的重大战略决策，是我们对国际社会的庄严承诺，也是推动高质量发展的内在要求。"

2023年7月17日至18日，全国生态环境保护大会在北京召开。习近平总书记强调："要积极稳妥推进碳达峰碳中和，坚持全国统筹、节约优先、双轮驱动、内外畅通、防范风险的原则，落实好碳达峰碳中和"1+N"政策体系，构建清洁低碳安全高效的能源体系，加快构建新型电力系统，提升国家油气安全保障能力。"

2024年5月，国务院印发《2024—2025年节能降碳行动方案》的通知，要求完善能源消耗总量和强度调控，重点控制化石能源消费，强化碳排放强度管理，分领域分行业实施节能降碳专项行动，更高水平更高质量做好节能降碳工作，更好发挥节能降碳的经济效益、社会效益和生态效益，为实现碳达峰碳中和目标奠定坚实基础。

二、话题概要

双碳，即碳达峰与碳中和的简称。2020年9月22日，国家主席习近平在第七十五届联合国大会上宣布，中国力争2030年前二氧化碳排放达到峰值，努力争取2060年前实现碳中和目标。

碳达峰：是指二氧化碳排放量达到历史最高值后，经历平台期后持续下降的过程，标志着碳排放与经济发展实现脱钩，是二氧化碳排放量由增转降的历史拐点。

碳中和：一般是指国家、企业、产品、活动或个人在一定时间内直接或间接产生的二氧化碳或温室气体排放总量，通过植树造林、节能减排等形式，以抵消自身产生的二氧化碳或温室气体排放量，实现正负抵消。

三、考点预测

（一）文章写作题考查预测

1. 直接考查

以"双碳"或"碳达峰"为主题或者是材料中画线句子的关键词，围绕实现"双碳"目标或"碳达峰"的意义、举措等设置论点，如双碳目标的实现可能需要发展理念创新、科学技术创新等，也可能考查"低碳生活"等与日常生活相关的领域。

谈备考

知晓"双碳"的基本含义，对生态文明建设有大体的认识，能够对"双碳"在现实生产和生活中的具体表现形式有比较清楚的认识。

2. 间接考查

将双碳目标与其他相关话题融合考查，如将其与统筹山水林田湖草沙系统治理、推进绿色低碳发展等话题融合考查，同时也可能将"碳汇市场交易"等生态红利，与经济发展、民生保障等联系起来进行考查。或放置在更大的话题之下，将生态文明建设与民生、经济发展等话题结合在一起进行考查。

也可能结合习近平总书记讲话"实现碳达峰碳中和，不可能毕其功于一役。""不是别人让我们做，而是我们自己必须要做。"考查担当作为、长远谋划的品质和为政理念等。

谈备考

对生态+经济、生态+民生等常考的形式有比较清晰地认识，能够清楚地辨别生态与其他领域和话题融合的具体形式。对生态文明建设，特别是双碳目标实现的长期性、艰巨性有一定的认识。

（二）小题类考查预测

1. 直接考查

围绕"双碳"及其相关的名词进行出题，如题干可能是"请概括××是如何做好碳排放管理员的"，其中可能涉及碳排放管理员的具体工作方法和程序等。也可能围绕双碳目标中某一新名词设立综合分析题，要求对新概念作出解释。或设立诸如"请就S市如何运用碳积分推进生态红利红线，撰写一则经验介绍材料供领导参考"的形式，考查公文写作题。提出对策题则可能以某地在实现碳减排过程中遇到的困难为材料主要内容，要求提出对策建议。

谈备考

对生态文明建设中，特别是"双碳"目标实现的过程中，出现的新业态、新职业、新技术等新名词有所了解，知晓其大体含义。

2.间接考查

围绕"双碳"目标的周边领域选择话题，如考查"山水林田湖草沙一体化治理"；某企业运用新技术对传统能源进行改良，实现减排；某地运用探索新能源替代旧能源，对传统产业腾笼换鸟实现碳减排等。

谈备考

认真学习习近平生态文明思想，对生态文明建设有基本的了解。

四、文章写作模拟

谈预测①

请围绕"践行低碳理念，共享绿色生活"这一主题撰写一个开头和结尾。

扫码看范例

【亮点开头】

（100字）

（200字）

【精彩结尾】

（100字）

（200字）

谈 预测 ②

请围绕习近平总书记关于"双碳"目标的重要讲话中"实现'双碳'目标，不是别人让我们做，而是我们自己必须要做。"的理解，撰写一个开头和结尾。

扫码看范例

【亮点开头】

（100字）

（200字）

【精彩结尾】

（100字）

（200字）

五、经典论述

正确处理"双碳"承诺和自主行动的关系

2023年8月15日是首个全国生态日，各地区各部门以多种形式开展生态文明宣传教育活动：云南省宁洱哈尼族彝族自治县，工作人员到该县生态环境保存较好的干坝子大山拍摄生态环境专题片，并进行植被监测、碳汇林检查、碳中和讲解；四川省成都市，成都职业技术学院财经学院成立了一支低碳新青年队伍，从理论学习到实地调研再到亲身实践，探索有效的碳减排方案……越来越多人行动起来，绿色低碳的生活方式蔚然成风，共同为生态文明建设添砖加瓦。

在全国生态环境保护大会上，习近平总书记深刻阐述了新征程上推进生态文明建设需要处理好的五个重大关系，其中之一就是"'双碳'承诺和自主行动的关系"。我们承诺的"双碳"目标是确定不移的，但达到这一目标的路径和方式、节奏和力度则应该而且必须由我们自己作主，决不受他人左右。新征程上，我们要坚持全国统筹、节约优先、双轮驱动、内外畅通、防范风险的原则，处理好发展和减排、整体和局部、长远目标和短期目标、政府和市场等关系，积极稳妥推进碳达峰碳中和。

推进碳达峰碳中和是以习近平同志为核心的党中央经过深思熟虑作出的重大战略决策，是我们对国际社会的庄严承诺，也是推动经济结构转型升级、形成绿色低碳产业竞争优势，实现高质量发展的内在要求。这不是别人要我们做，而是我们自己要做。一诺千钧，言出必行。实施积极应对气候变化国家战略，把碳达峰碳中和纳入生态文明建设整体布局，构建和实施"双碳"政策体系，启动全国碳市场交易，有效保护生物多样性……我国积极稳妥推进"双碳"工作，把"双碳"目标要求全面融入经济社会发展。目前非化石能源发电装机容量占全部装机比重超过50%，历史性超过化石能源；新时代以来，以年均3%的能源消费增速支撑了年均6.2%的经济增长，我国成为全球能耗强度降低最快的国家之一。我国"双碳"工作取得积极成效，绿色发展交出亮丽成绩单。

习近平总书记强调："实现'双碳'目标是一场广泛而深刻的变革，不是轻轻松松就能实现的。"作为世界上最大的发展中国家，中国将完成全球最高碳排放强度降幅，用世界历史上最短的时间实现从碳达峰到碳中和，难度可想而知。我们在目标和任务上确定无疑，态度和决心上毫不动摇，行动和策略上稳中求进。实现"双碳"目标，等不得也急不得，不可能毕其功于一役，决不能搞碳冲锋、运动式减碳。从实践角度出发，要充分考虑国内能源结构、产业结构等基本国情，通盘谋划，先立后破，不能影响经济社会发展全局，确保传统能源逐步退出要建立在新能源安全可靠的替代基础上。可以说，实现碳达峰碳中和是一次大考，既要有"言必信，行必果"的大国担当，也要按照我国发展的节奏自主行动，必须坚持稳中求进，逐步实现。

面对生态环境挑战，人类是一荣俱荣、一损俱损的命运共同体。从宣布大力支持发展中国家能源绿色低碳发展，不再新建境外煤电项目，到推动达成"格拉斯哥气候协议"等一揽子协议，中国是全球生态文明建设的重要参与者、贡献者、引领者，对世界可持续发展作出巨大贡献。2016年至2022年，全球绿色低碳技术发明专利授权量累计达55.8万件，其中，中国专利权人获得授权量达17.8万件，占比达31.9%，年均增速达12.5%，明显高于全球2.5%的整体水平，这表明中国将不断引领世界绿色低碳转型。

在山西省长治市，建筑节能减排咨询师杨振强对一栋近7000平方米办公楼的节能减排改造项目提出建议，改造后预计每年可减排二氧化碳近600吨。在2022年新修订的国家职业分类大典中，建筑节能减排咨询师这样的绿色职业，共确定134个。协同推进降碳、减污、扩绿、增长，推进生态优先、节约集约、绿色低碳发展，我们定能不断绘出人与自然和谐共生的美好画卷，更好应对全球气候变化的挑战，在绿色发展中不断兑现"双碳"承诺，让良好生态环境成为可持续发展的不竭源头。

——节选自《人民日报》

六、写作素材积累

（一）引言素材

◆生态兴则文明兴。我们要站在对人类文明负责的高度，尊重自然、顺应自然、保护自然，探索人与自然和谐共生之路，促进经济发展与生态保护协调统一，共建繁荣、清洁、美丽的世界。

——2020年9月30日，习近平总书记在联合国生物多样性峰会上的讲话

◆我们既要绿水青山，也要金山银山。宁要绿水青山，不要金山银山，而且绿水青山就是金山银山。

——2013年9月7日，习近平总书记在哈萨克斯坦纳扎尔巴耶夫大学发表演讲，谈到环境保护问题时指出。

◆推进碳达峰碳中和是党中央经过深思熟虑作出的重大战略决策，是我们对国际社会的庄严承诺，也是推动经济结构转型升级、形成绿色低碳产业竞争优势，实现高质量发展的内在要求。

——习近平总书记2023年7月17日至18日在全国生态环境保护大会上的讲话

（二）案例素材

1. 清远市新马村——"碳中和"新能源示范村

走进广东省"碳中和"新能源示范村——清远市新马村，家家户户蔚蓝的光伏屋顶折射出熠熠光辉。依靠建设分布式光伏、车辆农机具电气化等方式推动碳减排，通过植树造林固碳增汇，新马村搭建起一张近零碳的新型农村电网。"新马村去年减少碳排放1500余吨，相当于约7.5万棵树一年的固碳量。"为项目提供碳中和解决方案的南网碳资产公司项目负责人赵晓凤介绍。

2. 海南——博鳌近零碳示范区

智慧停车场顶棚上的太阳能光伏板将光能转为电能，为新能源汽车供电。充电桩应用的柔性充电系统，实现车辆与建筑能源管理系统互联互通，依据用电峰谷进行柔性调节。

酒店大堂里会"呼吸"的幕墙能降低能耗，提升室内舒适度；酒店连廊及客房阳台，安装的碲化镉薄膜光伏玻璃，既具有一定的遮阳效果，又可以实现光伏发电。

在各种节能降碳技术的加持下，博鳌近零碳示范区"绿"的底色更实。在博鳌亚洲论坛2024年年会上，以博鳌为窗口，与会嘉宾看到了我国实现碳达峰、碳中和，促进绿色低碳发展的坚定态度。

"博鳌近零碳示范区启动运行，这是一个非常大的成就，也给与会代表留下了非常深刻的印象。"3月26日，博鳌亚洲论坛秘书长李保东在博鳌亚洲论坛2024年年会上，为海南绿色发展点赞。

3. 玲龙一号

海南昌江，由中核集团旗下中国核电投资控股的多用途模块式小型堆科技示范工程"玲龙一号"首台DCS（数字化控制系统）机柜就位并启动安装调试工作。项目建成投运后，预计年发电量达10亿千瓦时，年减少碳排放约88万吨。

第三节　青年青春

一、话题价值

党的十八大以来，以习近平同志为核心的党中央站在确保党和人民事业薪火相传的战略高度，亲切关怀青年成长成才，为做好新时代青年工作指明了前进方向——引导青年树立远大理想、热爱伟大祖国、担当时代责任、勇于砥砺奋斗、练就过硬本领、锤炼品德修为，激励和动员广大青年为实现"两个一百年"奋斗目标、实现中华民族伟大复兴的中国梦而勤奋学习、努力工作。

党的二十大报告指出："青年强，则国家强。当代中国青年生逢其时，施展才干的舞台无比广阔，实现梦想的前景无比光明。全党要把青年工作作为战略性工作来抓，用党的科学理论武装青年，用党的初心使命感召青年，做青年朋友的知心人、青年工作的热心人、青年群众的引路人。广大青年要坚定不移听党话、跟党走，怀抱梦想又脚踏实地，敢想敢为又善作善成，立志做有理想、敢担当、能吃苦、肯奋斗的新时代好青年，让青春在全面建设社会主义现代化国家的火热实践中绽放绚丽之花。"

谈考点

和文化一样，青年精神品质相关的话题也是常考常新。

二、话题概要

历史清晰而深刻地昭示，没有中国共产党就没有朝气蓬勃的中国青年运动，矢志不渝跟党走是中国青年百年奋斗的最宝贵经验，深深融入血脉的红色基因是中国青年百年奋斗的最宝贵财富。

展望未来，民族复兴大业已经站在新的历史起点、踏上新的伟大征程。新时代中国青年迎来了实现抱负、施展才华的难得机遇，更肩负着建设社会主义现代化强国、实现中华民族伟大复兴中国梦的时代重任。

三、考点预测

（一）文章写作题考查预测

利用文章写作，对青年应具备的精神品质进行考查。可能考查包括戒骄戒躁、志存高远、勇于创新、不懈奋斗、不畏艰辛、无私奉献、爱岗敬业、勤于学习、善始善终、甘为人梯、增长本领、责任担当、与时俱进等各类精神品质。也可能将青年成长与时代背景或某类热点话题结合，考查当代青年在面临时代发展时的价值观念和人生选择。如2019年国考市地卷文章写作，2023年江苏A卷文章写作等。从材料的案例上看，可能会出现青年在平凡岗位上奋斗奉献、在急难险重任务中冲锋在前、在基层一线经受磨砺、在创新创业中走在前列、在社会文明建设中引风气之先等相关内容。

谈备考
树立正确价值观念，了解时代发展变化。对"共和国勋章"、国家荣誉称号、"七一勋章"、感动中国人物等先进典型的事迹及精神品质有所了解，必要时可建立人物素材库。

（二）小题类考查预测

结合当前的新技术、新业态对青年在时代和社会的不断发展变化中的价值判断等进行考查，间接考查青年的精神品质和价值观念。例如2023年江苏A卷第2题，2024年国考副省卷第3题。

谈备考
对近年出现的新技术、新业态及其发展变化有所了解，同时在考试中注意结合材料内容。

四、文章写作模拟

谈预测
请以"新时代的中国青年"为主题，撰写一个开头和结尾。

扫码看范例

【亮点开头】

（100字）

（200字）

【精彩结尾】

（100字）

（200字）

五、经典论述

争做堪当民族复兴重任的时代新人

青年是整个社会力量中最积极、最有生气的力量，国家的希望在青年，民族的未来在青年。2022年是中国共产主义青年团成立100周年。回首百年，无论风云变幻、沧海桑田，中国青年爱党、爱国、爱人民的赤诚追求始终未改，坚定不移听党话、跟党走的忠贞初心始终未变。一代代中国青年在中国共产党的旗帜下，满怀对祖国和人民的赤子之心，把青春奋斗融入党和人民事业，为人民战斗、为祖国献身、为幸福生活奋斗，谱写了一曲又一曲壮丽的青春之歌。正是因为始终坚定不移听党话、跟党走，新时代的中国青年在平凡岗位上奋斗奉献、在急难险重任务中冲锋在前、在基层一线经受磨砺、在创新创业中走在前列、在社会文明建设中引风气之先，创造了无愧于祖国、无愧于人民、无愧于时代的光辉业绩。历史和实践充分表明：中国青年始终是实现中华民族伟大复兴的先锋力量。

时代呼唤担当，民族振兴是青年的责任。当前，世界百年未有之大变局加速演进，中华民族伟大复兴进入关键时期。在新的伟大征程上，我们比历史上任何时期都更接近、更有信心和能力实现中华民族伟大复兴的目标，同时也必须准备付出更为艰巨、更为艰苦的努力。当代中国青年是与新时代同向同行、共同前进的一代，生逢盛世，肩负重任。处在中华民族发展的最好时期，既面临着难得的建功立业的人生际遇，也面临着"天将降大任于斯人"的时代使命。广大青年要珍惜这个时代、担负时代使命，在担当中历练，在尽责中成长，在实现中国梦的生动实践中放飞青春梦想，努力成为德智体美劳全面发展的社会主义建设者和接班人。

新时代是追梦者的时代，也是广大青年成就梦想的时代。习近平总书记强调："广大青年要做社会主义核心价值观的坚定信仰者、积极传播者、模范践行者，向英雄学习、向前辈学习、向榜样学习，争做堪当民族复兴重任的时代新人，在实现中华民族伟大复兴的时代洪流中踔厉奋发、勇毅前进。"广大青年要按照习近平总书记提出的明确要求，以实现中华民族伟大复兴为己任，立大志、明大德、成大才、担大任，不断增强做中国人的志气、骨气、底气。要坚定中国特色社会主义道路自信、理论自信、制度自信、文化自信，在全面建设社会主义现代化国家新征程中勇当开路先锋、争当事业闯将。要把听党话、跟党走的信念变成自觉追求，赓续红色血脉、传承红色基因，用脚步丈量祖国大地，用眼睛发现中国精神，用耳朵倾听人民呼声，用内心感应时代脉搏，把对祖国血浓于水、与人民同呼吸共命运的情感贯穿学业全过程、融汇在事业追求中。

一代人有一代人的长征，一代人有一代人的担当。建成社会主义现代化强国，实现中华民族伟大复兴，是一场接力跑，每一代人都要跑出好成绩。奋进新征程、建功新时代，更加紧密地团结在以习近平同志为核心的党中央周围，以青春之我、奋斗之我，为民族复兴铺路架桥，为祖国建设添砖加瓦，让青春在为祖国、为人民、为民族、为人类的奉献中焕发出更加绚丽的光彩，广大青年定能用青春和汗水创造出让世界刮目相看的新奇迹，不辜负党的期望、人民期待、民族重托，不辜负我们这个伟大时代！

——节选自《人民日报》

六、写作素材积累

（一）引言素材

◆广大青年要肩负历史使命，坚定前进信心，立大志、明大德、成大才、担大任，努力成为堪当民族复兴重任的时代新人，让青春在为祖国、为民族、为人民、为人类的不懈奋斗中绽放绚丽之花。

——2021年4月19日，习近平总书记在清华大学考察时的讲话

◆新时代的中国青年要以实现中华民族伟大复兴为己任，增强做中国人的志气、骨气、底气，不负时代，不负韶华，不负党和人民的殷切期望！

——2021年7月1日，习近平总书记在庆祝中国共产党成立一百周年大会上的讲话

◆"人生万事须自为，跬步江山即寥廓。"追求进步，是青年最宝贵的特质，也是党和人民最殷切的希望。

——2022年5月10日，习近平总书记在庆祝中国共产主义青年团成立100周年大会上的讲话

◆明天的中国，希望寄予青年。青年兴则国家兴，中国发展要靠广大青年挺膺担当。年轻充满朝气，青春孕育希望。广大青年要厚植家国情怀、涵养进取品格，以奋斗姿态激扬青春，不负时代，不负华年。

——习近平主席2023年新年贺词

（二）案例素材

"共和国勋章"、国家荣誉称号、"七一勋章"、感动中国人物

第四节　中国式现代化

一、话题价值

习近平总书记在党的二十大报告中郑重提出："从现在起，中国共产党的中心任务就是团结带领全国各族人民全面建成社会主义现代化强国、实现第二个百年奋斗目标，以中国式现代化全面推进中华民族伟大复兴。"

此后"中国式现代化"的相关论述在各类媒体中反复出现，也成为了2024年两会的热词，是未来一段时期的考试热点之一。

二、话题概要

在中华人民共和国成立特别是改革开放以来长期探索和实践基础上，经过党的十八大以来在理论和实践上的创新突破，我们党成功推进和拓展了中国式现代化。中国式现代化，是中国共产党领导的社会主义现代化，既有各国现代化的共同特征，更有基于自己国情的中国特色。

中国式现代化是人口规模巨大的现代化。中国式现代化是全体人民共同富裕的现代化。中国式现代化是物质文明和精神文明相协调的现代化。中国式现代化是人与自然和谐共生的现代化。中国式现代化是走和平发展道路的现代化。

中国式现代化的本质要求是：坚持中国共产党领导，坚持中国特色社会主义，实现高质量发展，发展全过程人民民主，丰富人民精神世界，实现全体人民共同富裕，促进人与自然和谐共生，推动构建人类命运共同体，创造人类文明新形态。

——节选自《习近平著作选读》（第一卷）

三、考点预测

"中国式现代化"这一话题在申论考试中相对宏大，不会直接将其作为命题的核心，但在考试中也会进行考查，其考查形式可能包括四种。

（一）作为时代背景或其他话题的联结点

将"中国式现代化"作为整个材料的时代背景，与小题类的答案要点可能不直接相关，但在文章写作中可能会发挥作用。比如在考查青年精神品质类的话题时，在最后一则材料中阐释国家整体发展的情况，将"中国式现代化"与"第二个百年奋斗目标""民族复兴"等"宏大叙事"进行阐释，强调青年在时代背景下的奋斗。材料中也可能不直接提到"中国式现代化"，而是通过一些案例材料，通过阐释"共同富裕"的案例、"人与自然和谐共生"的案例、"物质文明和精神文明相协调"的案例等间接地体现"中国式现代化"。仍然以"中国式现代化"作为时代背景或各个话题间的联结，将青年奋斗与当下时代相结合。具体可参照2019年国考市地卷。

同时传统文化传承与发展、科技创新、民生改善等话题也可能与"中国式现代化"进行融合考查。

> **备考**
>
> 知晓"中国式现代化"的概念，结合其在材料中的提法和作用，将之体现在文章写作中。一般可用于在开头的引题或结尾的升华部分。

（二）结合"中国式现代化"的特征或要求进行深入考查

材料中可能不会直接出现"中国式现代化"，但可能围绕党的领导，高质量发展，人民精神世界，共同富裕和人与自然和谐共生等话题进行出题。

比如从"共同富裕"这一话题切入，材料中涉及某地在改善民生中的举措，题干中要求对其经验进行概括。材料的设置可能包括就业、分配、教育、医疗、住房、养老、托幼等方面的内容（依据：习近平总书记2023年2月7日在新进中央委员会的委员、候补委员和省部级主要领导干部学习贯彻习近平新时代中国特色社会主义思想和党的二十大精神研讨班上的讲话），论点则可能是实现共同富裕所需坚持的原则。也有可能考查更细致的话题，比如考查某地在改善教育方面所做出的努力，及其体现的理念。例如2022年国考副省卷第2题和市地卷第3题。

谈备考

熟知"中国式现代化"的特征和要求，了解其相应的内涵，提高阅读理解材料的能力，在考试中能够准确识别命题人的考查意图，将材料内容与中国式现代化的特征或要求联系起来。

（三）以"中国式现代化"为切入点，考查为政理念

《习近平新时代中国特色社会主义思想学习纲要（2023版）》中指出："推进中国式现代化是一个长期任务，还有许多未知领域有待探索。要进一步加强理论研究和实践创新，使我们的认识、政策、举措更加符合客观规律，不断拓展中国式现代化的广度和深度，逐步进入中国式现代化建设的'自由王国'，更好推进强国建设、民族复兴，为人类作出新的更大贡献。"如考查正确处理顶层设计与实践探索的关系、正确处理战略与策略的关系、正确处理守正与创新的关系、正确处理效率与公平的关系、正确处理活力与秩序的关系、正确处理自立自强与对外开放的关系。

谈备考

了解各种关系在"中国式现代化中"的联系，及其应发挥的作用。在考试中如考查到相关话题，对其进行有深度的论述。

（四）在材料中作为"素材"

不涉及具体的要点或文章写作内容，仅在材料中提及。如2020年国考副省卷第1题对增强"四个意识"、坚定"四个自信"、做到"两个维护"的做法。

谈备考

了解"中国式现代化"的概念，并对其特征和要求有初步认识即可。

四、文章写作模拟

谈预测

请围绕"新时代的青年要在中国式现代化进程中建功立业"这一主题，撰写一个开头和结尾。

扫码看范例

【亮点开头】

（100字）

（200字）

【精彩结尾】

（100字）

<table>
<tr><td></td><td></td><td></td><td></td><td></td><td></td><td></td><td></td><td></td><td></td><td></td><td></td><td></td><td></td><td></td><td></td><td></td><td></td><td></td><td></td></tr>
<tr><td></td><td></td><td></td><td></td><td></td><td></td><td></td><td></td><td></td><td></td><td></td><td></td><td></td><td></td><td></td><td></td><td></td><td></td><td></td><td></td></tr>
</table>

（200字）

五、经典论述

中国式现代化是强国建设、民族复兴的康庄大道

　　一个国家选择什么样的现代化道路，是由其历史传统、社会制度、发展条件、外部环境等诸多因素决定的。国情不同，现代化途径也会不同。实践证明，一个国家走向现代化，既要遵循现代化一般规律，更要符合本国实际，具有本国特色。中国式现代化既有各国现代化的共同特征，更有基于自己国情的鲜明特色。党的二十大报告明确概括了中国式现代化5个方面的中国特色，深刻揭示了中国式现代化的科学内涵。这既是理论概括，也是实践要求，为全面建成社会主义现代化强国、实现中华民族伟大复兴指明了一条康庄大道。

　　康庄大道并不等于一马平川。要把中国式现代化5个方面的中国特色变为成功实践，把鲜明特色变成独特优势，需要付出艰巨努力。

　　第一，人口规模巨大的现代化。这是中国式现代化的显著特征。人口规模不同，现代化的任务就不同，其艰巨性、复杂性就不同，发展途径和推进方式也必然具有自己的特点。现在，全球进入现代化的国家也就20多个，总人口在10亿左右。中国14亿多人口整体迈入现代化，规模超过现有发达国家人口的总和，将极大地改变现代化的世界版图。这是人类历史上规模最大的现代化，也是难度最大的现代化。

　　超大规模的人口，既能提供充足的人力资源和超大规模市场，也带来一系列难题和挑战。光是解决14亿多人的吃饭问题，就是一个不小的挑战。还有就业、分配、教育、医疗、住房、养老、托幼等问题，哪一项解决起来都不容易，哪一项涉及的人群都是天文数字。我们想问题、作决策、办事情，首先要考虑人口基数问题，考虑我国城乡区域发展水平差异大等实际，既不能好高骛远，也不能因循守旧，要保持历史耐心，坚持稳中求进、循序渐进、持续推进。

　　第二，全体人民共同富裕的现代化。这是中国式现代化的本质特征，也是区别于西方现代化的显著标志。西方现代化的最大弊端，就是以资本为中心而不是以人民为中心，追求资本利益最大化而不是服务绝大多数人的利益，导致贫富差距大、两极分化严重。一些发展中国家在现代化过程中曾接近发达国家的门槛，却掉进了"中等收入陷阱"，长期陷于停滞状态，甚至严重倒退，一个重要原因就是没有解决好两极分化、阶层固化等问题。

　　中国式现代化坚持发展为了人民、发展依靠人民、发展成果由人民共享，在推动全体人民共同富裕上取得重要进展，特别是党的十八大以来打赢脱贫攻坚战，使近1亿农村贫困人口脱

贫。现在，我们已经形成促进全体人民共同富裕的一整套思想理念、制度安排、政策举措。要在推动高质量发展、做好做大"蛋糕"的同时，进一步分好"蛋糕"，着力解决好就业、分配、教育、医疗、住房、养老、托幼等民生问题，构建三次分配协调配套的制度体系，规范收入分配秩序，规范财富积累机制，依法引导和规范资本健康发展，逐步扩大中等收入群体、缩小收入分配差距，让现代化建设成果更多更公平惠及全体人民，坚决防止两极分化。实现共同富裕是一个长期任务，必须久久为功，咬定青山不放松，不断取得新进展。

第三，物质文明和精神文明相协调的现代化。既要物质富足也要精神富有，是中国式现代化的崇高追求。物质贫困不是社会主义，精神贫乏也不是社会主义。西方早期的现代化，一边是财富的积累，一边是信仰缺失、物欲横流。今天，西方国家日渐陷入困境，一个重要原因就是无法遏制资本贪婪的本性，无法解决物质主义膨胀、精神贫乏等痼疾。

中国式现代化既要物质财富极大丰富，也要精神财富极大丰富、在思想文化上自信自强。要坚持两手抓、两手硬，促进物质文明和精神文明相互协调、相互促进，让全体人民始终拥有团结奋斗的思想基础、开拓进取的主动精神、健康向上的价值追求。要顺应人民日益增长的精神文化需求，建设具有强大凝聚力和引领力的社会主义意识形态，加强理想信念教育和"四史"宣传教育，培育和弘扬社会主义核心价值观，发展社会主义先进文化，推出更多优秀文艺作品，不断丰富人民精神世界，提高全社会文明程度，促进人的全面发展。

第四，人与自然和谐共生的现代化。尊重自然、顺应自然、保护自然，促进人与自然和谐共生，是中国式现代化的鲜明特点。近代以来，西方国家的现代化大都经历了对自然资源肆意掠夺和生态环境恶性破坏的阶段，在创造巨大物质财富的同时，往往造成环境污染、资源枯竭等严重问题。我国人均能源资源禀赋严重不足，加快发展面临更多的能源资源和环境约束，这决定了我国不可能走西方现代化的老路。

中国式现代化坚持可持续发展，坚持节约优先、保护优先、自然恢复为主的方针，坚定不移走生产发展、生活富裕、生态良好的文明发展道路，为实现中华民族永续发展开辟了广阔前景。要牢固树立和践行绿水青山就是金山银山的理念，坚持山水林田湖草沙一体化保护和系统治理，推进生态优先、节约集约、绿色低碳发展，加快发展方式绿色转型，提升生态系统多样性、稳定性、持续性，积极稳妥推进碳达峰碳中和，以高品质的生态环境支撑高质量发展。

第五，走和平发展道路的现代化。坚持和平发展，在坚定维护世界和平与发展中谋求自身发展，又以自身发展更好维护世界和平与发展，推动构建人类命运共同体，是中国式现代化的突出特征。西方国家的现代化，充满战争、贩奴、殖民、掠夺等血腥罪恶，给广大发展中国家带来深重苦难。中华民族经历了西方列强侵略、凌辱的悲惨历史，深知和平的宝贵，绝不可能重复西方国家的老路。

中国式现代化坚持独立自主、自力更生，依靠全体人民的辛勤劳动和创新创造发展壮大自己，通过激发内生动力与和平利用外部资源相结合的方式来实现国家发展，不以任何形式压迫其他民族、掠夺他国资源财富，而是为广大发展中国家提供力所能及的支持和帮助。我们要始终高举和平、发展、合作、共赢旗帜，奉行互利共赢的开放战略，不断以中国新发展为世界提供新机遇。积极参与全球治理体系改革和建设，践行真正的多边主义，弘扬全人类共同价值，推动落实全球发展倡议和全球安全倡议，努力为人类和平与发展作出更大贡献。

新中国成立特别是改革开放以来，我们用几十年时间走完西方发达国家几百年走过的工业化历程，创造了经济快速发展和社会长期稳定的奇迹，为中华民族伟大复兴开辟了广阔前景。实践证明，中国式现代化走得通、行得稳，是强国建设、民族复兴的唯一正确道路。

——习近平总书记2023年2月7日在新进中央委员会的委员、候补委员和省部级主要领导干部学习贯彻习近平新时代中国特色社会主义思想和党的二十大精神研讨班上讲话的一部分

六、写作素材积累

（一）引言素材

◆中国式现代化扎根中国大地，切合中国实际。我们要始终把国家和民族发展放在自己力量的基点上、把中国发展进步的命运牢牢掌握在自己手中，坚定信心、守正创新，奋力谱写全面建设社会主义现代化国家新篇章。

——2022年10月17日，习近平总书记在参加党的二十大广西代表团讨论时指出

◆中国式现代化，民生为大。党和政府的一切工作，都是为了老百姓过上更加幸福的生活。希望各级党委和政府都能为解决民生问题投入更多的财力物力，每年办一些民生实事，不断增强人民群众的获得感幸福感安全感。

——2024年4月22日，习近平总书记在重庆考察时的讲话

◆要进一步深化改革开放。改革开放是当代中国大踏步赶上时代的重要法宝，是决定中国式现代化成败的关键一招。推进中国式现代化，必须进一步全面深化改革开放，不断解放和发展社会生产力、解放和增强社会活力。

——2023年12月26日，习近平总书记在纪念毛泽东同志诞辰130周年座谈会上的讲话

◆全面深化改革开放，持续增强发展的内生动力和活力。要谋划进一步全面深化改革重大举措，为推动高质量发展、推进中国式现代化持续注入强劲动力。

——2024年3月5日，习近平总书记在参加十四届全国人大二次会议江苏代表团审议时的讲话

第五节　文化自信

一、话题价值

文化自信这一话题近年常考常新，在国考和省考中也经常出现"文化"相关的话题，考查的内容从其属性上包括中华优秀传统文化、革命社会、社会主义先进文化，涉及的范围很广，既有文化传承、文化创新，也有民间文化、文化建设等相关话题。

二、话题概要

文化是一个国家、一个民族的灵魂。文化自信是更基础、更广泛、更深厚的自信，是一个国家、一个民族发展中最基本、最深沉、最持久的力量。习近平总书记强调："没有高度的文化自信，没有文化的繁荣兴盛，就没有中华民族伟大复兴。"

党的十八大以来，习近平总书记深刻洞察人类历史发展大势，高度重视文化建设，作出一系列重要论述，强调必须坚持自信自立，中国的问题必须从中国基本国情出发，由中国人自己来解答；强调加快构建中国特色哲学社会科学，归根结底是建构中国自主的知识体系；强调中国式现代化是赓续古老文明的现代化，而不是消灭古老文明的现代化，是从中华大地长出来的现代化，不是照搬照抄其他国家的现代化，是文明更新的结果，不是文明断裂的产物等等。

三、考点预测

文化自信可能考查的角度和方向很多，具体可以分为以下几个部分。

（一）文化创新

考查文化领域特别是中华优秀传统文化的创造性转化和创新性发展。可能有创新传统文化传播形式、内容内涵，使之更贴近年轻人，更进一步适应时代变化的案例，如2023年江苏A卷材料7；可能有文化在创新过程中引发的各种讨论和争议，如2024年国考"新民乐"这一题目。整体设置的底层逻辑仍然是创造性转化，既要按照时代特点和要求，对那些至今仍有借鉴价值的内涵和陈旧的表现形式加以改造，赋予其新的时代内涵和现代表达形式，激活其生命力。创新性发展，即要按照时代的新进步新进展，对中华优秀传统文化的内涵加以补充、拓展、完善，增强其影响力和感召力。

备考

深刻理解习近平总书记"不忘本来才能开辟未来，善于继承才能更好创新。"的重要指示精神，正确理解和看待文化特别是传统文化的发展变化。

（二）公共文化服务

将文化与民生等话题相融合，从物质文明与精神文明协调发展的角度进行考查。如2021年国考市地卷考查的"风林村"村寨银行带动村子富裕后，村子进行的精神文明建设；2021年国考市地卷考查的"种戏"以及2024年国考市地卷考查的"公共文化空间"也属于此类。从既往的经验来看，更多的是考查具体的举措或做法等。另外也可能从"把文艺创造写在为人民奋斗的征程中"这一相对更高远的立意上进行题目的设立。如2019年国考市地卷"遮蔽"这一题。

备考

适当了解当前人民群众的精神文化需求，以便对材料中可能出现的要点有更好地理解，能够更快地找出隐藏的要点内容。

（三）文化遗产保护传承

对文化遗产的重要性、保护文化遗产的举措等进行考查。在考查中也可能与其他话题进行融合。参考2024年国考行政执法卷"冯教授的乡村艺术设计"，就考查了"清池八景"，实际上就是对文化遗产的留存。较早之前的2014年也曾经围绕文化遗产留存，直接考查过综合分析题、公文写作题和文章写作题等。可以说考查的角度还是比较多样的。

备考

了解文化遗产保护的理念及典型举措，知晓文化遗产保护的重要意义。

（四）网络文化

网络文化是近年兴起的文化新形态，也是文化领域的新阵地。可能围绕网络主旋律、新媒体发展、建设良好网络生态等角度进行命题。考查概括某地的好做法、谈谈对新媒体或其创作理念的理解等。参考2021年江苏省考C卷考查的"龙溪融媒"。

备考

了解网络文化的发展现状，对网络流行语、网络热词及引起广泛讨论的话题信息有所认识。对主流的观点和判断能够了解并认同。

四、文章写作模拟

预测

请以"厚植文化力量，让文化成为复兴路上的主力"为总论点，撰写一个开头和结尾。

扫码看范例

【亮点开头】

(100字)

(200字)

【精彩结尾】

(100字)

（空白方格作答区）

（200字）

五、经典论述

文化自信来自我们的文化主体性

近代以来，对于怎样看待中西文化，有过许多争论。100多年前，有些人看到西方国家船坚炮利、四处扩张，就对自己的传统文化产生了怀疑甚至否定，认为西方什么都好，自己处处不如人。也有人希望既学习西方长处，又能将自己的传统保持下来，提出"中学为体，西学为用"或"西学为体，中学为用"等。

不同文化之间的差异确实存在，对这种差异需要理性认识。需要注意的是，不能只从发展阶段上来看文化差异，这种差异主要表现为有的文化先发展、有的文化后发展；还要看到，不同文化之间也存在类型上的差异。世界上不同国家、民族所处的地理环境、历史进程各异，传承的体制机制、风俗习惯有别，因而并不容易形成同种同类的文化。这些不同类型的文化，有着不同特点、风格，但都是构成人类文明百花园的一分子。习近平总书记指出："人类只有肤色语言之别，文明只有姹紫嫣红之别，但绝无高低优劣之分。"这为我们认识文明差异提供了根本遵循。

由于一些西方国家率先开启现代化进程，有人就认为西方文明是文明发展的范本。但是，一些后发国家照搬西方文明发展模式，结果并没有走上现代化道路，反而水土不服，陷入政治动荡、社会动乱。在近代中国，不少仁人志士为探索救亡图存道路，试图在制度、观念等层面模仿西方，但最终都以失败告终。从文化角度看，生硬把两种不同类型文化嫁接在一起，恐怕很难开出香花、结出甜果。历史的重任落到中国共产党身上，中国共产党人找到马克思主义，坚决反对历史虚无主义、文化虚无主义，将马克思主义基本原理同中国具体实际、同中华优秀传统文化相结合，不仅让马克思主义具有鲜明的中国特色、中国风格、中国气派，而且推动中华优秀传统文化从传统走向现代。

二战结束后，一些发展中国家发生了巨大变化，不仅在政治上摆脱了殖民地或半殖民地的地位，实现了独立，而且在经济上也获得长足发展。这种经济、政治、社会境况的变化，促使发展中国家对自己文化传统进行思考，振奋起文化自尊和自信，更加自觉保护本民族文化传统，建设现代文化。就中国来说，新中国成立特别是改革开放以来，我们用几十年时间走完西方发达国家几百年走过的工业化历程，创造了经济快速发展和社会长期稳定的奇迹，成功开辟了中国特色社会主义道路。习近平总书记指出："随着改革开放一路走过来，随着正确的中国特色社会主义思想、社会主义道路的建立，随着我们在实践中真正证明这条道路是正确的，文化自信随之而来。"新时代我们看到中国特色社会主义和中国梦深入人心，社会主义核心价值观广泛弘扬，中华优秀传统文化受到更多人的喜爱，人们的文化自信不断彰显。

如果说科学技术和生产力发展水平上的差异可以通过观念变革、社会变革来迎头赶上乃至消除的话，那么文化类型上的差异则不能用"赶上"的方法去解决，而且也是不可能、不需要解决的。一个国家、一个民族要走出自己的现代化道路，必须具有文化主体性。文化主体性是文化自信的前提，文化自信是文化主体性的重要体现。习近平总书记指出："文化自信就来自我们的文化主体性。"中华文明在数千年历史传承中，始终保持着文明记录的连续性，形成多元一体、团结集中的统一性。各民族经过长期交往交流交融，你中有我、我中有你，呈现出社会文化生活的共同性、融合性和向心的主体性。中华民族走的是一条不同于其他国家和民族的文明发展道路。中华优秀传统文化滋养着中华民族永续发展。中国共产党推进"两个结合"，更加巩固了文化主体性。有了文化主体性，中华民族和中国人民就有了国家认同的坚实文化基础，就能在激烈的世界文化激荡中站稳脚跟，独立自主走自己的路。

当然，这并不是说不同类型文化之间不需要进行交流。事实上，从古到今，不同类型的文化之间一直在进行着交流。习近平总书记指出："历史告诉我们，只有交流互鉴，一种文明才能充满生命力。只要秉持包容精神，就不存在什么'文明冲突'，就可以实现文明和谐。"中国人讲："己善，亦乐人之善也；己能，亦乐人之能也。""各美其美，美人之美，美美与共，天下大同。"这些体现的是一种互相欣赏、共存共荣的胸怀。不同国家和民族的文明都扎根于本国本民族的土壤之中，都有自己的特色、长处、优点。不同文明要坚持相互交流、相互学习、相互借鉴，而不是相互隔膜、相互排斥、相互取代，这样世界文明百花园才能万紫千红、生机盎然。

独学而无友，则孤陋而寡闻。在漫长的历史进程中，中华文明以开阔博大的胸襟包容天下、协和万邦、博采众长、兼收并蓄。我们坚定文化主体性，也以宽广的胸怀，汲取不同国家、不同民族创造的优秀文明成果，同世界各国进行文化交流合作，更加自信地建设中华民族现代文明。

——节选自《人民日报》

六、写作素材积累

（一）引言素材

◆我们要全面贯彻新时代中国特色社会主义思想和党的二十大精神，更好担负起新的文化使命，坚定文化自信，秉持开放包容，坚持守正创新，激发全民族文化创新创造活力，在新的历史起点上继续推动文化繁荣、建设文化强国、建设中华民族现代文明，不断促进人类文明交流互鉴，为强国建设、民族复兴注入强大精神力量。

——2023年6月7日，习近平总书记致首届文化强国建设高峰论坛的贺信

◆有文化自信的民族，才能立得住、站得稳、行得远。中华文明历经数千年而绵延不绝、迭遭忧患而经久不衰，这是人类文明的奇迹，也是我们自信的底气。坚定文化自信，就是坚持走自己的路。坚定文化自信的首要任务，就是立足中华民族伟大历史实践和当代实践，用中国道理总结好中国经验，把中国经验提升为中国理论，既不盲从各种教条，也不照搬外国理论，实现精神上的独立自主。

——2023年6月2日，习近平总书记在文化传承发展座谈会上的讲话

（二）案例素材

1.《中国奇谭》

由上海美术电影制片厂联合B站出品的动画短片集《中国奇谭》收官。据统计，该动画在B站内播放量达2.4亿次。《中国奇谭》凭借精美的画风、有趣的故事情节和其中的中式哲学，实现热度与口碑双丰收，成为2023年开年名副其实的爆款国漫。究其原因，在于《中国奇谭》不仅铺陈了一个极具中式想象力和审美魅力的"奇谭"故事集，更在述往思来中开拓了国产动画片创作和传播的新路径。

2.《典籍里的中国》

《典籍里的中国》是在《故事里的中国》基础上升级打造的又一档文化节目，主创团队融合"戏剧+影视+文化访谈"的手法，在一部典籍、一个人物、一条主线的严谨构架体系里，创新设计出历史空间和现实空间，用时空对话营造"故事讲述场"。

节目中，"当代读书人"撒贝宁以典籍为舟，带领观众畅游华夏文明之长河：今人穿越到古代，看先贤如何燃万古之明灯；古人穿越到当下，看后世如何传千年之经义。这档节目以强烈的仪式感、厚重感和时尚感，重新定义了"历史穿越"，涵养着坚守初心、向新而行的精神力量。

第六节　社会治理

一、话题价值

社会治理这一话题的背后，是国家治理体系和治理能力的现代化。近两年，特别是党的十九届四中全会之后，关于社会治理的题目在申论考试中逐渐增多。《中国共产党第十九届中央委员会第四次全体会议公报》中，关于"坚持和完善共建共治共享的社会治理制度"进行了比较详细的论述，且社会治理这一话题与百姓生活关系密切，与近年申论材料中"百姓身边事"这一选材趋势相符。

二、话题概要

社会治理是国家治理的重要领域，社会治理现代化是国家治理体系和治理能力现代化的题中应有之义。加强和创新社会治理，逐步实现社会治理结构的合理化、治理方式的科学化、治理过程的民主化，必将有力推进国家治理现代化的进程。

三、考点预测

（一）直接考查

围绕社会治理的水平、制度、目标、格局、体系等角度进行考查。如对"社会化、法治化、智能化、专业化水平"进行要点的设置，如利用材料案例，反映党委领导、政府负责、民主协商、社会协同、公众参与、法治保障、科技支撑的社会治理体系等。另外也可能围绕"社会治理是一门科学，管得太死，一潭死水不行；管得太松，波涛汹涌也不行。"这一理念进行命题。可参考2022年山东A卷和B卷，另外国考中"清河街道""智慧锦林"等题目中也有相应的考查。

同时也可能考查社会治理中的一环"基层治理"，主要围绕社区和乡村的治理进行材料的选取和题目设置，党的领导在其中也会有所体现。可参考2021年山东B卷文章写作题。

> **谈备考**
> 了解社会治理相关的制度、目标、格局、体系，明确其具体内涵和应用示例，对社会治理的理念有基本的认识。

（二）融合考查

可能会将社会治理与经济发展、民生保障等融合考查。

1.与经济社会发展相融合：如材料可能是某地在发展中，挖掘特色产业，同时带动群众就业，而在增收致富的过程中社会治理也出现了难题，在社会治理中体现了科学的社会治理理念或方法，从而达成了经济、生态、社会各方的协调和共同发展。参考2021年国考市地卷第1题。还可能与乡村振兴或脱贫攻坚与乡村振兴的衔接进行融合考查，乡村振兴五大要求中就有"治理有效"这一要求。如2021年山西乡镇卷第2题，小冯的故事就是易地扶贫搬迁后在社区治理、求职就业、子女教育等方面的经历。

谈备考

明确我们的发展目的是保障和改善民生，而对民生的改善又可以反过来推进发展社会治理。

2.与民生领域相融合：材料中出现诸如就业、教育、医疗等相关内容，这些民生领域的话题也与社会治理密切相关。因为只有人民群众生活得更好，社会治理才能更容易得到群众的支持与配合。在考查中可能将社会治理融入材料之中，也可能单纯地考查就业、医疗、养老等话题。如2024年国考市地卷第3题。还可能与共同富裕等话题进行融合考查。

谈备考

了解国家民生政策基本导向，明晰社会治理与改善民生之间的相互关系。

四、文章写作模拟

谈预测

请围绕"党建＋基层治理"这一主题撰写一个开头和结尾。

扫码看范例

【亮点开头】

（100字）

（200字）

【精彩结尾】

（100字）

（200字）

五、经典论述

深化党和国家机构改革 推进国家治理体系和治理能力现代化

深化党和国家机构改革，是贯彻落实党的二十大精神的重要举措，是推进国家治理体系和治理能力现代化的集中部署。继续推进党和国家机构改革，目的是推动党对社会主义现代化建设的领导在机构设置上更加科学、在职能配置上更加优化、在体制机制上更加完善、在运行管理上更加高效。党和国家机构改革是一项复杂系统工程，不可能一蹴而就，也不会一劳永逸，需要根据新的使命任务、新的战略安排、新的工作需要，不断调整优化党和国家机构职能体系，使之更好适应党和国家事业发展需要。

这次机构改革，是在党的十九届三中全会以来党和国家机构职能实现系统性、整体性重构基础上推进的，同时也是在党的二十大对今后5年乃至更长时期党和国家事业发展作出战略部署的背景下研究谋划的。我们要坚持稳中求进工作总基调，适应统筹推进"五位一体"总体布局、协调推进"四个全面"战略布局的要求，适应构建新发展格局、推动高质量发展的需要，坚持问题导向，统筹党中央机构、全国人大机构、国务院机构、全国政协机构，统筹中央和地方，充分利用各方面有利条件，充分考虑各种风险挑战，坚定推进一些重点领域的机构职责调整。

党的十八大以来，我们深化党和国家机构改革的一个重要目的是坚持和加强党的全面领导，从机构职责上把加强党的全面领导落实到各领域、各方面、各环节。这次机构改革，设立新的党中央决策议事协调机构，组建新的党中央职能部门和办事机构，在重要领域设立新的党中央派出机关，就是为了扬优势、补短板、强弱项，加强党中央对重大工作的集中统一领导。党中央职能部门、办事机构、派出机关要带头坚持党中央集中统一领导，带头执行党的路线方针政策，立足职责定位，加强协调配合，更好发挥作用。

同时，我们在金融管理体制、科技管理体制、社会管理体制、数据管理体制、知识产权管理体制，在港澳工作体制、"三农"工作体制、老龄工作体制等方面对机构设置和职责配置作了比较合理的设计和安排。这些调整是在分析我们面临的深层次矛盾和问题的基础上提出的解决方案。下一步，关键是要对标党中央赋予的职责任务，切实转职能、转方式、转作风，高效履职尽责。

各地区各部门要自觉在大局下思考、在大局下行动，确保机构改革方案贯彻落实不打折、不变形、不走样，特别是要严格依据机构改革方案制定和执行部门"三定"规定。"三定"规定作为党内法规和部门履职的基本依据，事权在党中央。"三定"规定经党中央批准后，部门就要严格按此履行职责、开展工作，以高水平的履职能力和高质量的工作实绩作为检验机构改革成效的重要标准。

搞好机构改革组织实施工作至关重要。要继续运用好坚持党对机构改革的全面领导、坚持不立不破先立后破、坚持推动机构职能优化协同高效、坚持中央和地方一盘棋、坚持改革和法治相统一、坚持把思想政治工作贯穿改革全过程等宝贵经验，把住要害和关键，把工作做深做细，有组织、有步骤、有纪律推进机构改革组织实施工作。

一要加大统的力度。在中央政治局常委会领导下，中央全面深化改革委员会牵头抓总、加强统筹协调，设立协调机制。党中央和全国人大、国务院、全国政协负责本系统机构改革实施工作，地方机构改革由省级党委统一领导。党中央、国务院分管领导同志是各自分管领域机构改革工作的第一责任人，要带头贯彻落实党中央决策部署，同分管的涉改革部门领导班子共同研究细化落实方案，抓好动员部署、谈心谈话、转隶组建、职能调整等关键环节。中央办公厅、中央组织部、中央编办、国务院办公厅等部门也要根据各自职责分工协同做好相关工作。

二要坚持稳的基调。这次机构改革涉及部门较多、触及的问题较深，要谋定而后动。新组建部门的领导班子要尽快配备到位，尽快熟悉本部门职责定位和任务要求，按照先转隶、再做"三定"规定的次序，抓紧组建机构、配齐人员、集中办公，确保平稳过渡、有序转隶、无缝衔接。对涉及面比较广、情况比较复杂的改革任务，要在党中央作出的顶层设计基础上认真研究拟订专项改革方案，细化相关政策措施，按程序报批后再组织实施。中央和地方机构改革在工作部署和组织实施上要有机衔接、有序推进。中央层面的改革任务力争在2023年年底前完成，地方层面的改革任务力争在2024年年底前完成。

三要做好人的工作。要引导广大党员、干部讲政治、顾大局、守规矩，正确对待利益格局调整和个人进退留转，积极支持改革，自觉服从组织安排，做到思想不乱、工作不断、队伍不散、干劲不减。

四要执行严的纪律。涉及机构变动、职责调整的部门，要自觉服从大局，确保机构、职责、人员等按要求及时调整到位，不允许懈怠迟滞拖延，更不允许搞变通做选择。严禁上级主管部门干预下级机构设置和编制配备，严禁突击提拔干部，严肃财经纪律，坚决防止国有资产流失。要加强监督和执纪问责，严肃查处机构改革工作中的违纪违规问题，严肃追究相关人员责任。

五要做到于法有据。坚持在法治轨道上推进机构改革，需要制定、修改或废止法律的，主责单位要主动同立法机构衔接。立法机构要统筹做好相关立改废释工作。

——习近平总书记2023年2月28日在党的二十届二中全会第二次全体会议上讲话的一部分

六、写作素材积累

（一）引言素材

◆坚持和完善共建共治共享的社会治理制度，保持社会稳定、维护国家安全。社会治理是国家治理的重要方面。必须加强和创新社会治理，完善党委领导、政府负责、民主协商、社会协同、公众参与、法治保障、科技支撑的社会治理体系，建设人人有责、人人尽责、人人享有的社会治理共同体，确保人民安居乐业、社会安定有序，建设更高水平的平安中国。要完善正确处理新形势下人民内部矛盾有效机制，完善社会治安防控体系，健全公共安全体制机制，构建基层社会治理新格局，完善国家安全体系。

——中国共产党第十九届中央委员会第四次全体会议公报

◆完善社会治理体系。健全共建共治共享的社会治理制度，提升社会治理效能。在社会基层坚持和发展新时代"枫桥经验"，完善正确处理新形势下人民内部矛盾机制，加强和改进人民信访工作，畅通和规范群众诉求表达、利益协调、权益保障通道，完善网格化管理、精细化服务、信息化支撑的基层治理平台，健全城乡社区治理体系，及时把矛盾纠纷化解在基层、化解在萌芽状态。加快推进市域社会治理现代化，提高市域社会治理能力。强化社会治安整体防控，推进扫黑除恶常态化，依法严惩群众反映强烈的各类违法犯罪活动。发展壮大群防群治力量，营造见义勇为社会氛围，建设人人有责、人人尽责、人人享有的社会治理共同体。

——习近平总书记在中国共产党第二十次全国代表大会上的报告

（二）案例素材

1. 新时代"枫桥经验"

近年来，湖北省鹤峰县燕子镇厚植共同缔造理念，坚持和发展新时代"枫桥经验"，聚焦探索基层治理现代化新路径，着力提升基层社会治理能力和水平，成效显著，一幅欣欣向荣、和美向善的"枫"景画栩栩如生。

党建引领 健全组织架构

为打通基层治理和服务群众的"神经末梢"，燕子镇以党建引领为抓手，充分发挥党组织战斗堡垒作用，以点连线、连线成面，形成了"村两委+村辅警+小组长"以及"党员+乡贤+群众"的合纵连横的基层治理组织架构，队伍力量不断壮大，政策法规宣传、安全隐患排查、矛盾纠纷化解等基层治理工作得以高效推进。

......

多措并举 织密平安网络

燕子镇全面推行以党建为统领、自治为目标、法治为保障、德治为基础，风险联排、矛盾联调、治安联防、问题联治、平安联建的"一统三治五联"基层治理模式，并严格落实"1+4+N"研判机制，扎实开展初信初访"清零舒心"、信访积案"清仓见底"两大专项行动。

......

以老带新 薪火生生不息

"今天我们了解到这些情况，我觉得还可以从这个角度来做工作……""想法很不错，但是我们还可以这样看待这个问题……"7月31日，夜深人静，燕子镇综治中心的灯久久没有熄灭，一群年轻干部正围坐成一圈，一边复盘案情，一边听老前辈们"授课"。

为提升基层治理工作质效，燕子镇以"易满成工作室"为载体，充分发挥老同志群众基础及工作经验优势，推进家庭、邻里、山林土地、城镇建设等纠纷全面协调化解，并以"老带新"的模式助力年轻干部成长，不断更新基层治理"血液"、壮大基层治理力量。

......

从"依靠群众就地化解矛盾"到"小事不出村、大事不出镇、矛盾不上交"，新时代"枫桥经验"已成为基层治理的重要法宝。下一步，燕子镇将持续放大新时代"枫桥经验"金名片的带动效应，把治理优势转化为发展胜势，巧解平安稳定"为民题"，提交人民满意"新答卷"，绘就基层治理好"枫"景。

2. 临沂党建引领基层治理

临沂市委书记任刚介绍："临沂市共有城市社区504个、居民小区3208个，城镇常住人口625.84万人，社区人口密集，利益主体多元，特别是老旧小区、商住小区、还建小区人口流动性较强，社会矛盾触点较多。我们实施'红网'工程，坚持党建引领，建强基层党组织，完善网格化管理、精细化服务、信息化支撑的基层治理平台，使社区实现善治。"

"红网"能否助力社区治理，关键在于这张"红网"织得是否密实。临沂市委统筹考虑小区人口、党员数量等因素，采取单建、联建等方式，加大党支部调整优化力度。据统计，临沂今年累计调整优化小区党支部884个，选配小区党支部书记978名、专职社工1716人，列支社区党建工作经费1.2亿元，同比增长36.5%。

"红网"拉起，党组织向小区、楼栋、单元延伸，成为居民的主心骨。使社区难点问题专人管、盯着干，群众诉求快回应、及时办。"红网"工程从诉求量大、满意度低的182个小区着手，集中攻坚。明确"1名县级领导联系、1名街道班子成员帮包、1名机关干部驻点、1个县区直部门结对"的"四个一"机制，累计投入资金4837万元，实施民生项目306个，经过半年多时间，91个小区已完成整顿，投诉量同比下降54.6%。

第七节　乡村振兴

一、话题价值

乡村振兴与脱贫攻坚一以贯之，都是党团结带领人民迈向美好生活的重要战略。自2017年乡村振兴战略提出以来，国考的申论材料中"乡村"所占的比重不断增加，成为热度持续不下的考试重点话题。

二、话题概要

2012年党的十八大后：拉开了新时代脱贫攻坚的序幕；

2013年，党中央提出精准扶贫理念，创新扶贫工作机制；

2015年，六个精准：扶持对象、项目安排、资金使用、措施到户、因村派人、脱贫成效；

五个一批：发展生产、易地搬迁、生态补偿、发展教育、社会保障兜底；

2017年，党的十九大：（1）把精准脱贫作为三大攻坚战之一进行全面部署；（2）提出乡村振兴战略；

2018年，政府工作报告提出，大力实施乡村振兴战略；5月审议，9月印发《国家乡村振兴战略规划》；

2020年，脱贫攻坚做好加试题，打赢攻坚战；

2021年2月21日，中央一号文件印发《中共中央国务院关于全面推进乡村振兴加快农业农村现代化建设的意见》；

2021年2月25日，宣布脱贫攻坚战全面胜利；乡村振兴局挂牌成立；

2021年3月，中共中央国务院印发《关于实现巩固拓展脱贫攻坚成果同乡村振兴有效衔接的意见》；

2021年4月29日，第十三届全国人民代表大会常务委员会第二十八次会议通过《中华人民共和国乡村振兴促进法》。

三、考点预测

（一）直接考查

材料中的内容可能涉及某地在乡村振兴中的具体做法或面临的问题，要求考生对其进行概括、分析或提出解决问题的对策等。从内容的设置上可能围绕乡村振兴，产业兴旺、生态宜居、乡风文明、治理有效、生活富裕的要求，或产业振兴、人才振兴、文化振兴、生态振兴和组织振兴，还可能围绕脱贫攻坚与乡村振兴衔接中的"四个不摘"（摘帽不摘责任、摘帽不摘政策、摘帽不摘帮扶和摘帽不摘监管），部分内容可能与脱贫攻坚中"六个精准""五个一批"等有所衔接。既可以考查其中的某一方面，也可以考查几方面内容的融合。如2021年国考副省卷第1题或2021年河北乡镇卷第3题。其中也可能涉及诸如民生、社会治理、共同富裕等相关话题。

谈备考

了解乡村振兴的典型案例，对"五个要求""五大振兴""四个不摘"有所了解，对当年中央一号文件中关于乡村振兴部分的内容要有所熟悉。

（二）间接考查

1.考查在乡村振兴进程中所引发的哲学思考：可能围绕"乡土中国""精神家园""乡村文化"等内容进行要点的设置。参考2019年国考副省卷第3题"卢作孚的乡村建设理念及其现实意义"或2024年国考市地卷第1题等。

谈备考

准确理解材料内容，从较高的思想境界对材料进行解读。

2.考查乡村振兴中青年的担当作为：有可能从扎根基层、艰苦奋斗等精神品质的角度进行题目的设置，材料内容可能是列举部分人在乡村奋斗的正面典型以及青年求职就业的相关导向和思考等，借此将青年价值观与社会热点进行融合考查。

谈备考

明确自己的考试目的是为人民服务，强化"愿意在基层绽放青春"的观点，了解国家所鼓励的青年择业方向等。

四、文章写作模拟

谈预测

请围绕"人才向乡村流动"这一主题，撰写一个开头和结尾。

扫码看范例

【亮点开头】

（100字）

（200字）

【精彩结尾】

（100字）

（200字）

五、经典论述

强国必先强农，农强方能国强

"强国必先强农，农强方能国强。没有农业强国就没有整个现代化强国；没有农业农村现代化，社会主义现代化就是不全面的。"

2022年12月23日至24日，中央农村工作会议在北京举行，习近平总书记出席会议并发表重要讲话。总书记的重要讲话，结合贯彻落实党的二十大精神，着眼全面建成社会主义现代化强国的全局大局，系统阐释了建设农业强国、加快推进农业农村现代化、全面推进乡村振兴的一系列重大理论和实践问题，明确了当前和今后一个时期"三农"工作的目标任务、战略重点和主攻方向，具有十分重要的指导意义。

农为邦本，本固邦宁。党的十八大以来，以习近平同志为核心的党中央坚持把解决好"三农"问题作为全党工作的重中之重，打赢了脱贫攻坚战，历史性地解决了绝对贫困问题，实施乡村振兴战略，全国832个贫困县全部摘帽，近1亿农村贫困人口实现脱贫，960多万贫困人口实现易地搬迁，粮食产量连续8年稳定在1.3万亿斤以上，乡村面貌焕然一新，推动农业农村取得历史性成就、发生历史性变革，为我国迈上全面建设社会主义现代化国家新征程奠定了坚实基础。

党的二十大描绘了全面建设社会主义现代化国家的宏伟蓝图，对农业农村工作进行了总体部署，提出全面推进乡村振兴、加快建设农业强国。农业强国是社会主义现代化强国的根基，满足人民美好生活需要、实现高质量发展、夯实国家安全基础，都离不开农业发展。建设农业强国要体现中国特色，立足我国国情，立足人多地少的资源禀赋、农耕文明的历史底蕴、人与自然和谐共生的时代要求，走自己的路，不简单照搬国外现代化农业强国模式。要依靠自己力量端牢饭碗，依托双层经营体制发展农业，发展生态低碳农业，赓续农耕文明，扎实推进共同富裕。当前，要锚定建设农业强国目标，切实抓好农业农村工作。

保障供给稳定安全。习近平总书记强调："保障粮食和重要农产品稳定安全供给始终是建设农业强国的头等大事。"保障好初级产品供给是一个重大战略性问题，中国人的饭碗任何时候都要牢牢端在自己手中，饭碗主要装中国粮。要实施新一轮千亿斤粮食产能提升行动，抓住耕地和种子两个要害，坚决守住18亿亩耕地红线，把种业振兴行动切实抓出成效。要健全种粮农民收益保障机制，健全主产区利益补偿机制。要在增产和减损两端同时发力，持续深化食物节约各项行动。要树立大食物观，构建多元化食物供给体系，多途径开发食物来源。要严格考核，督促各地真正把保障粮食安全的责任扛起来。

全面推进乡村振兴。习近平总书记指出："全面推进乡村振兴是新时代建设农业强国的重要任务，人力投入、物力配置、财力保障都要转移到乡村振兴上来。"民族要复兴，乡村必振兴。要全面推进产业、人才、文化、生态、组织"五个振兴"。产业振兴是乡村振兴的重中之重，要落实产业帮扶政策，做好"土特产"文章，向开发农业多种功能、挖掘乡村多元价值要效益，向一、二、三产业融合发展要效益，推动乡村产业全链条升级。巩固拓展脱贫攻坚成果是全面推进乡村振兴的底线任务，要继续压紧压实责任，坚决防止出现整村整乡返贫现象。要坚持把增加农民收入作为"三农"工作的中心任务，千方百计拓宽农民增收致富渠道。

依靠科技和改革双轮驱动。习近平总书记强调，要依靠科技和改革双轮驱动加快建设农业强国。科技是农业现代化的重要支撑。要紧盯世界农业科技前沿，加快实现高水平农业科技自立自强。要着力提升创新体系整体效能，解决好各自为战、低水平重复、转化率不高等突出问题。要以农业关键核心技术攻关为引领，以产业急需为导向，发挥新型举国体制优势，构建梯次分明、分工协作、适度竞争的农业科技创新体系。要打造国家农业科技战略力量，支持农业领域重大创新平台建设。改革是农村发展的根本动力。深化农村改革，必须继续把住处理好农民和土地关系这条主线，搞好农村集体资源资产的权利分置和权能完善，让广大农民在改革中分享更多成果。要扎实做好承包期再延长30年的各项工作，确保大多数农户原有承包权保持稳定、顺利延包。要发展适度规模经营，支持发展家庭农场、农民合作社等新型经营主体。要稳慎推进农村宅基地制度改革试点，深化农村集体经营性建设用地入市试点，完善土地增值收益分配机制。要破除妨碍城乡要素平等交换、双向流动的制度壁垒，促进发展要素、各类服务更多下乡，率先在县域内破除城乡二元结构。

建设宜居宜业和美乡村。习近平总书记强调："农村现代化是建设农业强国的内在要求和必要条件，建设宜居宜业和美乡村是农业强国的应有之义。"建设宜居宜业和美乡村，是推进农业农村现代化的一个重要抓手。要一体推进农业现代化和农村现代化，实现乡村由表及里、形神兼备的全面提升。要瞄准"农村基本具备现代生活条件"的目标，组织实施好乡村建设行动，提高乡村基础设施完备度、公共服务便利度、人居环境舒适度。要完善党组织领导的自治、法治、德治相结合的乡村治理体系，让农村既充满活力又稳定有序。要加强农村精神文明建设，加强法治教育，推进移风易俗，自觉遵守村规民约。

坚持和加强党对"三农"工作的全面领导。做好"三农"工作，关键在党。要坚持党领导"三农"工作原则不动摇，健全领导体制和工作机制，为加快建设农业强国提供坚强保证。要坚持五级书记抓乡村振兴，县委书记要当好"一线总指挥"。要加大对涉农干部的培训力度，打造一支政治过硬、适应新时代要求、具有领导农业强国建设能力的"三农"干部队伍。要坚持本土培养和外部引进相结合，重点加强村党组织书记和新型农业经营主体带头人培训；要引进一批人才，有序引导大学毕业生到乡、能人回乡、农民工返乡、企业家入乡。要健全村党组织领导的村级组织体系，把农村基层党组织建设成为有效实现党的领导的坚强战斗堡垒。

全面推进乡村振兴、加快建设农业强国，是以习近平同志为核心的党中央着眼全面建成社会主义现代化强国作出的战略部署。我们要坚持以习近平总书记关于"三农"工作重要论述为指导，铆足干劲，抓好以乡村振兴为重心的"三农"各项工作，大力推进农业农村现代化，为加快建设农业强国而努力奋斗。

——节选自《求是网》

六、写作素材积累

（一）引言素材

◆全面建设社会主义现代化国家，最艰巨最繁重的任务仍然在农村。坚持农业农村优先发展，坚持城乡融合发展，畅通城乡要素流动。加快建设农业强国，扎实推动乡村产业、人才、文化、生态、组织振兴。

——习近平总书记在中国共产党第二十次全国代表大会上的报告

◆空谈误国，实干兴邦。要认真学习贯彻党的二十大精神，全面推进乡村振兴，把富民政策一项一项落实好，加快推进农业农村现代化，让老乡们生活越来越红火。

——2022年10月26日，习近平总书记在陕西省延安市考察时的讲话

◆乡村振兴不能只盯着经济发展，还必须强化农村基层党组织建设，重视农民思想道德教育，重视法治建设，健全乡村治理体系，深化村民自治实践，有效发挥村规民约、家教家风作用，培育文明乡风、良好家风、淳朴民风。

——2022年3月6日，习近平总书记在参加全国政协十三届五次会议的农业界、社会福利
和社会保障界委员联组会时的讲话

（二）案例素材

1. 河北怀来：以产业振兴引领乡村全面振兴

在"培育乡村新产业新业态"的指引下，乡村游、网红点、农家店、特产馆等当下休闲旅游的新业态，成为现在东水泉产业振兴的亮点。当地推动村级集体经济增收，夯实经济基础，通过出租集体资产资源、入股村庄周边企业、注册经营集体公司三种形式，确保村集体经济稳定性增收、递增式创收、最大化营收；深化农旅融合，促进产业升级，充分利用湿地公园水文化优势，以葡萄产业为基础，壮大家庭文旅、劳务输出、农旅融合、特色民宿、乡村网红、运动体验"六大产业经济增长点"；组建党建联盟，共促共建共享，成立"乡村振兴农旅融合"党建联盟，将怀来县妫谷文化旅游公司、怀来城投等5个企业，东水泉周边6个街村纳入为成员单位，将党的组织优势转化为村企共富优势，带动集体经济薄弱村增收12万元。在产业联盟带动下，为150多名剩余劳动力解决就业，人均增收3万元。

2. "村BA"："文旅融合+"

贵州省黔东南苗族侗族自治州台江县台盘乡台盘村是"村BA"的发源地。当地村民为期盼粮食丰收，素来有在农忙之后的"六月六"举办各种活动的习俗。多年来，篮球赛逐渐成为其中最受村民欢迎的项目之一。

"村BA"的提法，不仅显示了篮球赛的水准，更说明了它的影响力。台盘村篮球赛由来已久，但直到得到移动互联网的助力，才真正大放异彩、华丽"出圈"。"村BA"的有关讯息，表现的是村民"群像"，带动的是乡村经济和社会的整体发展。他们有人做起美食生意，有人办起民宿，有人成为带货主播……正是在文化的感染力和集聚力之下，"村BA"真正成为"文旅融合+"的绝佳实践案例。

135 |

民俗表演、传统服饰和地方美食延伸出越来越多的文旅产品，"村BA"也受到越来越多的关注。村民们的收入提高了，满足感、幸福感提升了，对生活充满了信心，对未来充盈着向往。这正是乡村体育的文化向度所开启的希望之门。

第八节　高质量发展

一、话题价值

当前，世界百年未有之大变局加速演进，世界之变、时代之变、历史之变的特征更加明显，我国发展面临新的战略机遇和风险挑战。习近平总书记在党的二十大报告中提出："高质量发展是全面建设社会主义现代化国家的首要任务。"这一重要论断明确了立足新发展阶段推进中国式现代化的必然选择。如何理解和把握并着力推动高质量发展这个首要任务，是中国式现代化进程中的一个重大课题。

二、话题概要

高质量发展是全面建设社会主义现代化国家的首要任务。习近平总书记指出："新时代中国经济发展的重要特征是，由高速增长转向高质量发展、从量的扩张转向质的提升。"推动高质量发展，是保持经济持续健康发展的必然要求，是适应我国社会主要矛盾变化、全面建设社会主义现代化国家的必然要求，是遵循经济规律发展的必然要求。

三、考点预测

高质量发展与新发展理念、新发展格局等密切相关。与科技自立自强、国家治理体系和治理能力现代化、全过程人民民主等也有关联，在考试中的考查相对较多。

（一）围绕新发展理念进行考查

材料内容可能围绕创新、协调、绿色、开放、共享等进行展开。创新不仅仅包括科技创新或科技自立自强的内容，政策的体制机制改革，企业的管理理念等创新也属于"创新"这一话题范畴；绿色在考查中可能与"双碳""人与自然和谐共生"等内容相关，也可能考查民生及百姓对美好环境的期盼等；协调可能包括地域之间、城乡之间、行业之间、领域之间的协调；开放可能考查对外开放、深化改革、市场竞争等方面的内容；共享可能会主要围绕民生进行展开。

谈备考

了解新发展理念、新发展格局，对我国处于新发展阶段的新情况和新问题有基本的认识。

（二）围绕新发展格局进行考查

这一话题相对宏大，可能从"建设全国统一大市场""拉动消费""新业态"等具体的话题进行切入。如材料内容可能是某地特色产品的生产和销售，题目可能考查其经验或要求撰写报告等。

谈备考

对新发展格局有大体的认识，从"国之大者"的角度看待新事物的生成和发展。

（三）围绕供给侧结构性改革进行考查

可能考查产品质量提升的路径、方法、对策和举措等以及支持企业走高质量发展之路的政策设计等。参考2024年国考副省卷第1题"耀然灯饰"，市地卷第2题"隆金公司"等。

谈备考

了解供给侧结构性改革的含义和国家层面的重要举措，明确供给和需求的相互作用。

（四）围绕科技自立自强进行考查

可能通过科技创新的案例进行考查，如某企业进行科技创新的经历，或某个大国重器其中凝聚的科技创新力量等。也可能考查科技创新的理念等。也可能从科技人才的角度进行命题，如对人才"引用育留"的举措和对策等。也可能考查某一具体的科技创新领域，如"产业数字化""数字产业化"等。

谈备考

了解科技自立自强的基本含义及其重大意义，积累储备部分国内科技创新的主要成果，如九章量子计算原型机、祝融号火星车、港珠澳大桥等。

（五）围绕新质生产力进行考查

发展新质生产力是推动高质量发展的内在要求和重要着力点，二者关系十分紧密，很容易相互涉及。

谈备考

了解二者的关系，对新质生产力有清晰的认识。

四、文章写作模拟

预测

　　请以"科技和市场集合，才能推动高质量发展"为总论点，撰写一个开头和结尾。

扫码看范例

【亮点开头】

（100字）

（200字）

【精彩结尾】

（100字）

（空白方格稿纸，5行）

（200字）

五、经典论述

党的十八大以来，我们全面贯彻新发展理念，不断深化对我国经济发展阶段性特征和规律的认识，更加强调发展的高质量，党的十九大报告宣告"我国经济已由高速增长阶段转向高质量发展阶段"，党的二十大报告强调"高质量发展是全面建设社会主义现代化国家的首要任务"。新时代以来，党中央作出一系列重大决策部署，推动高质量发展成为全党全社会的共识和自觉行动，高质量发展成为主旋律。近年来，我国科技创新成果丰硕，创新驱动发展成效日益显现；城乡区域发展协调性、平衡性明显增强；改革开放全面深化，发展动力活力竞相迸发；绿色低碳转型成效显著，发展方式转变步伐加快，高质量发展取得明显成效。

同时，制约高质量发展因素还大量存在。从外部环境看，世界百年未有之大变局全方位、深层次加速演进。从内在条件看，我国一些领域关键核心技术受制于人的局面尚未根本改变，城乡区域发展和收入分配差距依然较大，掣肘经济社会高质量发展。从工作推进情况看，有的领导干部认识不到位，实际工作中一遇到矛盾和困难又习惯性回到追求粗放扩张、低效发展的老路上；有的领导干部观念陈旧，名曰推动高质量发展、实际上"新瓶装旧酒"；有的领导干部能力不足，面对国内外新环境新挑战，不知如何推动高质量发展，等等。对这些问题，要高度重视，切实解决。我们必须牢记高质量发展是新时代的硬道理，完整、准确、全面贯彻新发展理念，把加快建设现代化经济体系、推进高水平科技自立自强、加快构建新发展格局、统筹推进深层次改革和高水平开放、统筹高质量发展和高水平安全等战略任务落实到位，完善推动高质量发展的考核评价体系，为推动高质量发展打牢基础。

发展新质生产力是推动高质量发展的内在要求和重要着力点。这里，我重点就此谈一些认识。

去年7月以来，我在四川、黑龙江、浙江、广西等地考察调研时，提出要整合科技创新资源，引领发展战略性新兴产业和未来产业，加快形成新质生产力。12月中旬，在中央经济工作会议上，我又提出要以科技创新推动产业创新，特别是以颠覆性技术和前沿技术催生新产业、新模式、新动能，发展新质生产力。我提出新质生产力这个概念和发展新质生产力这个重大任务，主要考虑是：生产力是人类社会发展的根本动力，也是一切社会变迁和政治变革的终极原因。高质量发展需要新的生产力理论来指导，而新质生产力已经在实践中形成并展示出对高质量发展的强劲推动力、支撑力，需要我们从理论上进行总结、概括，用以指导新的发展实践。

什么是新质生产力、如何发展新质生产力？我一直在思考，也注意到学术界的一些研究成果。概括地说，新质生产力是创新起主导作用，摆脱传统经济增长方式、生产力发展路径，具有高科技、高效能、高质量特征，符合新发展理念的先进生产力质态。它由技术革命性突破、生产要素创新性配置、产业深度转型升级而催生，以劳动者、劳动资料、劳动对象及其优化组合的跃升为基本内涵，以全要素生产率大幅提升为核心标志，特点是创新，关键在质优，本质是先进生产力。

新质生产力的显著特点是创新，既包括技术和业态模式层面的创新，也包括管理和制度层面的创新。必须继续做好创新这篇大文章，推动新质生产力加快发展。

第一，大力推进科技创新。新质生产力主要由技术革命性突破催生而成。科技创新能够催生新产业、新模式、新动能，是发展新质生产力的核心要素。这就要求我们加强科技创新特别是原创性、颠覆性科技创新，加快实现高水平科技自立自强。要深入实施科教兴国战略、人才强国战略、创新驱动发展战略，坚持"四个面向"，强化国家战略科技力量，有组织推进战略导向的原创性、基础性研究。要聚焦国家战略和经济社会发展现实需要，以关键共性技术、前沿引领技术、现代工程技术、颠覆性技术创新为突破口，充分发挥新型举国体制优势，打好关键核心技术攻坚战，使原创性、颠覆性科技创新成果竞相涌现，培育发展新质生产力的新动能。

第二，以科技创新推动产业创新。科技成果转化为现实生产力，表现形式为催生新产业、推动产业深度转型升级。因此，我们要及时将科技创新成果应用到具体产业和产业链上，改造提升传统产业，培育壮大新兴产业，布局建设未来产业，完善现代化产业体系。要围绕发展新质生产力布局产业链，推动短板产业补链、优势产业延链、传统产业升链、新兴产业建链，提升产业链供应链韧性和安全水平，保证产业体系自主可控、安全可靠。要围绕推进新型工业化和加快建设制造强国、质量强国、网络强国、数字中国等战略任务，科学布局科技创新、产业创新。要大力发展数字经济，促进数字经济和实体经济深度融合，打造具有国际竞争力的数字产业集群。要围绕建设农业强国目标，加大种业、农机等科技创新和创新成果应用，用创新科技推进现代农业发展，保障国家粮食安全。

第三，着力推进发展方式创新。绿色发展是高质量发展的底色，新质生产力本身就是绿色生产力。我们必须加快发展方式绿色转型，助力碳达峰碳中和。要牢固树立和践行绿水青山就是金山银山的理念，坚定不移走生态优先、绿色发展之路。加快绿色科技创新和先进绿色技术推广应用，做强绿色制造业，发展绿色服务业，壮大绿色能源产业，发展绿色低碳产业和供应链，构建绿色低碳循环经济体系。持续优化支持绿色低碳发展的经济政策工具箱，发挥绿色金融的牵引作用，打造高效生态绿色产业集群。同时，在全社会大力倡导绿色健康生活方式。

第四，扎实推进体制机制创新。生产关系必须与生产力发展要求相适应。发展新质生产力，必须进一步全面深化改革，形成与之相适应的新型生产关系。新质生产力既需要政府超前规划引导、科学政策支持，也需要市场机制调节、企业等微观主体不断创新，是政府"有形之手"和市场"无形之手"共同培育和驱动形成的。因此，要深化经济体制、科技体制等改革，着力打通束缚新质生产力发展的堵点卡点，建立高标准市场体系，创新生产要素配置方式，让各类先进优质生产要素向发展新质生产力顺畅流动。同时，要扩大高水平对外开放，为发展新质生产力营造良好国际环境。

第五，深化人才工作机制创新。要按照发展新质生产力要求，畅通教育、科技、人才的良性循环，完善人才培养、引进、使用、合理流动的工作机制。要根据科技发展新趋势，优化高等学校学科设置、人才培养模式，为发展新质生产力、推动高质量发展培养急需人才。要着力培养造就战略科学家、一流科技领军人才和创新团队，着力培养造就卓越工程师、大国工匠，加强劳动者技能培训，不断提高各类人才素质。要健全要素参与收入分配机制，激发劳动、知识、技术、管理、资本和数据等生产要素活力，更好体现知识、技术、人才的市场价值，营造鼓励创新、宽容失败的良好氛围。

——习近平总书记2024年1月31日在二十届中央政治局第十一次集体学习时的讲话

六、写作素材积累

（一）引言素材

◆发展新质生产力是推动高质量发展的内在要求和重要着力点，必须继续做好创新这篇大文章，推动新质生产力加快发展。

——2024年1月31日，习近平总书记在二十届中央政治局第十一次集体学习时的讲话

◆高质量发展需要新的生产力理论来指导，而新质生产力已经在实践中形成并展示出对高质量发展的强劲推动力、支撑力，需要我们从理论上进行总结、概括，用以指导新的发展实践。概括地说，新质生产力是创新起主导作用，摆脱传统经济增长方式、生产力发展路径，具有高科技、高效能、高质量特征，符合新发展理念的先进生产力质态。

——2024年1月31日，习近平总书记在二十届中央政治局第十一次集体学习时的讲话

◆党的十八大以来，我们统筹推进战略性新兴产业和新型作战力量发展，取得一系列重大成果。党的二十大后，党中央从推动高质量发展全局出发，明确提出加快发展新质生产力。这为新兴领域战略能力建设提供了难得机遇。

——2024年3月7日，习近平总书记出席十四届全国人大二次会议解放军和武警部队代表团全体会议时的讲话

◆深化科技体制、教育体制、人才体制等改革，打通束缚新质生产力发展的堵点卡点。

——2024年3月5日，习近平总书记参加十四届全国人大二次会议江苏代表团审议时的讲话

◆科技界委员和广大科技工作者要进一步增强科教兴国强国的抱负，担当起科技创新的重任，加强基础研究和应用基础研究，打好关键核心技术攻坚战，培育发展新质生产力的新动能。

——2024年3月6日，习近平总书记看望参加全国政协十四届二次会议的民革、科技界、环境资源界委员，并参加联组会时的讲话

（二）案例素材

1. 忠县：盘活生态人文旅游资源

忠县境内的长江江心岛皇华岛，兼具水、陆、消落带湿地三种生态系统特征，岛上还有南宋军事及生产生活设施遗址等人文景观，极具考古价值。

为盘活生态人文旅游资源，忠县积极探索"文化遗产+旅游、文创、乡村振兴"等模式，在皇华岛积极开展消落带保护修复工作，同时推进皇华城遗址考古，建设集考古发掘、遗址保护、文化展示、旅游休闲等独特资源于一体的皇华城考古遗址公园，下"活"了文旅融合这盘棋。

2. 大巴山区域中药材产业示范带："科技 + 品牌"

三峡库区位于"秦巴药谷"核心区，是全国优质中药材主产区和道地优质药材重点发展区域。推进生态产业化和产业生态化，中药材产业极具优势。

渝川陕鄂16个毗邻县（市、区）合作推动区域中药材产业资源共享、科技共研、市场共建、品牌共用，打造渝川陕鄂大巴山区域中药材产业示范带。

用好用活"大巴山"金字招牌，城口县一手抓规范化科学种植，依托70万亩国储林规模化林下种植中药材，推动优良种质种苗繁育中心、中药产业数字信息中心等建设；一手抓品牌建设，"城口独活""城口太白贝母"分别申报为国家地理标志证明商标、国家农产品地理标志，淫羊藿、灵芝2个中药材品种种植基地达到"六统一"建设要求。

第二章　读报阅刊学热点

第一节　探寻产业新质生产力 | 新能源产业托起

绿色低碳城市未来

深圳、重庆、福州……越来越多的"超充之城"如雨后春笋般加速涌现，成为中国新能源产业蓬勃发展的真实写照。在新能源汽车产业快速崛起、充电基础设施加快建设的背后，是清洁能源电网的强力支撑，而在新能源产业的不断推进中，打造的是低碳绿色的未来城市模板。

织密新能源充电网

"一杯咖啡，满电出发"。在深圳，这样的标语随处可见。新能源车主在手机上点开"i深圳"App，就可查询到距离最近的超充站，扫一扫充电桩上的二维码，提枪充电5分钟就可续航250公里左右。

仅在深圳龙岗区，这样的超充站就有62座，而包含超充站、分散式充电场在内的各类充电场站有1752座，新能源汽车充电枪总数高达6.5万个。"现在充电真的很方便。"深圳新能源车主沈女士说。

在全球能源绿色转型步伐加快、国家高度重视能源转型和新型能源体系建设的大背景下，新能源汽车、新型储能、数字能源等新能源产业成为未来产业发展的重大风口，而充电基础设施成为重要抓手。

在不久前举行的2024北京车展上，华为数字能源独立设展，全面展示了在智能充电领域的创新成果：全液冷超充技术可实现近"一秒一公里"的充电速度，让"一杯咖啡，满电出发"成为可能。而融合光储可支持功率、终端的光储平滑演进，通过光储充协同调度，降容增效，降低充电成本，提升充电桩使用率。业界认为，这些技术不仅为用户带来了超快充的极致体验，还创造了积极的商业价值。

华为数字能源智能充电网络全球业务总裁刘大伟此前在中国电动汽车百人会论坛（2024）上表示，当前，充电问题仍是制约新能源汽车发展的首要因素，建设以全液冷超充为代表的高质量充电基础设施，是加速汽车电动化发展的关键路径，支撑新能源汽车快速发展。

事实上，早在2023年4月，华为就推出了大功率全液冷超快充一体化产品，通过功率池化和功率柔性智能分配技术，支持超充/快充灵活配置，兼容各种车型，并支持未来相关车网融合等创新技术持续演进。当前，华为推动在深圳、北京、重庆等200多个城市加快构建"城市一张网"；在全国多条高速公路建设高质量充电网络和光储充零碳服务区。未来，华为将持续推进技术创新，融合数字技术和电力电子技术，推动高质量充电基础设施建设。据透露，2024年，华为将携手各方共同部署超10万桩，推动实现"有路的地方就有高质量充电"。

业内专家表示，充电基础设施最大的价值在于一头连接汽车强国战略，一头连接能源安全新战略。在越来越多"超充之城"涌现背后，织密的是新能源补能网络，托起的是高速发展的新能源汽车产业。

乘联会数据显示，4月新能源汽车国内零售渗透率达43.7%，较去年同期32%的渗透率提升11.7个百分点。而在率先建设"超充之城"的深圳，全市新能源汽车渗透率已达67.9%，保有量超97万辆。截至2023年底，深圳市纯电动货车推广规模已达13万辆，其中纯电动物流配送车辆12.6万辆，纯电动泥头车0.4万辆，保有量均居全球第一，率先实现公交车和巡游出租车100%纯电动化。

构建绿色能源体系

5月20日，国家发改委、国家数据局、财政部、自然资源部四部门发文指出，要推动新能源汽车融入新型电力系统，推进城市智能基础设施与智能网联汽车协同发展。

伴随技术领先、场景多元覆盖的超充设施深入构建，"电力充储放一张网"电力需求调配互动机制也日趋成熟，"新能源车充新能源电"正在北京、山东、广东等多地大力推广。

在率先打造"电力充储放一张网"的深圳，清洁能源装机占比达到78.7%。作为深圳市发展新能源产业的重要承载区，连续6年排名全国工业百强区榜首的龙岗区目前已聚集华为、比亚迪、中国广核、宁德时代、润世华等数千家国家高新技术企业和一批优秀的创新平台，在光伏、储能、氢能等多个领域形成了较为完整的上下游产业链，拥有良好的新能源产业发展基础和产业发展氛围。

屋顶上，钢架结构撑起的光伏发电板连绵起伏，在阳光的照耀下熠熠生辉……这是深圳电信龙岗信息枢纽大厦屋顶分布式光伏电站项目。据介绍，该光伏电站占地约3100平方米，预计首年发电量约39万千瓦时，年减少碳排放320吨。龙岗区"十四五"以来，新增分布式光伏发电并网项目共计443个，装机规模共计约134.25兆瓦。其中，2023年新增光伏项目并网个数为211个，装机规模共计91.3兆瓦，居深圳全市第一。

过去大面积布设在沙漠、海面、农田的光伏发电板，如今也在城市建筑中快速普及，形成一道风景别致的城市绿色天际线。正如中国光伏行业协会副秘书长江华所言，光伏行业本身属于新质生产力的范畴，具有高科技、高效能、高质量特征。同时，光伏行业又孕育新质生产力，由技术突破、生产要素创新性配置、产业深度转型升级来驱动。

近年来，光伏行业作为我国经济发展的新动能不断壮大，产业链各环节产量和装机规模连续多年保持全球第一，光伏产品成为出口"新三样"之一。

在制造端，2023年我国光伏多晶硅、硅片、电池和组件各环节的产量基本保持了70%以上的增速，今年第一季度光伏各环节的产量继续保持增长，其中硅片产量同比增长高达108.7%；在应用端，2023年我国光伏新增装机规模创造了超216GW的历史纪录，到2024年一季度仍然保持增长，实现新增装机45.74GW；从产品出口上看，2023年我国光伏产品出口总金额达484.8亿美元，今年一季度我国光伏硅片、电池片、组件出口量仍继续走高。

打造绿色城市模板

磁悬浮空调主机、微藻氧吧、空调预约光感窗帘……在作为"国家低碳城（镇）首批试点"的深圳国际低碳城，从设计、施工到运维、管理，115项国际先进水平的前沿低碳技术被灵活运用在方方面面，处处体现着低碳的创新创意，成为集环保创新"黑科技"、绿色低碳文化中心于一体的"绿色地标"。

据介绍，深圳国际低碳城已建成全国首个近零能耗场馆类项目会展中心、全国首个走出实验室规模化应用全直流的建筑试点项目未来大厦、世界最大充气膜公共建筑气膜馆等，成为新能源先进技术及绿色低碳园区建设的示范展示样板。

不仅是在"城内"，这些低碳技术和理念的溢出效应也在不断显现：深圳国际低碳城周边的高桥社区集成近百项低碳技术，打造了一个"近零碳"的示范社区；作为低碳城配套设施的零碳公园，则为原生环境注入低碳绿色理念和低碳能源利用、低碳科普运营等元素，打造碳汇科普的"零能耗"主题公园。

这座绿色未来之城还推动了深圳发展方式的转型，作为"国家生态文明建设示范区"，龙岗区2023年绿色低碳产业增加值达百亿元以上，到2025年底，龙岗区新能源产业产值预计将超过800亿元，探索打造深圳东部万亿级绿色低碳产业集群承载区。

绿色，正成为深圳乃至全国高质量发展的底色。在以"绿色引领，碳索未来"为主题的2023碳达峰碳中和论坛暨深圳国际低碳城论坛上，来自全球各界的专家、学者共同探讨绿色化、数字化转型发展的未来。科技部原副部长、国家气候变化专家委员会名誉主任刘燕华指出，低碳城市规划既要考虑经济发展，也要顾及生态容量的规模及强度，低碳城市的概念不仅仅是"碳"，更是经济全面的改革。

以深圳龙岗区为例，根据规划，"十四五"期间，龙岗区将实施绿色低碳产业壮大计划，依托深圳国际低碳城等载体，加快推动国家能源产业创新中心、绿色发展产业基金等平台落户，培育引进一批绿色低碳产业的领军企业。未来，一批引领性、带动性强的项目有望在深圳国际低碳城蓄势开启，在此形成壮大高效节能、绿色环保、资源循环利用的低碳产业集群，为龙岗高质量发展行稳致远注入绿色动能，加快推进龙岗从工业强区向低碳发展大区转型发展，"低碳+"成为龙岗经济社会发展新逻辑。

2023年，龙岗启动了《国际低碳城碳管理导则》《深圳国际低碳城全域低碳指引》《龙岗区政府投资项目全过程碳排放管理指引》的研究编制，在这些课题中，明确了国际低碳城碳智慧化管理模式和标准，形成了各主要领域低碳建设要求以及碳排放管理路径，一个智慧、创新、动力十足的未来绿色低碳城市雏形已然显现。

——节选自新华社

【相关热点】新质生产力

【关键词】新能源、城市发展

谈案例

考霸蛙谈案例！

●案例1：智能充电技术

深圳建设"超充之城"，利用华为全液冷超充技术，智能充电可实现近"一秒一公里"的充电速度，让"一杯咖啡，满电出发"成为可能。在全国多条高速公路建设高质量充电网络和光储充零碳服务区，织密新能源充电网。

●案例2：建设新型电力系统

深圳率先打造"电力充储放一张网"，光伏发电板在城市建筑中快速普及，形成一道风景别致的城市绿色天际线。减少碳排放，实现节能减排。

●案例3：龙岗区的低碳建设

灵活运用国际先进水平前沿低碳技术，体现低碳创新创意，成为集环保创新"黑科技"、绿色低碳文化中心于一体的"绿色地标"。国家首个近零能耗场馆类项目会展中心、全国首个走出实验室规模化应用全直流的建筑试点项目未来大厦、世界最大充气膜公共建筑气膜馆、"近零碳"的示范社区、零碳公园等示范和尝试相继推出。

【考情速递】

就新质生产力而言，其可能考查的角度有很多。如某地发展新质生产力的举措、新质生产力中某一领域或方面出现的"新名词"的具体的含义、围绕新质生产力进行的文章写作考查等。申论考试中，不会直接考查新质生产力的具体概念，而是可能将之与某地的发展实践或某一相关话题相结合进行考查。

本文中选择了新质生产力的重要领域"新能源"作为"探寻产业新质生产力"的切入点，介绍了智能充电技术、新型电力系统、光伏产业等新质生产力发展的新形态，同时也涉及了"零碳公园""低碳社区"等新概念，帮助考生了解新质生产力发展的最新情况。

就文章本身的逻辑而言，文章由三个部分组成，各有三个标题，整体围绕新能源产业这一"新质生产力"的表现形式展开，以深圳特别是龙岗区为主要写作对象。在叙述中有着翔实的案例和数据，具有较强的说服力。在具体案例的列举中，采取了场景切入与具体介绍相配合的形式，能够做到引人入胜，吸引读者。

谈备考

对于申论备考而言，本篇文章对于申论材料具备一定的预测性，同时也可以积累一些相关话题的写作素材。

新质生产力虽然是一个相对独立的话题，但其与"低碳""高质量发展""科技创新"等话题也有着密切的关联，在考试中有融合考查的可能，需要对这些话题都进行一定程度的了解，对由新质生产力所产生的新业态也要有基本的认识。

谈总结

总而言之，发展新质生产力是推动高质量发展的内在要求和重要着力点，虽然"隶属"于"高质量发展"，但作为新概念，在未来考试中是重要的热点话题之一。

第二节　期待消费端为双碳时代发力

碳达峰碳中和目标的实现需要一场深刻的系统性绿色变革，制定双碳整体规划，推进发展新旧动能转换，不仅需要生产端的持续技术创新和体制机制改革，也需要强化消费者责任。生产端与消费端双管齐下，协调发力，方能奏效。

消费端减排肩负着平衡经济增长与节约绿色低碳的双重责任。我国加快构建新发展格局关键在于扩大内需，释放消费潜力。经济发展带来消费者收入提升和消费需求转变，由此引发生产生活方式、商业模式的深刻变革。同时，随着居民消费水平提升，民众消费也呈现出"由俭入奢易，由奢入俭难"的黏性特征。如何既满足不断提升的消费需求又不出现供给过剩、如何既刺激消费拉动经济增长又兼顾双碳目标，是深化经济体制改革面临的问题。

消费从需求端影响市场供需关系，可倒逼产业结构转型。一方面，消费者的绿色意识和支付意愿通过消费行为表达。在过往消费习惯影响下，短期内消费量看起来波动较小，但随着时间推移，消费者行为偏好变化不仅会直接影响消费碳排放，也会"用脚投票"转而为绿色生产技术、生产流程、商业模式提供资金，引导和制约企业生产决策。另一方面，实现双碳目标是经济社会向绿色低碳持续转型的过程，这需要供需两端同时发力，在完善制度约束的同时，营造绿色低碳可持续发展的社会氛围。

消费变革是引导调整供需关系、推动经济社会系统性转型的关键。消费者数量庞大、个体间差异较大且对服务水平存在不同的接受区间，因此，驱动消费领域碳减排除了技术、政策"硬约束"，还应更多依靠新消费热点以及新消费观念、消费偏好、消费方式等公众意识"软约束"。在工业化、城镇化发展到一定阶段后，消费者选择的主导作用逐渐凸显，从消费需求规模和消费需求结构两方面进行合理引导，对于双碳目标实现意义重大。

大众的低碳消费理念和行为主导着市场的价值取向，会成为企业决策过程中最重要的考量依据。在买方市场，由于商品之间存在一定程度的替代性，消费者的需求偏好会影响企业的技术创新方向。消费对技术创新的拉动作用不仅仅体现在推动新技术在实验室的迭代进步，更会推动技术应用成本的大幅下降以保证其广泛变现。

培养绿色消费意识、推广绿色生活方式、杜绝浪费，都能从消费端拉动碳减排。工业、交通与建筑领域在能源终端消费中占据了绝对比重，是能源消费重点。交通与建筑领域相当大比例的用能属于消费用能，它们也因此成为引导消费变革的重要角色。

当前，我国交通运输碳排放上行压力较大。为了降低碳排放，交通领域电动化、低碳化、智能化是大势所趋，不仅需要智能驾驶和共享出行等一系列技术创新，更急需能耗改进。除了大力发展公共交通、优化交通运输结构以降低整体能耗，还须以新能源优势带动乘用车行业转型发展。

建筑业是碳减排的主要责任领域之一。消费端碳减排主要关注建筑运行状况，在建筑规模不断扩大的趋势下，除了随手关灯等降低用能的日常行为，还包括提高建筑物的能源利用效率、改变建筑的用能结构、提高建筑智能化运行水平，以及推进关键低碳技术应用等措施。

实现双碳目标，需要消费者共同参与、主动选择、自觉行动。提升公众认知水平、增进消费者对双碳目标的理解，是消费者转变生活方式、积极参与碳减排的基础。应关注不同消费群体的低碳实现方式，从气候变化、高碳消费后果等入手进行差异化宣介，并通过配套政策工具，引导消费者进行低碳行为决策。

与之相适应，政府的减排政策设计要兼顾消费侧。单纯通过生产端碳减排推动能源结构和产业结构转型，不仅成本高，而且难以覆盖全部排放源，存在抵消减排成果的可能。未来的政策设计需要辨识非低碳消费行为背后的减碳障碍，引导居民形成低碳预期。消费习惯具有刚性，一旦人们培养起绿色低碳的消费模式，便倾向于长期保持。

还应当看到，人口和消费向中心城市和都市圈集聚的特点日益突出，在可预见的未来，城市居民能源消费将成为碳排放的主要增长源，挖掘城市居民消费所蕴含的减排潜力是一个重要议题。目前，在一些以工业为主的城市，仍是生产端的碳排放占较大比重，但随着社会经济发展，它们中的很大一部分将向消费型城市转化。

政策法律等正式制度对低碳消费无疑具有强制性规范引导作用，但包括文化观念、社会习俗、伦理道德等在内的非正式制度因素也非常重要。政府应关注、培育社区和社会组织在推动消费偏好绿色化、消费规模适度化、消费结构非物质化、消费资源可循环化、消费方式共享化中的独特优势。

未来，尤其要激励交通与建筑领域低碳消费。在建筑领域，防止城市建筑规模的非理性高速增长，提倡居民在建筑中保持绿色生活方式。在交通领域，控制个人交通需求的高速膨胀，适度控制小汽车的增长速度，反对盲目追求大排量汽车，鼓励消费新能源汽车。同时，合理优化城镇规划，缩短居民日常工作生活出行距离，为低碳出行提供人性化服务设施。

——节选自《半月谈》

【相关热点】双碳目标

【关键词】新旧动能转换、能源终端消费、低碳消费理念和行为

谈案例

●案例1：工业为主的城市向消费型城市转型

考霸蛙谈案例！

2023年4月16日，山东淄博，牧羊村烧烤店生意火爆。曾被视为工业老城的山东淄博，最近"摇身一变"，成了门庭若市的新晋烧烤之城，且热度只增不减。2023年3月8日，"大学生组团坐高铁去淄博撸串"登上抖音同城热搜。彼时，淄博烧烤的"名声"尚未全民皆知。

但随着大学生在社交平台接连上传"撸串"视频，多位短视频博主前往当地体验烧烤，淄博有关政府部门抓住热点快速响应，推出21条"淄博烧烤"定制公交路线、开通"烧烤

专列"、发布烧烤地图、筹办烧烤节等，淄博烧烤很快火遍全国。

● 案例2：绿色低碳的消费模式

用旧衣料重新拼接设计制作而成的衬衫，用塑料垃圾回收粉碎、环保再生制成的包包，用农作物废料和水果残渣通过科技再生制成的新潮皮草……在上海北外滩一片百年石库门老建筑群里，坐落着一家名为"再造衣银行"的服装店。

"衣服均来自再造：将废旧纺织品清洗消毒拼布设计制作，变旧衣为新装；或将塑料瓶、废弃渔网等，经高科技处理变为环保再生面料。""再造衣银行"品牌创始人兼设计总监张娜说，"消费者越来越能接受循环再造的服饰，愿意为环保买单，这是一个很好的趋势。"

随着绿色消费观念渐入人心，绿色低碳产品成为越来越多消费者的自觉选择。

【考情速递】

"双碳"这一话题，属于生态文明下的"子话题"。在考查中可以单独出题，如某地降低碳排放的举措和经验等，也可以考查由"双碳"衍生而出的"碳积分""碳汇交易"以及与之相关的绿色职业等。同时也可以和民生、经济等领域的话题进行融合考查。

本文选择的就是"双碳"与"消费"之间的关系，"消费"本身属于民生和经济的结合点，能帮助考生尽快了解"双碳"目标的实现给日常生活带来的具体变化。

文章本身属于议论文，论证逻辑相对严密，层层递进。开篇即点明总论点"生产端与消费端双管齐下，协调发力，方能奏效。"而后以"消费端减排肩负着平衡经济增长与节约绿色低碳的双重责任""消费从需求端影响市场供需关系，可倒逼产业结构转型""消费变革是引导调整供需关系、推动经济社会系统性转型的关键"等角度层层递进地阐释了消费对于低碳的重要意义，进而以"交通与建筑领域相当大比例的用能属于消费用能"为依据对建筑和交通两个领域进行了重点论述，并最终落实到"消费者共同参与、主动选择、自觉行动""政府的减排政策设计"等对策上，整篇文章，观点有依据，问题有办法，逻辑严密，环环相扣，其论证逻辑有较强的可复制性。

谈备考

对申论备考而言，本文可以说是一道不错的"开胃菜"，为考生具象化地了解"双碳"提供了一个窗口，同时文章论证的逻辑也有学习借鉴的意义。

谈总结

　　总体而言，"双碳"虽然是一个相对较小的话题，但在生态文明领域热度相对较高。在备考中考生还可适当关注"山水林田湖草沙一体化治理""生态红利""人与自然和谐共生""低碳生活"等相关话题。

第三节　一个国家的未来在青年

　　"青年如初春，如朝日，如百卉之萌动，如利刃之新发于硎，人生最可宝贵之时期也。"

　　一百多年前，《青年杂志》创刊，后更名为《新青年》，影响深远。在那个风雨如晦的年代，一群新青年高举马克思主义思想火炬，苦苦探寻民族复兴的前途。

　　一百多年来，中国探索现代化道路的脚步从未停歇。习近平总书记指出，实现中华民族伟大复兴的中国梦，离不开一代代青年的接力奋斗。

　　6月22日，中国共产主义青年团第十九次全国代表大会胜利闭幕。大会动员引领广大团员青年为全面建设社会主义现代化国家、全面推进中华民族伟大复兴而团结奋斗。

　　从现在起到本世纪中叶实现第二个百年奋斗目标，也就是一两代人的事。习近平总书记强调，新时代的中国青年，生逢其时、重任在肩。

　　什么样的青年才能堪当如此大任？如果为新时代新青年画像，他们会是什么样子？

　　——奋勇争先的样子

　　6月19日，中国科学院古脊椎动物与古人类研究所研究员付巧妹在联合国教科文组织总部被授予联合国教科文组织—阿勒福赞科学、技术、工程、数学领域杰出青年科学家国际奖。

　　付巧妹长期从事古遗传学研究，主要围绕古DNA探索人类起源与演化的重要科学问题。作为国际古遗传学领域的领军科学家之一，付巧妹从全球2500名候选者中脱颖而出，成为首位获得此奖的中国科学家。

　　"经常有人问，'你的研究有什么用'。我曾在很难维持实验室的时候，也想过要不要去做热门研究。"2020年9月，在与习近平总书记座谈时，付巧妹说出自己的困惑。

　　总书记说："对冷门怎么看？按一般概念，一些冷门的东西没有用。这种认识可能把一个领域的事业耽搁了。做科研事业的评估，要有长远的眼光、世界的眼光、科学的眼光。"

　　付巧妹深受启发。她带领着年轻的团队，在研究上不断取得突破，推动我国古DNA研究进入了世界前列。

　　一代人有一代人的际遇，一代青年有一代青年的使命。

2013年5月4日，习近平总书记来到中国航天科技集团公司中国空间技术研究院，参加主题团日活动。

"90后"裴先锋通过勤学苦练，短短几年就成为技术过硬的电焊技师，在世界技能大赛中夺得焊接项目银牌，实现了这一赛事中国人奖牌零的突破。

总书记赞许道："你通过奋发努力，成就的青春事业与党和国家的事业、人民的事业高度契合，这样事业的光谱就更广阔，能量也会更强。"

"墨子""天问""嫦娥"，这些寄托着民族复兴梦想的事业中，处处可见青年科技人才的身影——北斗卫星团队核心人员平均年龄36岁，量子科学团队平均年龄35岁，中国天眼FAST研发团队平均年龄仅30岁……

习近平总书记鼓励说："我们要用欣赏和赞许的眼光看待青年的创新创造，积极支持他们在人生中出彩，为青年取得的成就和成绩点赞、喝彩。"

——不怕吃苦的样子

是选择北京安稳地生活，还是选择回农村"吃苦"？

80后青年魏巧给出了自己的答案：她曾是中国科学院地理研究所一名助理研究员，6年前和丈夫双双辞去中国科学院和北京大学的工作，回到江苏老家种植两万多亩水稻，通过数字化管理，亩产达1100斤，有效带动了周边农民致富。

今年全国两会期间，魏巧向习近平总书记讲述了自己的经历。总书记听后，十分赞赏："像魏巧这样的同志到农村去，很好！"

吃苦，也是青年时期习近平的选择。在陕西梁家河，种地、拉煤、打坝、挑粪……他几乎什么活儿都干过。回望那段日子，他在《我是黄土地的儿子》中写道，"艰难困苦能够磨炼一个人的意志。七年上山下乡的艰苦生活对我的锻炼很大，后来遇到什么困难，就想起那个时候在那样的困难条件下还可以干事，现在干嘛不干？"

在河北正定，他骑着自行车跑遍了县里每个村落，扎实细致地了解县情、发现问题、收集民意，他说自己是准备入"苦海"的；在厦门，他主动请缨分管"三农"工作，充分借助各方力量推动贫困地区发展……

今天，新时代中国青年处在中华民族发展的最好时期，既面临着难得的建功立业的人生际遇，也面临着"天将降大任于斯人"的时代使命。

青年时代，选择吃苦也就选择了收获，选择奉献也就选择了高尚。

在河南安阳红旗渠青年洞考察时，总书记强调："年轻一代要继承和发扬吃苦耐劳、自力更生、艰苦奋斗的精神，摒弃骄娇二气，像我们的父辈一样把青春热血镌刻在历史的丰碑上。"

在给中国农业大学科技小院的同学们回信中，总书记勉励大家："你们在信中说，走进乡土中国深处，才深刻理解什么是实事求是、怎么去联系群众，青年人就要'自找苦吃'，说得很好。新时代中国青年就应该有这股精气神。"

正如十年前，在同各界优秀青年代表座谈时，习近平总书记说的那样："青年时期多经历一点摔打、挫折、考验，有利于走好一生的路。"

——志存高远的样子

北京冬奥会上闪亮夺冠的苏翊鸣，赛后给习近平总书记写了一封信。

很快，他收到了总书记的回信——"希望你们心系祖国，志存高远，脚踏实地，在奋斗中创造精彩人生，为祖国和人民贡献青春和力量。"

纸短情长，冀望无限。青年的理想信念，关乎民族的未来。

2021年7月，"90后"潮汕女孩黄海芬见到了正在西藏考察调研的习近平总书记。那一刻她激动得心怦怦跳："我是大学生村官，四年前从广东财经大学毕业，一直想为边疆做些事，就来到林芝工作。"

总书记关切地问："将来留在这里吗？"

黄海芬腼腆地说："留下！安家啦，爱人在隔壁村，也是一起来西藏的。"

总书记勉励她："从沿海到高原，这里需要人啊，你在这边好好干。"

听到总书记的话，黄海芬眼含泪花，使劲点头。

有信念、有梦想、有奋斗、有奉献的人生，才是有意义的人生。一代又一代的青年人都将自己的人生"小目标"融入了党和国家事业的"大蓝图"中。

"新时代中国青年要树立对马克思主义的信仰、对中国特色社会主义的信念、对中华民族伟大复兴中国梦的信心，到人民群众中去，到新时代新天地中去，让理想信念在创业奋斗中升华，让青春在创新创造中闪光！"这是习近平总书记在纪念"五四运动"100周年大会上对当代青年寄予的殷切期望。

——挺膺担当的样子

近日，平均年龄只有29岁的空军航空兵某团飞行二大队被授予"时代楷模"光荣称号。

70余年前，这支人民空军首批组建、首支参战、首立战功的轰炸航空兵大队，在大和岛上空临空轰炸，首开人民空军航空轰炸作战样式先河。

70余年后，南海战巡、前出岛链、绕台岛飞行……这支部队勇担使命，被誉为"奋飞新时代的空中铁拳"。

"我在战机怀中，祖国在我心中。"来自天山脚下的飞行员穆特发·艾利说，每次巡航，当陆地越来越远、眼前只剩下一水儿的湛蓝时，"祖国"两个字便升腾在心里，愈发清晰。

"清澈的爱，只为中国。"

这是陈祥榕烈士生前写下的战斗口号。卫戍边疆安宁，这位年轻的军人用生命捍卫了家国的尊严。

2022年5月10日，在庆祝中国共产主义青年团成立100周年大会上，习近平总书记深情地说："'清澈的爱，只为中国'，成为当代中国青年发自内心的最强音。"

他们是决战脱贫战场上的黄文秀们，主动请缨扎根大山，谱写了无悔的青春之歌；他们是抗疫一线的谢小玉们，稚气未脱却挺身而出成为一名名战疫志愿者；他们是工厂车间的技术工人们，苦练本领、精益求精、精耕细作……

"青年兴则国家兴，中国发展要靠广大青年挺膺担当。年轻充满朝气，青春孕育希望。广大青年要厚植家国情怀、涵养进取品格，以奋斗姿态激扬青春，不负时代，不负华年。"习近平主席在二〇二三年新年贺词中对亿万青年的寄语，承载了无限期许。

明天的中国，希望寄予青年。

在庆祝中国共产主义青年团成立100周年大会上、在党的二十大报告中，习近平总书记都对新时代好青年提出4点要求——有理想、敢担当、能吃苦、肯奋斗。

奋勇争先、不怕吃苦、志存高远、挺膺担当，新时代中国青年用青春的能动力和创造力激荡起民族复兴的澎湃春潮，用青春的智慧和汗水打拼出一个更加美好的中国。

一个国家的未来，在青年。

——节选自《央视新闻》

【相关热点】青年青春

【关键词】新旧动能转换、能源终端消费、低碳消费理念和行为

谈案例 考霸蛙谈案例！

●**案例1：习近平总书记的青年时期**

吃苦，也是青年时期习近平的选择。在陕西梁家河，种地、拉煤、打坝、挑粪……他几乎什么活儿都干过。回望那段日子，他在《我是黄土地的儿子》中写道，"艰难困苦能够磨炼一个人的意志。七年上山下乡的艰苦生活对我的锻炼很大，后来遇到什么困难，就想起那个时候在那样的困难条件下还可以干事，现在干嘛不干？"

在河北正定，他骑着自行车跑遍了县里每个村落，扎实细致地了解县情、发现问题、收集民意，他说自己是准备入"苦海"的；在厦门，他主动请缨分管"三农"工作，充分借助各方力量推动贫困地区发展……

●案例2：付巧妹

付巧妹长期从事古遗传学研究，主要围绕古DNA探索人类起源与演化的重要科学问题。作为国际古遗传学领域的领军科学家之一，面对质疑，坚持长远科学的眼光，坚守在"冷门"的行业中。付巧妹从全球2500名候选者中脱颖而出，成为首位获得此奖的中国科学家。

●案例3：裴先锋

"90后"裴先锋通过勤学苦练，短短几年就成为技术过硬的电焊技师，在世界技能大赛中夺得焊接项目银牌，实现了这一赛事中国人奖牌零的突破。

●案例4：魏巧

魏巧曾是中国科学院地理研究所一名助理研究员，6年前和丈夫双双辞去中国科学院和北京大学的工作，回到江苏老家种植两万多亩水稻，通过数字化管理，亩产达1100斤，有效带动了周边农民致富。

●案例5：苏翊鸣

在即将年满18岁的前三天，靠着自己的努力和坚持，赢下梦想中的北京冬奥金牌作为"成年礼"，苏翊鸣和单板滑雪的故事，宛如童话一般美好。一个多月之后，迎着春风，苏翊鸣平静地说出了他成功的秘密：努力永远不会欺骗人！

●案例6：黄海芬

从广东财经大学工商管理学院市场营销专业毕业前，黄海芬已获得中国银行广州南沙支行的录取资格，父母也坚决不同意她放弃银行的工作去边陲。但是，毕业后，她毅然决然远赴林芝，成为一名乡镇公务员。2021年4月，她到林芝镇嘎拉村任大学生村官，并承担驻村任务。

●案例7：空军航空兵某团飞行二大队

70余年前，这支人民空军首批组建、首支参战、首立战功的轰炸航空兵大队，在大和岛上空临空轰炸，首开人民空军航空轰炸作战样式先河。70余年后，南海战巡、前出岛链、绕台岛飞行……这支部队勇担使命，被誉为"奋飞新时代的空中铁拳"。

●案例8：陈祥榕

中国人民解放军某机步营战士，一等功臣。2020年6月在中国西部边陲喀喇昆仑高原加勒万河谷边境冲突中突入重围，营救战友，英勇战斗，奋力反击，毫不畏惧，直至壮烈牺牲。当月被评定为烈士，隆重迎回家乡安葬。2021年，被中央军委追记一等功。

【考情速递】

青年精神品质的话题，在申论考试中"常考常新"，近年的考试中逐渐倾向于将青年精神品质放置于时代发展的大背景下进行考查。考查范围既包括青年的人生选择、择业就业，也包括青年的理想信念、意志品质、奋斗目标等。申论考试中不会直接"询问"青年的精神品质，而是将之放在具体的情景下进行考查，在价值观念日渐多元化的背景下，出于备考及自身健康成长的需要，考生需对主流价值所倡导的青年精神品质有所了解和认同。

本文以"中国共产主义青年团第十九次全国代表大会胜利闭幕"为引子，详细阐释了新时代的青年应该有的"样子"，案例充实、金句频出，是难得的备考素材。

就文章本身逻辑而言，文章整体呈现总分总的逻辑，通过百年前后青年的姿态，引出在当今时代青年应有的样子这一话题，进而介绍了青年们奋勇争先的样子、不怕吃苦的样子、志存高远的样子、挺膺担当的样子，列举了包括付巧妹在内的典型榜样，也介绍了习近平总书记青年时期的工作经历，鼓舞着青年接续奋斗，不负时代。

谈备考

就申论备考而言，本文中的案例和金句都是极好的素材。同时青年应有的"样子"也可以作为分论点的命题方向。

谈总结

青年青春的话题常考，相关的金句和案例素材也比较丰富，在文章写作中相对容易出彩，考生在备考中可以建立相关素材库，以提升文采和案例储备，提高写作水平。

第四节　依靠劳动创造扎实推进中国式现代化

春天的中国，生机勃发，万象更新。

4月30日，在"五一"国际劳动节到来之际，习近平总书记向全国广大劳动群众致以节日的祝贺和诚挚的慰问："希望广大劳动群众大力弘扬劳模精神、劳动精神、工匠精神，诚实劳动、勤勉工作，锐意创新、敢为人先，依靠劳动创造扎实推进中国式现代化，在强国建设、民族复兴的新征程上充分发挥主力军作用。"

今年是全面贯彻党的二十大精神的开局之年，是实施"十四五"规划承前启后的关键之年。开局关乎全局，起步决定后程，在以习近平同志为核心的党中央坚强领导下，各行各业劳动者踔厉奋发，笃行不怠，在全面建设社会主义现代化国家新征程上书写奋斗新篇章。

锐意进取，发挥主力军作用

习近平总书记的节日祝贺和诚挚慰问，激励着亿万劳动者诚实劳动、勤勉工作，锐意创新、敢为人先，在平凡的岗位上创造着不平凡的业绩。

谷雨刚过，春播近在眼前。在"大粮仓"黑龙江，北大荒集团建设农场有限公司的农机具停放在厂里，机务手许志国正在给农机安装喷淋设施。"大铁牛"的犁刀即将划破沉睡一冬的土地，一粒粒种子扎进黝黑的土地里，播种新的希望。

从事机务工作40年来，许志国一直在探索农机与农艺相结合之路，在农业生产实践中完成了50多项农业技术改良和机械改装。由他主导设计的多项技术在垦区得到推广，农作物产量显著提高。

如今，年近六旬的许志国仍在不断学习新技术、新技能，"总书记希望我们锐意创新、敢为人先，我要跟上现代农业发展的步伐，可不能成了'老把式'。"他说。

新时代必是大有可为的时代。乡村振兴的田产车间、严谨有序的科研院所……处处皆是一派生机勃勃的劳动景象。

陇原大地，春耕"椒响曲"已经奏响。在甘肃白银市靖远县东升镇农业产业园内，备苗、铺膜、滴水……王定业和村民们忙着为种植朝天椒做准备。

"去年，我们合作社种了1000多亩朝天椒，毛收入800万元左右。今年，乡亲们的劲头更足了。"几年前，走南闯北多年的王定业选择回到家乡办起专业合作社。在当地政府的帮助下，他发挥经商方面的才能，引入朝天椒标准化种植和产销一体化的运营模式，使"小辣椒"变身"大产业"，他自己也成长为乡村振兴"领头雁"。

"农村天地广阔，投身乡村振兴大有可为。总书记勉励我们诚实劳动、勤勉工作，接下来，我要继续做好'土特产'文章，为乡村振兴蹚出更多新路子。"王定业信心满满。

四川龙门山脉腹地，天刚擦亮、山谷静谧。调试设备、检查作业工序……成兰铁路跃龙门隧道内，中铁十九局项目负责人孙松带领团队已经忙活开来。

今年，孙松将迎来在跃龙门隧道度过的第11个"五一"。10余年来，"不跃龙门誓不还"的誓言激励着他和工友们坚守岗位、追求卓越，克服地震断裂带、高地温、高地应力等10余种不良地质带来的重重困难。

"现在项目进入了静态验收前的冲刺阶段，离正式开通又迈进了一步。越是紧要关头，越要确保安全和品质，交付对得起良心的'放心工程'。"孙松说。

劳动创造幸福，实干成就伟业。

新起点、新征程，广大劳动者要牢记总书记嘱托，积极投身中国式现代化的伟大实践，与祖国同成长、与时代齐奋进，在强国建设、民族复兴的新征程上充分发挥主力军作用。

扎根坚守，用劳动创造幸福生活

4月30日，清晨5点，内蒙古赤峰市，全国劳模、赤峰京环环境服务有限公司红山作业中心人工作业队七中队中队长李文玲与队员们已经到达自己负责的区域。

"把街路扫干净，我的心里才踏实。"李文玲说，身为劳模，更要遵循习近平总书记的指引，带头弘扬劳模精神，以扎扎实实的工作回馈祖国和社会，发挥好主力军作用。

一分钟扫帚挥动40多次，一天弯腰近2000次……李文玲已经在环卫清洁岗位上工作16年，晴天一身汗、雨天一身泥、冬天一脸霜。辛苦工作的背后，是她从未迟到早退、16年如一日的坚守。

时代在变，奋斗底色不变。诚实劳动、勤勉工作，锐意创新、敢为人先，正是广大劳动群众大力弘扬劳模精神、劳动精神、工匠精神的人生写照。

祖国大西北，宁夏银川。4月29日下午四点半，外卖女骑手丁国梅麻利地穿起工作服、戴上口罩、戴好头盔，风风火火地开始了晚高峰送餐。

"风吹日晒雨淋是家常便饭，但只要肯拼肯干，一分耕耘就有一分收获。"丁国梅说。过去两年多，她日均送餐30余次，一年骑行配送距离超过5万公里，在用户一声声"谢谢你"中成长为全年无差评的骨干骑手，2023年荣获"全国五一巾帼标兵"荣誉称号。

"听到了总书记的节日祝贺和慰问，我更理解'劳动最光荣'的意义。干一行、爱一行、精一行，我奔驰在路上，要努力拼搏，为人们的生活贡献光和热。"

千里之外的大西南，4月30日一早，全国五一劳动奖章获得者、云南省盐业有限公司昆明盐矿盐硝分厂副厂长徐刚来到厂内查看卤水、冷凝水质量等各项指标和盐产量、硝产量。从一名制盐工人变成技改能手，徐刚从事轻工业制盐工作30年来，在制盐方法上取得重大技术突破，大量节约蒸汽成本。

"总书记的祝贺和慰问为企业接下来的发展指明了前进方向。我们的成绩全部是劳动创造的，企业将着力提升职工的技能水平，激发职工的劳动热情。"徐刚说。

在云南元谋县平新450MW复合型光伏基地项目，云南省五一劳动奖章获得者、中建三局云南分公司安全总监蒲札已坚守在这个山地光伏项目上500余天。面对山地施工常见的高温、毒虫等挑战，蒲札说："发挥模范带头作用，守住安全红线，我们要为项目安全生产奠定坚实基础。"

习近平总书记说："正是因为劳动创造，我们拥有了历史的辉煌；也正是因为劳动创造，我们拥有了今天的成就。"

踏踏实实做事，勤勤恳恳劳动。在中国奋进的脚步里，劳动和奋斗始终是不变的最强音。

用心用情，营造崇尚劳动的良好氛围

习近平总书记强调，各级党委和政府要充分激发广大劳动群众的劳动热情和创新创造活力，切实保障广大劳动群众合法权益，用心帮助广大劳动群众排忧解难，推动全社会进一步形成崇尚劳动、尊重劳动者的良好氛围。

"五一"前夕，南京宪法主题公园邀请建园的劳动者回来"做客"：享受专场讲解，参观升国旗仪式，接受少先队员献花。

"之所以用这么隆重的仪式邀请建设者回来，就是要表达我们的尊重。通过这些看得见的形式，让大家感受到劳动的光荣和价值，真正让尊重劳动、尊重劳动者'看得见''可感知'。"南京市人大常委会新闻发言人王利民介绍说，我们将按照习近平总书记要求，进一步在全社会弘扬劳动精神、工匠精神。

4月27日，北京人民大会堂，2023年庆祝"五一"国际劳动节暨全国五一劳动奖和全国工人先锋号表彰大会在这里隆重举行。

站在领奖台上，湖南省人民医院肝胆胰微创外科主任尹新民难掩激动的心情。在他看来，自己获得五一劳动奖是对一线医护人员的激励，也是对劳动者耕耘奉献的肯定和褒奖。

从医34年，以娴熟精湛的微创技术救治了数以万计的患者，实现了肝胆胰手术微创率98%以上……尹新民用出色的业绩诠释了医者仁心。他说，正是党和政府的关怀、鼓励和支持，不断激发自己的干事热情和创造潜能。

党的十八大以来，习近平总书记始终心系劳动者，多次在重要会议、重要场合围绕崇尚劳

动、热爱劳动、维护劳动者合法权益等发表重要讲话，以崇高礼遇褒奖劳模，营造向劳动模范致敬、向先进楷模学习的良好氛围。

在河南濮阳，20岁的姜雨荷带领学生们刚刚参加完省里第二届职业技能大赛。曾获2022年世界技能大赛冠军的她，如今成为河南化工技师学院最年轻的教师。

在手机上看到习近平总书记对劳动者的祝贺和慰问，姜雨荷感慨地说："领导、老师、专家、教练一路引领我走向技能成才的广阔道路，彻底改变了我的命运。身处一个'劳动光荣、技能宝贵、创造伟大'的时代是多么幸运。我也会用我的实际行动去影响更多年轻人，让他们真正从技能中受益、用奋斗照亮梦想。"

"光荣属于劳动者，幸福属于劳动者""历史长河波澜壮阔，一代又一代人接续奋斗创造了今天的中国"……

制定推进新时代和谐劳动关系创建活动的意见；引导企业依法合规用工，积极维护新就业形态劳动者劳动保障权益；开展人力资源市场清理整顿，坚决打击各类就业侵权行为；指导各地合理调整最低工资标准……一系列举措陆续推出，为劳动者"撑腰"、为劳动者"解难"。

展望前路，神州大地日新月异，强国建设、民族复兴的画卷不断铺展。广大劳动者焕发干事创业的热情，汇聚起奋进新征程、建功新时代的强大力量。

——节选自新华社

【相关热点】中国式现代化

【关键词】劳动、奋斗

谈案例

考霸蛙谈案例！

●案例1：北大荒集团建设农场有限公司 机务手许志国

从事机务工作40年来，许志国一直在探索农机与农艺相结合之路，在农业生产实践中完成了50多项农业技术改良和机械改装。由他主导设计的多项技术在垦区得到推广，农作物产量显著提高。

如今，年近六旬的许志国仍在不断学习新技术、新技能，"总书记希望我们锐意创新、敢为人先，我要跟上现代农业发展的步伐，可不能成了'老把式'。"他说。

●案例2：甘肃白银市靖远县东升镇农业产业园 王定业

走南闯北多年的王定业选择回到家乡办起专业合作社。在当地政府的帮助下，他发挥经商方面的才能，引入朝天椒标准化种植和产销一体化的运营模式，使"小辣椒"变身"大产业"，他自己也成长为乡村振兴"领头雁"。

●案例3：中铁十九局 孙松

孙松将迎来在跃龙门隧道度过的第11个"五一"。10余年来，"不跃龙门誓不还"的誓言激励着他和工友们坚守岗位、追求卓越，克服地震断裂带、高地温、高地应力等10余种不良地质带来的重重困难。

●案例4：全国劳模 李文玲

一分钟扫帚挥动40多次，一天弯腰近2000次……李文玲已经在环卫清洁岗位上工作16年，晴天一身汗、雨天一身泥、冬天一脸霜。辛苦工作的背后，是她从未迟到早退，16年如一日的坚守。

●案例5：外卖女骑手 丁国梅

"风吹日晒雨淋是家常便饭，但只要肯拼肯干，一分耕耘就有一分收获。"丁国梅说。过去两年多，她日均送餐30余次，一年骑行配送距离超过5万公里，在用户一声声"谢谢你"中成长为全年无差评的骨干骑手，2023年荣获"全国五一巾帼标兵"荣誉称号。

●案例6：全国五一劳动奖章获得者 徐刚

从一名制盐工人变成技改能手，徐刚从事轻工业制盐工作30年来，在制盐方法上取得重大技术突破，大量节约蒸汽成本。

"总书记的祝贺和慰问为企业接下来的发展指明了前进方向。我们的成绩全部是劳动创造的，企业将着力提升职工的技能水平，激发职工的劳动热情。"徐刚说。

●案例7：南京宪法主题公园邀请建园的劳动者回来"做客"

"五一"前夕，南京宪法主题公园邀请建园的劳动者回来"做客"：享受专场讲解，参观升国旗仪式，接受少先队员献花。

"之所以用这么隆重的仪式邀请建设者回来，就是要表达我们的尊重。通过这些看得见的形式，让大家感受到劳动的光荣和价值，真正让尊重劳动、尊重劳动者'看得见''可感知'。"南京市人大常委会新闻发言人王利民介绍说，我们将按照习近平总书记要求，进一步在全社会弘扬劳动精神、工匠精神。

●案例8：国家不断为劳动者撑腰、解难

制定推进新时代和谐劳动关系创建活动的意见；引导企业依法合规用工，积极维护新就业形态劳动者劳动保障权益；开展人力资源市场清理整顿，坚决打击各类就业侵权行为；指导各地合理调整最低工资标准……一系列举措陆续推出，为劳动者"撑腰"、为劳动者"解难"。

【考情速递】

习近平总书记在党的二十大报告中郑重提出："从现在起，中国共产党的中心任务就是团结带领全国各族人民全面建成社会主义现代化强国、实现第二个百年奋斗目标，以中国式现代化全面推进中华民族伟大复兴。"在党的二十大报告中，对中国式现代化的特征和本质要求也作了相应阐释，"中国式现代化"作为党的二十大报告中的重点内容之一成为了未来考试的热点。

作为一个相对比较宏大的话题，"中国式现代化"几乎涉及了国家发展建设的各个领域，在申论考试中既可以作为材料中"升华"的内容，也可以将其中某一具体方面进行细化考查，从而出题。

本文就选取了"劳动"这一切入点，论述了依靠劳动创造扎实推进中国式现代化的内容。文中列举了很多劳动者的典型和模范，阐释了他们在实现中国式现代化道路上的奋斗和努力。

就文章逻辑来看，本文整体呈现总分总的逻辑架构，以习近平总书记对劳动者的节日祝贺和诚挚慰问为核心，描述了各行各业的劳动者奋斗历程。行文上，夹叙夹议，让观点和案例紧密地结合。

谈备考

对于申论备考来说，本文中的案例和金句都是备考的素材。

另外基于中国式现代化的特征和要求，在这一话题之下，还可能考查党的领导、共同富裕、物质文明和精神文明相协调、人与自然和谐共生等相关内容。

谈总结

总体来看，"中国式现代化"这一话题，涉及面较广，考生需对中国式现代化的特征和要求有所了解，多阅读一些相关的文章，更全面地了解这一话题。

第五节 文化消费新偏好折射青年一代文化自信

人间四月天，春景最美时，30多万名中外青年在上海举行的2024年中国华服周上，共同沉浸在中华优秀传统文化的博大精彩中，用年轻人的无限热情，感受中国古老悠久的历史文化与现代生活融合之美。

已经持续了数年的国风消费热潮如今达到了一个新高峰：云肩、马面裙等汉服元素越来越多地被年轻人穿在身上，全国各大博物馆"考古盲盒"卖到脱销，非遗工坊里三五成群地聚集着观摩学习的年轻爱好者……

这是平视世界的一代中国青年，他们用各种方式尽情释放对传统文化的热爱、对"中国式审美"的自信，他们从消费到主动推广、传承，正成为中国文化传承发展中蓬勃的青春力量。

衣食住行"无处不国风"

近年来，国风爆款屡屡出圈，涉及音乐、美术、建筑、家具、服装、美食、日用文创等各个方面，在"90后""00后"为主体的青年群体中成为关注热点。中国传统文化元素也因此在各类消费场景中重新恢复生机，并日益加深地融入"衣食住行游购娱"中，成为拉动消费的新动力。

自信地穿戴起中国传统服饰，在古迹、城市、乡野间，留下一道道靓丽的风景线，也"圈粉"了无数志同道合的小伙伴……被百万粉丝称赞为"最会讲故事的女博士""90后"河北大学传统文化通识课教师何楚涵说，这是近几年她身边的青年朋友们越来越常见的生活方式。而正在讲述的何楚涵自己，也正穿着一条漂亮的马面裙："看到在中国历史上人气非常高的马面裙走出了历史，在新时代被更多年轻人喜爱，非常惊喜。"

马面裙由宋朝的旋裙演变而来，之后由于形制酷似明城墙的"马面"而得名。作为中国古代裙式的主要代表之一，风格多样、特色鲜明的马面裙近年来火爆出圈，今年带动的消费热潮更是令人咋舌：《2024抖音电商女性消费趋势数据报告》显示，马面裙订单量同比增长841%；京东数据显示，今年1月以来，马面裙等汉服品类在京东成交额同比增长已超300%；在全国汉服主要生产销售基地之一的山东曹县，今年一季度马面裙仅网络销售额就近9亿元……

马面裙仅仅是华服新消费偏好中的一个大IP，传统文化元素的风在青年群体不断升级的消费需求中，吹向了领域更多更广、垂直更深更细的两个方向。中国传统文化的全方位供给，培育了一个巨大的新国风消费市场，激发年轻人"买买买"。

故宫联名的彩妆、三星堆黄金面具造型的雪糕、珐琅与金银错工艺打造的饰品、诗词命名的奶茶……以历史文物和非遗技艺为底蕴，文创产品的品类愈发丰富，年轻人的衣食住行中几乎"无处不国风"。

当国风开始由外显元素转向内涵式发展，进入了时尚符号阶段，青年群体的消费偏好也进一步拓展到文化旅游、文艺作品等领域。

在文旅消费层面，随着故宫、三星堆的火热，全国各地的考古遗址公园、博物馆迎来了越来越多的年轻粉丝打卡流连。4月18日，中国文化遗产研究院受国家文物局委托，发布了全国55家国家考古遗址公园的最新运营数据，2023年55家公园仅门票收入就同比增长了约5倍，相关文创、考古研学等文旅消费需求更是大幅上升，再创新高。

安徽博物院副院长季永说，作为一位博物馆工作者，他每天都能看到大批青年观众来到博物馆。"除了展厅，最热闹的要数文创空间，从文具、书本、饰品，到文创盲盒，这些闪烁着历史文物元素的文创品，总能激发出年轻人的购买欲。每次举办非遗集市，也都会吸引数以万计的青年观众前来打卡。"他说。

在精神文化消费领域，地方传统特色民俗、戏曲、歌舞受到年轻人追捧的程度，丝毫不逊色于任何流量明星。广东潮汕地区的英歌舞、福建的游神热度刚过，福建泉州的簪花传统又再掀热潮；浙江小百花越剧团的90后小生陈丽君，将越剧推上了年轻观众心中的"顶流"位置；同样场场爆满，一票难求的还有舞剧《只此青绿》，《国家宝藏》《典籍里的中国》等文化类综艺节目也备受青睐……

安徽省文旅创新发展研究院常务副院长张乐说："传统文化消费持续升温背后，是青年一代的文化追求和审美观变化，所折射的不仅是一种消费现象，更是一种文化现象。中国的年轻人在物质条件高度发达下，已兼具了对中华优秀传统文化的感性偏好和理性认同。"

传统文化认同"更深"

"青年一代把蕴含着优秀传统文化的衣服穿在身上，已不仅为了蔽体的功能，他们穿的是新时代中国青年的精神皮肤，写照出的是上下五千年每一个时期的精神与风貌。"何楚涵充满激情地说。

中国社会科学院社会学研究所重大创新项目《数字时代文化强国建设研究》阶段性成果显示，"90后"和"00后"持有高度文化认同和文化发展信心的人数比例在各代际之中最高。这可能与成长环境有关，相比于其他时代，"90后"和"00后"成长于中国经济高速发展的时期，见证了国家综合国力的增强，充分享受了物质增长、教育水平提升、城镇化带来的时代红利，因此对中国文化的认同感和发展信心也会更强。

专家认为，独特的中华文明民族魅力构成了唤起年轻群体情感认同的天然纽带，中华优秀传统文化所展现出的连绵不断、历久弥新的文化特质，显著提升了个体的民族自豪感与文化认同感。

"于我而言，对传统文化的认同，首先来自了了解。""95后"白领女性李晓玮说。她曾经对传统文化并不关注，但网络时代的极高传播效力，让她在不知不觉中感知到了传统文化的魅力。"短视频平台也好，微博、小红书等社交软件也好，带有'国风''国潮''中国式浪漫'等关键词的内容越来越多出现在热搜上，我也从眼球被吸引开始，慢慢深入去探究相关知识。"李晓玮说，她先是被海外留学生们纷纷在毕业典礼上穿着的汉服吸引，进而越来越多地关注中国古代服饰及其相关知识。

"中国历史文化太博大精深了，仅仅从服饰切入，就会自然而然地接触到古代社会等级秩序、风土人情、礼仪审美等可以无限探究的知识，了解得越多，就对中国传统文化能够延续至今的厚重充满了惊叹和崇拜。"她说，当对脚下这片土地的"前世今生"有了足够认知，刻在骨子里的文化认同便蓬勃生长，为这份认同消费买单，她觉得非常值得。

而"00后"的陈欣然对传统文化的认同，则来自其对生活产生的实际影响。"网络上流行一句话，到了一定年龄，国粹血脉就会自动觉醒。"她说，小时候虽然对传统文化不感兴趣，但从小受到的学校教育让中国历史文化深深埋入骨髓。陈欣然十分认同网友们对动画电影《长安三万里》的评价，"电影院里大家一起随李白朗诵出一首首唐诗的时候，教育在多年后的此刻完成了闭环。"陈欣然认为，年轻人在长大后越来越喜爱传统文化，除了受网络影响，也在于很多传统文化与当下青年人的生活状态、精神状态相契合。"比如将道家哲学称为'最适合中国宝宝的心理辅导'，将李白墓前来自五湖四海的美酒、各地街巷充满历史故事的命名称为'独属于中国人的浪漫'，在不能远游时期兴起的围炉煮茶……"这些传统文化元素润物无声，却不断给予年轻人的日常生活更多精神滋养。

季永表示，艺术生活化、生活艺术化对青年群体来说不再只是一个口号，他们用身体力行来获取审美体验和文化记忆。"当传统文化并不全是高高在上遥不可及，而是可以触碰，可以品尝，可以体验，可以参与，这份文化的滋养便已经开始，这比任何灌输和说教都更有效，更有意义。"

传统文化正在以年轻人喜闻乐见的形式，增强他们对传统文化的认知，而文化自信的增强，又让年轻人对传统文化更加认同，国风新消费就此呈现螺旋上升的趋势。

受益于传播载体的不断创新

……

专家认为，国风要从网红变长红，还需要不断多方探索技术手段和创新文化传播载体，同时也需要注重更精心地与现代文化、生活融为一体，而不是简单粗糙地搞"大拼盘"。

近十年间，中国传统文化的视听类内容走上了内容和形态都不断创新、传播力和影响力持续增强的发展阶段。以《百家讲坛》为起点，《诗画中国》《我在故宫修文物》《国家宝藏》《诗词大会》等一大批以中华优秀传统文化为主题的纪录片、综艺、剧集、短视频、动漫、电影等传媒作品不断成为"爆款"。专家观点认为，主流媒体找准了推动优秀传统文化有效传达的路径，找到了真正吸引年轻人的"流量密码"，使之与年轻群体间建立起了精神交流与价值共鸣。

张乐认为，传统文化内涵只有被深入挖掘和有效"输出"，不断探索创新丰富文化自信载体，才能更有效地转化为文化价值、市场价值。传承着汉唐盛世绵长文脉的西安文化底蕴深厚，借助创意设计、科技应用和跨界合作，对传统文化加以现代阐释与创新，打造出西安大唐不夜城、大唐芙蓉园、城墙等文旅"顶流"景区。创新性"沉浸式娱乐"消费场景中，现实空间与历史文化融为一体，游客仿佛穿越千年与古人对话，吸引了海量游客纷至沓来。

作为一家为政府部门提供数字创意服务的企业，安徽小马创意科技股份有限公司近年来策划组织过很多国风集市的消费场景。副总经理方美丹说她深深感受到，文化消费场景的内容创新和呈现方式，都必须求深、求新。"我们不仅在深入研究各个朝代的历史文化元素，还在琢磨如何留住消费者的脚步。在芜湖市国风集市促消费活动策划实施中，我们就按朝代设置分区，融合君子六艺等现场互动，让消费者可以沉浸其中，同时配合设计动漫形式的系列文创周边，让消费者可以将文化体验长久回味。"

在安徽，多项非遗产品也在保留老工艺的同时，不停探索如何满足年轻消费者日益升级的需求。省级非遗铜陵白姜制作技艺传承人金如林说，企业不仅为产品精心设计了更具美感的礼盒包装，还在线上推出了口味定制的新服务，而市场反馈也可以从不断上升的销量上直观地感受出来。"人们对传统文化的热切反映在非遗产品的需求上，所以非遗技艺也要用不断创新给予积极的回应。古老的技艺才能适应现代人的需求，才能走进千家万户，才能将非遗消费市场的这股活力，一直延续下去。"他说。

为文化传承注入青春力量

回到今年的中国华服周，世博源、外滩等处，一队队身着精美华服的青年神采飞扬，一群群青年在棋艺、投壶、书法、茶艺等点位争相"打卡"，吴侬软语的评弹、韵味悠然的戏剧、袖如素霓的舞蹈……一场场精彩纷呈的传统文化节目竞相上演，传统韵味与青春活力交相辉映，引得中外游客驻足围观、纷纷点赞。

"着华服，习汉礼"。自2018年起，由共青团中央发起的中国华服日主题活动，都会在每年农历三月初三中华民族始祖黄帝诞辰日如期而至，今年是这一活动首次扩展为"周"。如今，体现中华传统礼仪文化的服装服饰展示活动，早已延伸至元宵、端午、中秋等传统节日、出现在全国各地，越来越多年轻人选择在节日和人生重要节点走上街头、走进网络、走入生活，向全世界展示中华文化的独特魅力。

"青年一代在用自己的行动，彰显中华传统礼仪文化的时代价值，树立文明古国、礼仪之邦的良好形象。"张乐表示，"他们听着中国故事成长，爱上中国故事，再自己成为讲中国故事的群体。"

传统文化已不再是主流媒体的阳春白雪，年轻人的文化认同和文化自信，打破了"年轻"与"古老"的传播"次元壁"，更激发起他们积极地自发传播和广泛参与。

他们是热爱分享的一代青年。打开小红书、抖音等网络平台，与华服有关的创作内容基本都一并带上了种草、安利、教学、科普等标签；在B站，国风舞蹈、华服穿搭、古代工艺复原等垂直类目下，创作者都十分活跃；在抖音搜索"汉服"，会关联明制、宋制、唐制、晋制等多种汉服二级内容分类导航。

他们是有想法更善于使用新话语的一代青年。网络短剧《逃出大英博物馆》用年轻人的审美赋予了文物灵性，让人为中国青年对文物回归的期待、对文物保护传承的决心感动；从李白、杜甫到竹林七贤，再从陈寅恪、赵元任到王国维，何楚涵总能在时长有限的视频中，将传统文化的知识点为百万粉丝讲解得妙趣横生；汉服爱好者钟也棠在B站推出的第一支国风视频，就是她身着汉服在仿古制的厨房中，烹饪了出自南宋《事林广记》的蜜煎金桔和出自元末明初《易牙遗意》的羊脂韭饼，吸引了大量网友对古代食谱产生兴趣。

他们还是有想象力、有新技术实力的一代青年。"95后"的B站博主"才疏学浅的才浅"，用一条《15天花20万元用500克黄金敲数万锤纯手工打造三星堆黄金面具》震惊互联网，之后他复刻三星堆金杖的视频，让网友再次为之折服；手工博主"雁鸿"在她的B站账号中，展示了用18个易拉罐制作的"点翠凤凰旗头"，完美还原了电视剧《甄嬛传》中的头饰。她还自行设计了《千里江山图》冠饰、《山海经》系列妆造等作品，不仅得到《国家宝藏》官方微博和央视版《红楼梦》化妆师的点赞，还受邀到牛津大学演讲。

还有数不清的海外留学生，在各国不遗余力地展示和宣传中国华服、民乐、书法、美食……

"年轻人依据个人爱好、专业，成为传统文化产品的体验者、创造者、传播者，他们是富有创新创造活力的中华文化传承发展的青春力量。"张乐说，相信将文化自信融入了精神气质的一代代中国青年，终将向全世界输出属于中国的全面自信。

——节选自《经济参考报》

【相关热点】文化自信

【关键词】文化消费、传统文化、国潮、青年传承

谈案例　　　　　　　　　　　　　考霸蛙谈案例！

●案例1：马面裙带动消费热潮

马面裙由宋朝的旋裙演变而来，之后由于形制酷似明城墙的"马面"而得名。作为中国古代裙式的主要代表之一，风格多样、特色鲜明的马面裙近年来火爆出圈，今年带动的消费热潮更是令人咋舌：《2024抖音电商女性消费趋势数据报告》显示，马面裙订单量同比增长841%；京东数据显示，今年1月以来，马面裙等汉服品类在京东成交额同比增长已超300%；在全国汉服主要生产销售基地之一的山东曹县，今年一季度马面裙仅网络销售额就近9亿元……

●谈 案例 ————————————————————— 考霸蛙谈案例！

●**案例2**：全国各地的考古遗址公园、博物馆迎来了越来越多的年轻粉丝打卡流连

在文旅消费层面，随着故宫、三星堆的火热，全国各地的考古遗址公园、博物馆迎来了越来越多的年轻粉丝打卡流连。2024年4月18日，中国文化遗产研究院受国家文物局委托，发布了全国55家国家考古遗址公园的最新运营数据，2023年55家公园仅门票收入就同比增长了约5倍，相关文创、考古研学等文旅消费需求更是大幅上升，再创新高。

●**案例3**：《长安三万里》的教育闭环

2023年7月暑期，追光动画的新作《长安三万里》正式上映了。电影自上映以来引发多方热议，揽获了全年龄层的喜爱。成年人评论道："小时候只记苦读，长大后才读懂了诗人们的内心，观影过程中无数次产生共鸣。"更有观众动情地表示："教育具有延迟性，多年后被诗篇击中的一瞬间，是教育完成了一个闭环。"孩子观看电影时则津津有味，表示看完电影后唐诗有画面了，对传统文化的兴趣更加浓烈。

●**案例4**：安徽小马创意科技股份有限公司策划组织国风集市的消费场景

在深入研究各个朝代的历史文化元素的同时，还在琢磨如何留住消费者的脚步。在芜湖市国风集市促消费活动策划实施中，策划方就按朝代设置分区，融合君子六艺等现场互动，让消费者可以沉浸其中，同时配合设计动漫形式的系列文创周边，让消费者可以将文化体验长久回味。

●**案例5**：网络短剧《逃出大英博物馆》用年轻人的审美赋予了文物灵性

最近，一部名为《逃出大英博物馆》的短剧火了，因为该短剧承载了国人希望文物回家的渴望，正片一经发布，迅速登上各大社交平台的热搜，全网播放量超过数亿次。

2023年9月5日，第三集大结局播出之后，微博上#逃出大英博物馆第三集#的话题就有了2000多万的阅读量。《逃出大英博物馆》是由两位短剧达人亲赴英国拍摄的，他们断更三个月，推掉商演，静下心来做了一部让国人感动的三集短剧。故事以拟人化的手法，讲述了小玉壶逃出大英博物馆后，偶遇在海外工作的中国记者并在他的帮助下回家的故事。小玉壶的一句"家人！我在外面流浪了好久，我迷路了"引爆了不少网友的泪点。

●**案例6**：青年网红博主的文创作品

"95后"的B站博主"才疏学浅的才浅"，用一条《15天花20万元用500克黄金敲数万锤纯手工打造三星堆黄金面具》震惊互联网，之后他复刻三星堆金杖的视频，让网友再次为之折服；手工博主"雁鸿"在她的B站账号中，展示了用18个易拉罐制作的"点翠凤

凰旗头",完美还原了电视剧《甄嬛传》中的头饰。她还自行设计了《千里江山图》冠饰、《山海经》系列妆造等作品,不仅得到《国家宝藏》官方微博和央视版《红楼梦》化妆师的点赞,还受邀到牛津大学演讲。

【考情速递】

文化领域也是申论较常涉及的领域之一,围绕文化可以考查的方向有很多,如从传统文化、革命文化、社会主义先进文化的角度入手考查,从民间文化、特色文化、文化传承的角度入手考查等。近年来在申论考试中,文化相关的话题很多都围绕着"创新性转化与创造性发展"来进行设立,也有较多与"文化惠民生"相关的考题,有时常考查青年对传统文化的看法与传承。

本文就选取了青年对传统文化的继承与发扬这一角度作为切入,从"文化消费"这一小角度,以小见大,探讨了背后折射的青年人的"文化自信",并从几个不同的角度进行了举例和阐释。

就文章逻辑而言,文章整体呈现总分结构,开篇即提出"这是平视世界的一代中国青年,……蓬勃的青春力量。"这一观点,并通过马面裙、博物院爆火等实际情况,对此进行论证,案例丰富,语言平实优美,金句频出,有着比较丰富的写作素材。

谈备考

对申论备考来说,本篇文章的内容具备一定的预测性,同时可以在文章中储备写作案例和素材,进一步了解当前传统文化在青年群体中的发展状况。

谈总结

总体来看,文化自信本身并不是一个独立的考点,而可以和民生、经济等话题进行融合,同时"文化精神"这一话题也与青年价值观密切相关。就近年的考试情况看,在备考中要尤其关注青年与文化的结合点。

第六节　社会治理，筑就安居乐业的基础

长治久安的社会，是群众安居乐业的基础。随着时代发展和社会进步，人民对美好生活的向往更加强烈，对民主、法治、公平、正义、安全、环境等方面的要求日益增长。

"要坚定不移走中国特色社会主义社会治理之路，善于把党的领导和我国社会主义制度优势转化为社会治理优势，着力推进社会治理系统化、科学化、智能化、法治化，不断完善中国特色社会主义社会治理体系，确保人民安居乐业、社会安定有序、国家长治久安"。

党的十八大以来，习近平总书记高度重视社会治理问题，为新时代加强和创新社会治理指明了方向。我国建设更高水平的平安中国，完善社会治理体系，建设共建共治共享的社会治理制度，建设人人有责、人人尽责、人人享有的社会治理共同体。

始终立足中国国情、始终坚守人民主线、始终着眼长治久安、始终坚持公平正义，中国特色社会主义制度日益完善，制度优势更好转化为治理效能——

国家博物馆有一件特殊收藏品——109枚来自天津滨海新区的红色公章。"放管服"改革以来，天津滨海新区将分散在18个单位的216项审批职责归至一个部门，实现"一颗印章管审批"，原有109枚公章就此封存。

从清理"奇葩证明"到群众办事"最多跑一次"，从明确职能部门"权力清单"到强化工作监督评价机制，努力打破市场"弹簧门"，规范权力、利企便民，促进治理水平不断提升，为经济社会发展注入新活力。

健全党组织领导的自治、法治、德治相结合的城乡基层治理体系，推动社会治理重心向基层下移——

小院议事厅、民主恳谈会、远程协商……一个个火热的基层民主实践、一个个别具特色的基层民主渠道不断涌现。智慧治理、网格化、大数据……城乡社区基层管理服务体系不断完善，基层治理新格局逐步形成，社会治理整体效能显著提升。

社会治安防控体系持续完善，人民群众的安全感和满意度显著提高——

从"小事不出村、大事不出镇、矛盾不上交"到"矛盾不上交、平安不出事、服务不缺位"，在习近平新时代中国特色社会主义思想指引下，坚持和发展新时代"枫桥经验"，坚持系统治理、依法治理、综合治理、源头治理，完善信访制度，健全社会矛盾纠纷多元预防调处化解综合机制，呈现出百姓和顺、乡村和美、社会和谐的新气象。

着力解决影响人民群众安全感的突出问题，加强社会治安综合治理，开展扫黑除恶专项斗争，坚决惩治放纵、包庇黑恶势力甚至充当保护伞的党员干部，防范和打击暴力恐怖、新型网

络犯罪、跨国犯罪。

加强防灾减灾救灾和安全生产工作，加强国家应急管理体系和能力建设——

"人命关天，发展决不能以牺牲人的生命为代价。这必须作为一条不可逾越的红线"。

"平安是老百姓解决温饱后的第一需求，是极重要的民生，也是最基本的发展环境"。

坚持统筹发展和安全，把安全发展贯穿国家发展各领域和全过程。

聚焦易引发事故的非法采矿窝点、道路运输非法营运、建筑无资质施工、火工品违规存储运输等严重违法行为，加大查处和打击力度，最大限度压缩违法违规行为的生存空间。

党的十八大以来，以习近平同志为核心的党中央着眼于国家长治久安、人民安居乐业，围绕建设更高水平的平安中国，不断加强和创新社会治理，续写了社会长期稳定奇迹。

——节选自《求是网》

【相关热点】社会治理

【关键词】民生、"放管服"改革

谈案例

●案例1：109枚来自天津滨海新区的红色公章

国家博物馆有一件特殊收藏品——109枚来自天津滨海新区的红色公章。"放管服"改革以来，天津滨海新区将分散在18个单位的216项审批职责归至一个部门，实现"一颗印章管审批"，原有109枚公章就此封存。

●案例2：基层民主实践

小院议事厅、民主恳谈会、远程协商会……一个个火热的基层民主实践、一个个别具特色的基层民主渠道不断涌现。智慧治理、网格化、大数据……城乡社区基层管理服务体系不断完善，基层治理新格局逐步形成，社会治理整体效能显著提升。

●案例3：新时代"枫桥经验"

"枫桥经验"是指20世纪60年代初，浙江诸暨县（现诸暨市）枫桥镇干部群众创造的"发动和依靠群众，坚持矛盾不上交，就地解决，实现捕人少，治安好"的基层社会治理经验。

1963年，毛泽东同志亲笔批示："要各地仿效，经过试点，推广去做。"2003年，时任浙江省委书记的习近平同志明确要求充分珍惜、大力推广、不断创新"枫桥经验"。

"枫桥经验"在实践中不断丰富、持续发展，特别是党的十八大以来，形成了特色鲜明的新时代"枫桥经验"。

习近平总书记就坚持和发展新时代"枫桥经验"作出一系列重要指示，强调"各级党委和政府要充分认识'枫桥经验'的重大意义，发扬优良作风，适应时代要求，创新群众工作方法，善于运用法治思维和法治方式解决涉及群众切身利益的矛盾和问题"，为"枫桥经验"赋予了新的时代内涵，使其在服务群众、化解矛盾等工作中发挥出更大效能。

新时代"枫桥经验"更加强调党的领导、更加彰显法治思维、更加突出科技支撑、更加注重社会参与，展现出历久弥新的魅力，成为基层社会治理的一面旗帜和"中国之治"的一张名片。

【考情速递】

社会治理与人民群众的日常生活密切相关，也与很多行政执法工作直接相关，因而在申论考试特别是行政执法类的试卷中一直占据着比较重要的位置。围绕社会治理制度（共建共治共享）、体制（党委领导，政府负责，社会协同，公众参与、法治保障、科技支撑、民主协商）、水平（社会化，法治化，智能化，专业化）、方式（法治、德治、自治、智治、党治）及人人有责、人人尽责、人人享有社会治理共同体等均可出题。

本文是围绕社会治理的一篇综述性文章，内容比较丰富，既阐明了社会治理的重要意义和基本原则，同时也列举了在社会治理方面所进行的一系列有益探索和尝试。

就文章逻辑来看，文章先是从总体上阐释了国家在提升社会治理效能方面所做的努力，进而通过一些具体案例对社会治理水平的提升进行论证，叙述了社会治理水平提升给民生带来的利好，最后进行了简要地总结。

谈备考

从申论备考来看，社会治理本身是比较重要的一个考点，既可以通过文章写作考查，也可以通过归纳概括、公文写作等题目考查，就过往真题来看，更多是围绕在提升社会治理水平方面的探索与实践进行材料的设计。

同时，社会治理这一话题的背后，是"民生"。而围绕民生则可能有更多的考查方式和话题，如就业、教育、医疗、住房、共同富裕等均可成为考点。考生可适当阅读与民生相关的综述性文章，如《求是》杂志发表的《坚持在发展中保障和改善民生》。

谈总结

综上所述，备考中既需要关注社会治理这一话题本身，也需要适当关注其背后的民生话题。

第七节　一张蓝图绘到底——习近平总书记擘画浙江"千万工程"带来乡村巨变

诗画村庄，和美城乡，富乐之江。

一幅新时代《富春山居图》铺展眼前。

循迹溯源，20年前起笔的"千万工程"擘画蓝图。

2003年6月5日，世界环境日，时任浙江省委书记习近平同志亲自出席全省"千万工程"启动会，亲自部署从整治农村人居环境入手，改善农村生产、生活、生态环境，提高农民生活质量。

"要把'千村示范、万村整治'工程作为推动农村全面小康建设的基础工程、统筹城乡发展的龙头工程、优化农村环境的生态工程、造福农民群众的民心工程"。

农业农村农民，是中国经济社会发展的基本盘、压舱石。环境资源生态，发展中国家迈向现代化的短板与瓶颈。

"千万工程"以省域为单元率先破题。20年持续奋斗，成为当代中国共产党人直面中国之问、世界之问、人民之问、时代之问的执政应答。

起笔于群众利益，落笔答"四个之问"，工笔绘乡村新貌，走笔成长远大计。

战略擘画开新局，一张蓝图绘到底。

这张蓝图，习近平总书记看得重、望得远、抓得实，亲自谋划、亲自部署、亲自推动，多次作出重要指示批示，要求"进一步推广浙江好的经验做法"。20年锲而不舍、久久为功，造就万千美丽乡村，造福万千农民群众，深刻改变之江，赢得中外赞誉。

——浙江农民群众称之为"继实行家庭联产承包责任制后，党和政府为农民办的最受欢迎、最为受益的一件实事"；

——专家学者评价其是"在浙江经济变革、社会转型的关键时刻，让列车换道变轨的那个扳手，转动了乡村振兴的车轮"；

——2018年9月"千万工程"荣获联合国环保最高奖项"地球卫士奖"，颁奖词认为："这一极度成功的生态恢复项目表明，让环境保护与经济发展同行，将产生变革性力量"。

大江奔流必有其源。

20年前，这场变革为何肇兴于浙江，理论和实践的"原点"是什么？

20年来，其旺盛生命力、巨大感召力、广泛影响力来自哪里？

20年不懈奋斗，"努力成为新时代全面展示中国特色社会主义制度优越性的重要窗口"，"浙江之窗"如何呈现"中国之美""中国之治"？

20年后再出发，为实现中国式现代化奠定坚实基础，走好实现中华民族伟大复兴的必由之路，我们又该从"千万工程"中汲取什么？

…………

"千万工程"实施20年之际，本报记者循着这张蓝图，看乡村巨变、观钱塘潮涌、听历史回响、探时代脉动，深刻感悟习近平新时代中国特色社会主义思想的真理力量、实践伟力，深刻感悟人民领袖深厚情怀与人民群众蓬勃创造的交相呼应、激荡共鸣。

办实每件事，赢得万人心

"千万工程"历久弥新，根在思想指引。20年擘画推动，彰显远见卓识、为民情怀、历史担当。

汽笛声起，4.5公里轨道绕村，观光小火车串起竹园、茶园、果园、花园。

湖州市安吉县递铺街道鲁家村。昔日"脏乱差"，而今"绿富美"。

2018年9月，鲁家村村委会主任裘丽琴，代表浙江农民登上联合国环境署领奖台："'千万工程'让我们的生活更幸福。"

幸福之源，饮水思源。

这是深入调研、问题导向的战略擘画——

没有调查就没有发言权，没有调查就没有决策权。习近平同志2002年10月到浙江工作，用了118天，跑遍了11个市、25个县。

浙江省乡村振兴研究院首席专家、原浙江省农办副主任顾益康，多次随同调研。顾益康回忆，一次，走访完当地安排好的村子后，习近平同志锁着眉头上了车：

"刚才看的村子不错，但哪个县市没有几个好乡村？这是不是浙江绝大多数乡村的面貌？"

"果然，停下车来，周边转转，脏乱差的村子不少。"顾益康说。

刚迈进21世纪的浙江，经济长足发展，城乡差距却大。有新房、无新村，垃圾靠风刮、污水靠蒸发，是当年的乡村即景。

全面建设小康社会，如何补上短板？推进农业农村现代化，怎样落子成势？

走访田间地头，问计干部群众。

2002年12月15日，习近平同志走进杭州市萧山区梅林村。这里村容整洁、规划有序，百姓通过村办企业增收致富。

"建设一批标准化、规范化、全面发展的，在全省乃至全国都叫得响的小康示范村镇，为我省农村全面建设小康社会，进而实现农业农村现代化提供有益的借鉴和成功的经验。"翌日《浙江日报》，记录下考察调研时的这番话。

一张蓝图，日渐清晰。2003年6月"千万工程"启动会召开：从全省近4万个村庄中，选择1万个左右的行政村进行全面整治，把其中1000个左右的中心村建成全面小康示范村。

浙江首个村级"共同富裕"指标体系、首个村级电力低碳服务驿站、首个村级青少年宫分宫……今日梅林，风景更新。

隔壁益农镇有个群围村。昔日"整治村"，现今啥模样？污水沟变风景线，出门菜园和花园。当年村集体欠债100多万元，如今人均年收入5.28万元。

"调查研究开路，围绕改革发展稳定的重点难点问题，从农村长远利益出发，从群众身边实事破题，榜样引路，带来千帆竞发。"顾益康说。

这是心怀大局、放眼全局的历史担当——

"千万工程"的实施，连着省情、国情、世情。

纵观发展中国家和新兴工业化国家历程，人均GDP1000美元至3000美元的发展阶段，城乡差距、贫富差距极易扩大，从而掉进有增长无发展的"现代化陷阱"。

"作为沿海发达省份，我省有条件、有必要、有责任通过实施'千村示范、万村整治'工程，为全国农村全面建设小康社会探索路子、积累经验、提供示范。"

"千万工程"启动会，开宗明义。

2005年8月，习近平同志在"千万工程"嘉兴现场会上再次强调："这项工程是在我省工业化、城市化加速推进、人均GDP超过2000美元的时代背景下，着眼于缩小城乡差距、改变农村环境'脏乱差'和基础设施、社会事业发展滞后状况而实施的。"

小切口，大思谋。一子落，满盘活。

"千万工程"启动1个月后，2003年7月10日，习近平同志在浙江省委十一届四次全会上提出"八八战略"，成为指引浙江改革发展和全面小康建设的总方略。其中一条，"创建生态省，打造'绿色浙江'"。

从"八八战略"明确打造"绿色浙江"，到"千万工程"成为生态省建设有效载体，再到2005年8月首提"绿水青山就是金山银山"，一系列事关浙江乃至中国未来发展的新理念由此萌发，成为习近平新时代中国特色社会主义思想的理论源头之一。

学思践悟，浙江省委书记易炼红感慨："'千万工程'之所以展现出历久弥新的旺盛生命力，就在于习近平总书记当年坚持从战略和全局的高度来谋划推进，以'千万工程'牵引撬动'三农'工作，找到统筹城乡发展、推进城乡一体化的'金钥匙'。"

这是真抓实干、久久为功的接续奋斗——

"千万工程"的推进，贯穿过去、现在、未来。

在浙江工作期间，习近平同志亲自制定了"千万工程"的目标要求、实施原则、投入办法，创新建立、带头推动"四个一"工作机制：

实行"一把手"负总责，全面落实分级负责责任制；成立一个工作协调小组，由省委副书记任组长；每年召开一次工作现场会，省委、省政府主要领导到会并部署工作；定期表彰一批先进集体和个人。

"2003年的启动会，连续3年的现场会，习近平同志都亲自出席并发表重要讲话，为'千万工程'实施指明方向。"浙江省委农办主任、省农业农村厅厅长王通林说。

这份牵挂，一以贯之。

2015年5月，习近平总书记来到舟山市定海区新建社区。在以开办农家乐为主业的村民袁其忠家里，总书记说："这里是一个天然大氧吧，是'美丽经济'，印证了绿水青山就是金山银山的道理。""浙江山清水秀，当年开展'千村示范、万村整治'确实抓得早，有前瞻性。希望浙江再接再厉，继续走在前面。"

牢记嘱托，一任接着一任干，一步一个脚印走。

每5年一个行动计划，每个重要阶段一个实施意见。"千村示范、万村整治"引领起步，"千村精品、万村美丽"深化提升，"千村未来、万村共富"迭代升级。

2023年6月7日，浙江省委常委会会议提出，加快构建"千村引领、万村振兴、全域共富、城乡和美"的"千万工程"新画卷，以推进"千万工程"新成效为乡村全面振兴和美丽中国建设作出浙江新贡献。

6月21日，浙江全省深化新时代"千万工程"全面打造乡村振兴浙江样板推进会召开。干在实处，走在前列，勇立潮头续写新篇。

一张蓝图绘到底，"千万工程"有了新的"打开方式"。

2015年7月，习近平总书记要求将"厕所革命"推广到广大农村地区；2018年1月，中办、国办印发《农村人居环境整治三年行动方案》。

党的十八大报告提出"努力建设美丽中国"；党的十九大报告首提"乡村振兴战略"；党的二十大报告明确"全面推进乡村振兴"。

生态治理进行曲，绿色发展说明书，乡村振兴路线图，城乡统筹启示录。"千万工程"20年，打开一扇窗，让世界看到中国特色社会主义制度的显著优势。

这是执政为民、人民至上的深厚情怀——

"那时候，来一趟是真不容易！"杭州市淳安县枫树岭镇下姜村，乡亲们记得清楚。

2003年4月24日，时任浙江省委书记习近平同志第一次到下姜，一路上换了3种交通工具。

"那时候的下姜村'面黄肌瘦'。人均年收入1000多块钱，村中间没有桥，河道水不多的时候，我们就在河床上架几块木板通行。总书记当年来的时候也是这样走的。"曾任村党支部书记的杨红马说。

下姜村，习近平同志在浙江工作期间来过4回。

"村里大部分农户家都去过，每次都要走访慰问老党员、困难群众，每次都要召开一个座谈会，听一听大家对基层情况的反映。习近平同志与老百姓建立了非常深厚的感情。"杨红马说。

"千万工程"深入实施，下姜彻底变了模样，浙江省4A级景区村庄，带动周边63个村社共同奔富。

当年过河处，早已建起廊桥。桥头一行字："梦开始的地方"。

"为民要重在办事""办实每件事，赢得万人心"。

"千万工程"启动会上，习近平同志明确了必须着重把握的五个方面的基本要求，第一个就是"坚持政府引导，农民自愿，充分发挥广大干部群众的积极性和创造性"。

习近平同志强调："农民是'千村示范、万村整治'工程的建设者和受益者，必须充分尊重农民的意愿，村庄整治的规划和建设方案都应经过村民讨论，民主决策，切实防止刮风，切忌强迫命令。"

把解决好人民群众最关心最直接最现实的利益问题，作为"千万工程"的根本出发点和落脚点。万千乡村，成为"梦开始的地方"。

远见卓识、为民情怀、历史担当。

"'千万工程'实施20年，探索出了一条加强农村人居环境整治、全面推进乡村振兴、推动美丽中国建设的科学路径，深刻展示了习近平新时代中国特色社会主义思想萌发和实践的光辉历程，蕴含着马克思主义的立场观点方法，无可辩驳地证明，'两个确立'是我们实现一切伟大变革、开创一切伟大成就的根本保障。"易炼红说。

易炼红表示："站在新起点，浙江干部群众要深刻领悟'两个确立'的决定性意义，感恩奋进、笃行实干，不断将'千万工程'向纵深推进。"

生态优先，绿色发展

打通"绿水青山"与"金山银山"，让绿色成为浙江发展最动人的色彩

钱塘江源，马金溪倒映白云青山。走进衢州市开化县华埠镇金星村，就走进了山水画卷。

金星村原党支部书记郑初一，忆起17年前的一幕幕：

"2006年8月16日，时任浙江省委书记习近平同志来考察新农村建设。在我们这个小村子，足足看了50多分钟。即将上车返程时，他回过头来叮嘱，这里山好、水好、空气好，将来通过'山海协作'，空气也能卖钱。"

树高根深。郑初一记得：考察途中，习近平同志看到一棵千年银杏，根系裸露在外，立即和我们说，这是金星村的象征，十分珍贵，不能让它枯掉。

牢记嘱托，管斧头、护山头、守源头，好风景带来好前景，每年20余万人次游客涌来。"种种砍砍"变"走走看看"，"靠山吃山"有了新路径，2022年村民人均收入4.2万元。那棵银杏呢？乡亲们培土浇水、精心呵护，古树葳蕤如盖，成了"镇村之宝"。

晨光熹微，看着早早起床到马金溪边畅快呼吸的游客，郑初一恍然大悟："空气真的能卖钱！"

绿水迤逦去，青山相向开。行走山水浙江，一个个"金星村"映入眼帘。

"千万工程"实施20年，发展理念深刻变革，乡村环境深刻重塑。90%以上村庄建成新时代美丽乡村，全省农村居民人均可支配收入，由2003年的5400多元，提高到2022年的37500多元。

发展，党执政兴国的第一要务。绿色，高质量发展的鲜明底色。

2003年7月11日，"八八战略"提出第二天，浙江省委、省政府就召开生态省建设动员大会。"千万工程"成为生态省建设重要抓手、有效载体，广大农村成为推进绿色发展的主战场、突破口。

之江大地，奏响激荡人心的"绿色变奏曲"——

美丽生态重塑乡村。

小桥流水，荷风蛙鸣。嘉兴市南湖区凤桥镇联丰村，江南美景扑面而来。

"现在这儿是打卡地，以前是一片黑臭水体。"凤桥镇副镇长、联丰村党委书记李正峰说。"五水共治""三改一拆""美丽庭院"多措并举，臭河浜变亲水地，农家乐、采摘园，联丰村成大花园。

"源头花漫处，踏石问轻舟"。温州市永嘉县岩坦镇源头村，拆违建、清"臭源"、建智能垃圾分类回收平台，楠溪江畔"无废乡村"，千年舴艋舟，今朝争上游。

从解决群众反映最强烈的问题着手，全域推进农村垃圾、污水、厕所三大专项整治，建立城乡一体的风貌管控体制机制。20年过去，浙江省规划保留农村生活污水治理覆盖率100%，农村卫生厕所全覆盖，农村生活垃圾基本"零增长""零填埋"。

"一户一处景、一村一幅画、一线一风光、一县一品牌，浙江成为首个通过国家生态省验收的省份。"浙江省美丽浙江建设领导小组办公室常务副主任、省生态环境厅厅长郎文荣说。

美丽经济振兴乡村。

湖州市安吉县天荒坪镇余村，修竹茂林，溪流潺潺。人在余村走，就像画中游。

这幅画，蜕变于滚滚烟尘。"'千万工程'实施，村里痛下决心，关停矿山、水泥厂。"村党支部书记汪玉成说。

2005年8月15日，习近平同志到余村调研，赞许"这些都是高明之举，绿水青山就是金山银山"。

今天的余村，打通了"两山"转化路径。余村"全球合伙人计划"2022年7月推出，40余个项目入驻，上千名大学毕业生，开启乡村创业生活。

好生态催生新业态，美丽乡村孕育美丽经济。

距余村不远的溪龙乡黄杜村，"一片叶子富了一方百姓"。万亩茶园满目青绿，白色帐篷错落有致，"游客白天品白茶、逛茶山，晚上躺在帐篷里数星星。"半日闲露营基地负责人王月庆看好美丽经济，回乡兴业。

美丽经济如何健康发展？安吉及时出台露营营地项目暂行管理办法，编制产业发展规划，全县露营营地发展到47家。从"卖茶叶"到"卖风景""卖文化"，茶旅融合，造福一方。

台州市仙居县，"化工一条江"变"最美母亲河"，生态绿道串起山水田园；天台县后岸村，石料堆放场变体育馆，农房变民宿，农文旅体产业每年吸引游客超百万人次。

乡村旅游，休闲农业，文化创意，养生养老，运动健康……放眼浙江乡村，新产业新业态红红火火，走出一条"美丽生金"的高质量发展新路。

"美丽机制"激活乡村活力。

丽水市景宁畲族自治县大均乡，白鹭绕着梯田飞。

2019年起，丽水开展生态产品价值实现机制试点。大均乡发布乡级生态系统生产总值（GEP）核算报告，景宁县财政据此向大均乡"两山公司"支付188万元，成为全国首笔生态产品购买资金。

"盘清绿色家底，才能将好风景好生态价值量化，纳入市场化定价体系。"大均乡乡长、乡级林长詹惠淇说。

保护和修复生态，促进"两山"转化，离不开改革创新。

探索建立健全生态产品价值实现机制；发布全国首部省级GEP核算技术规范；取消衢州、丽水和山区26县GDP总量考核；设立全国首个省级"生态日"……

浙江是习近平生态文明思想重要萌发地，"两山"理念发源地和率先实践地。

构建新机制，拓展新路径，促进GDP和GEP协同增长。生态美、产业兴、百姓富，成为新发展理念的生动诠释。

2018年，"千万工程"荣获联合国"地球卫士奖"。

时任联合国副秘书长兼环境署执行主任索尔海姆，参观走访浙江村镇后，对绿色发展成果高度赞赏："我在浙江浦江和安吉看到的，就是未来中国的模样，甚至是未来世界的模样。"

2020年春，习近平总书记考察浙江，谆谆嘱托："要践行'绿水青山就是金山银山'发展理念，推进浙江生态文明建设迈上新台阶，把绿水青山建得更美，把金山银山做得更大，让绿色成为浙江发展最动人的色彩。"

人不负青山，青山定不负人。

从浙江到全国，从乡村到城市，一场关乎人民福祉、永续发展的伟大实践，持续推进。

以业为基，乡村振兴

农业现代化和农村现代化一体推进，为中国式现代化提供"三农"领域的实践范例

21世纪之初的浙江，"扁担"两头不平衡。一头，工业化、城市化加速推进；一头，农业增效难、农民增收难、农村社会进步慢。

"这种城乡分割的体制和发展失衡的状态，使农村小康成为全面建设小康社会的最大难点。"2003年，"千万工程"启动会强调。

日新月异的城，依然故我的乡，如何打通？

谋大势、把规律、抓基础。以"千万工程"牵引撬动"三农"工作，找到了统筹城乡发展、推进城乡一体化的"金钥匙"。

从村庄环境综合整治，到美丽乡村建设，再到推进未来乡村建设、打造共同富裕现代化基本单元。"'千万工程'实施的20年，是浙江农业发展最快、农村变化最大、农民得到实惠最多的时期。"浙江省乡村振兴研究院执行院长潘伟光说。

全面建设社会主义现代化国家，扎实推进共同富裕，最艰巨最繁重的任务仍然在农村。如何加快建设农业强国、推进农业农村现代化？

"千万工程"迭代升级，浙江先行先试。

曾经的宁波市鄞州区湾底村，一条黄泥路，"弯来弯去弯不到底"。

2003年9月24日，时任浙江省委书记习近平同志来到这里，鼓励湾底人："千万工程"只有以业为基，才有持久生命力。

"把村庄整治与发展经济结合起来！一下子，心亮了，路宽了。"湾底村党委第一书记吴祖楣说。

今天的湾底，设施农业园也是国家4A级旅游景区，农文商旅一体，2022年人均可支配收入7.25万元。

七山一水二分田的浙江，谁来种地？种粮能赚钱吗？

2007年3月21日的《人民日报》，发表时任浙江省委书记习近平同志的文章，题目就是《走高效生态的新型农业现代化道路》。

"千万工程"以业为基，绘就高效生态农业崭新画卷。

在湖州市吴兴区八里店镇尹家圩村，遇到年轻的"农二代"孙建龙。

"从小就听大人说，好好念书进城上班，没出息才回家种地。"为帮父辈，无奈返乡，没想到闯出广阔天地。

上湖州农民学院培训，跟科技特派员请教，能够操作维护100多台（套）农机。2014年又学了无人机植保作业，十里八乡称他为"开飞机的农民"。

"一粒米"带动一乡人。孙建龙领着合作社，2022年种了3500多亩粮田，收入近千万元，3000多户农户受益。他们的农机服务队，走进江苏、安徽，从育秧到仓储，全程机械化。

新农人，金扁担，种地不是旧模样。

清水润田，鱼戏稻间。"一块田，长出生态稻、清水鱼，融出种养游新产业。"丽水市青田县方山乡，绿色山根田鱼养殖专业合作社负责人朱旭青介绍。

人防技防，良田粮用。"铁塔探头、遥感卫星都是巡田好帮手，全天候守护。"杭州市余杭区径山镇双溪村，农田巡查员赵斌很骄傲。

2022年，浙江实现粮食播种面积1530.7万亩、产量124.2亿斤。

一棵桃树能"结"出什么？

嘉兴市南湖区凤桥镇三星村，水蜜桃之乡。绿色种桃、直播卖桃、游客摘桃，6000亩桃园年产值1.8亿元，村民人均年收入4.5万元，村歌就叫《流蜜的地方》。

开发桃花酥、酿制蜜桃酒、举办桃花节，南湖区加力擦亮水蜜桃品牌。"兴业态、深融合，产业链接，城乡互促。"南湖区委书记邵潘锋说。

产业振兴是乡村振兴的重中之重。

一村一策，一村一品，串珠成链。"千万工程"牵引，浙江省建成82条产值超10亿元的农业全产业链，年总产值2575亿元，辐射带动478万农民就业创业。

四明山下，革命老区。曾经，宁波余姚市梁弄镇横坎头村，出门就上坡，雨天两脚泥。

2003年春节前夕，刚刚担任浙江省委书记的习近平同志，专程到梁弄镇和横坎头村考察调研，提出建设"全国革命老区全面奔小康样板镇"的殷切期望。

不久后，村两委给习近平同志写了信，很快就收到回信。信里鼓励他们加快老区开发建设，尽快脱贫致富奔小康。

2018年2月，横坎头村全体党员给习近平总书记写信，汇报发展变化。当月回信就到了村里，总书记希望他们"努力建设富裕、文明、宜居的美丽乡村，让乡亲们的生活越来越红火"。

"两封信，一封嘱托我们兴产业，一封教我们兴乡村。"横坎头村党委书记黄科威感慨。

乡村是生产空间，也是故土家园，承载乡愁，寄托憧憬。建设宜居宜业和美乡村，是农业强国应有之义。

习近平总书记强调："要一体推进农业现代化和农村现代化，实现乡村由表及里、形神兼备的全面提升。"

山区、平原、丘陵、沿海、岛屿，万千乡村，千差万别。和美乡村如何建？农村现代化咋推进？

"千万工程"给出答案：规划先行，因地制宜。

梅子雨，藕花风，摇橹咿呀。嘉兴市南湖区凤桥镇新民村，宛如水墨画。嘉兴编制传统村落保护规划，绘就"一户一处景、一村一幅画"。

金华永康市建设"智慧减排系统"，农村污水，一水多用。宁波市象山县采用生态反应链工艺，专业公司运营，"污水靠蒸发"变"绿水绕人家"。

遵循乡村自身发展规律，突出特色，精准施策。强体制机制，下绣花功夫，万千乡村，深刻重塑。

中国要强农业必须强，中国要美农村必须美，中国要富农民必须富。

种子的力量在于生长。根植沃野，欣欣向荣。

"'千万工程'聚焦农业农村发展最迫切、农民反映最强烈的问题，忠实践行习近平总书记关于'三农'工作重要论述，生动印证新发展理念在浙江农村落地生根，由此成为润泽'三农'的民心工程。"浙江省副省长李岩益说。

以文化人，塑形铸魂

乡村，建设中华民族现代文明的热土和基石。让身有所栖的美丽乡村，成为心有所依的精神家园

阡陌村舍，藏着中华民族的精神密码、文化基因。

之江大地乡村行，邂逅一古一新。

一古，博物馆。绍兴嵊州市甘霖镇，东王村看完越剧博物馆，孔村又遇水稻博物馆；湖州市吴兴区潞村，钱山漾遗址旁有个"丝源馆"；宁波市鄞州区湾底村，一村5个博物馆。

一新，咖啡店。宁波市镇海区永旺村，农具仓库改建为"稻田咖啡"；嘉兴市南湖区联丰村，"村口咖啡"是创客工作站，也是村民议事点；湖州市安吉县红庙村，矿坑湖畔咖啡店，一天卖出1000杯！

一古一新，相映成趣。是业态场景，也是人间烟火，乡风乡韵。

中国式现代化是物质文明和精神文明相协调的现代化。

以文化人，塑形铸魂。"千万工程"20年，造就万千美丽乡村，也为传承乡村文化、培育乡村风尚夯基垒土、搭建舞台。

木板墙、花格栅、石库门。金华兰溪市诸葛镇，近千年历史的诸葛八卦村，是迄今发现的诸葛亮后裔最大聚居地。诸葛村文化底蕴深厚，2003年9月，时任浙江省委书记习近平同志曾到村里调研。

保护和开发并重。今天的诸葛村，人人都是文保员，每幢古建筑都挂了牌。孔明锁制作、诸葛中医药，入选省市级非遗，文创产品远销海外。村民成股东，古村落保护者，同时也是受益者。

文化是村落的灵魂。"千万工程"，刻录下守护优秀传统文化的殷殷期盼、耿耿心志。

丽水市莲都区碧湖镇堰头村，有几十株千年古樟树。习近平同志告诫："既要发展好经济，也要保护好古村"。如今，樟树亭亭，游人如织。

金华市磐安县尖山镇乌石村，散落着玄武岩石造的乌石屋。习近平同志嘱咐："要保护好、利用好老祖宗留下的宝贝"。乌石屋风貌如昨，农家乐另寻新址。

习近平同志曾以笔名"哲欣"在《浙江日报》撰文："建设新农村要注意发达地区和欠发达地区不一样，山区、平原、丘陵、沿海、岛屿不一样，城郊型和纯农业村庄不一样，杜绝盲目攀比，反对贪大求洋，防止照搬照抄，避免千村一面。"

不丢乡土味道，保留乡村风貌，方能望得见山、看得见水、记得住乡愁。

丽水市青田县方山乡龙现村，全球重要农业文化遗产"稻鱼共生系统"示范基地。梯田层层，鱼稻相依，多彩体验，让现代大众走近古老农耕文明。

看社戏、钓鱼虾、煮蚕豆……鲁迅先生的童年什么样？绍兴市越城区孙端街道安桥头村，"鲁迅外婆家"乡村博物馆，引游客触摸一代文豪的童年梦境。

历史文化村落保护利用在全省推行，近10年覆盖432个重点村、2105个一般村。14项中国重要农业文化遗产，4项全球重要农业文化遗产，总数居全国第一。

让传统文化留下来，活起来。村民闲暇时，有了"放下筷子就想去的地方"。

绍兴嵊州市甘霖镇东王村，百年越剧发源地。2004年12月14日，习近平同志来到东王村调研，肯定了村里打算复建古戏台的想法。

"这给我们鼓了劲。你看，村里有戏迷角，城里有越剧小镇，艺校还有非遗传承人班，老老少少都会几句，外地游客也爱听。"时任村委会主任的李秋顺，现在是村里的"金牌导游"。

如今的东王村，清扬唱腔，余音绕梁；乡村剧团，周周有戏——"多听名角，不生口角！"

现代化的最终目标是实现人的自由而全面地发展。

"千万工程"20年，文艺点亮乡村，提振起万千农民精气神。

宁波市宁海县大佳何镇葛家村，老木匠、泥瓦匠重拾手艺，溪里石头、山上竹子都是素材。"乡间艺术家"就地生长，村党支部书记葛万永连连感叹：村里人照样懂艺术！

农民是乡村振兴的主体，也是新民俗创造实践的主体。"千万工程"走深走实，培育出文明乡风、良好家风、淳朴民风。

聚会迟到，罚一曲；家有喜事，歌祝福。诞生浙江第一首村歌的衢州江山市大陈乡大陈村，再不闻吵架声。

绍兴市新昌县澄潭街道梅渚古村，连续10多年举办"村晚"，挖掘保护目连戏等传统曲目，乡愁有了安顿。

美丽乡村，精神家园，场地就是阵地。

2005年5月17日，绍兴市柯桥区杨汛桥镇文化中心刚开门，习近平同志就来到这里，在这个全省首家农村文化综合体内，和大家拉起家常：现在群众生活逐渐富裕起来，对精神文化生活提出新的更高要求，我们在抓好物质文明建设的同时，要高度重视精神文明建设。

文化礼堂建设，全省全面铺开，成为乡村标配。今天，浙江已有1.98万个农村文化礼堂，2.53万个农家书屋。

守正创新，固本开新。

以新思想凝心铸魂，促进社会主义核心价值观落实落细。今日浙江乡村，家家户户，亮出乡规家训；村村镇镇，活跃百姓宣讲。

美与富辩证统一，物与人全面促进，古与今交相辉映。

文化自信是更基本、更深沉、更持久的力量。努力建设中华民族现代文明，乡村是热土、是基石、是底气。

诗画江南，一村一韵。

最难忘，采访途中，不期而遇的一张张笑脸。

城乡融合，统筹发展

"千万工程"引发的这场影响深远的要素流动，捧出破解城乡二元结构难题的中国方案

城乡二元结构，一道世界级难题。

嘉兴南湖区，红船启航地，贯通城乡的101路公交车，被当地人称为"开往春天的幸福号"。

这条线路，沈水根跑了20多年。那个春天，一直珍藏在心间。

2004年3月23日，时任浙江省委书记习近平同志来嘉兴调研城乡统筹工作，登上了沈水根驾驶的101路公交车。

亲身感受嘉兴城乡公交一体化带来的变化后，习近平同志指出，推进城乡一体化是个系统工程，要整合资源，完善布局。

不久后，习近平同志主持制定《浙江省统筹城乡发展推进城乡一体化纲要》。2004年7月，全省"千万工程"现场会强调："城乡一体化的实质，就是打破二元结构，形成以城带乡、以乡促城，城乡互促共进的发展机制，不断缩小城乡差别，使城乡居民共享现代文明生活。"

盛夏访嘉兴，去坐101。

下班高峰。碳纤维新能源客车里，空调凉风轻拂、车厢秩序井然，还有母婴室、轮椅区。

19年过去，线路长了，站点多了，而车费只要2元，刷公交卡只要1元。

"有效促进城市基础设施向农村延伸、城市公共服务向农村覆盖、城市现代文明向农村辐射"。

城乡一体，交通先行。乡村康庄工程、四好农村路，一个个扎实项目，成为"千万工程"有力支点。

丽水市云和县，有"中国最美梯田"。四好农村路开通，梯田近旁，有800多年历史的坑根石寨，游客近悦远来。

再看公共服务。一根水管通城乡，在全国率先基本实现"城乡同质饮水"，全面消除农村"低电压"现象，4G网络实现农村全覆盖。

杭州市淳安县中联村，鸠坑乡中心小学，与百里外的西湖区行知小学，同上一堂课。

丽水市庆元县坪坑村，浙闽交界，到杭州车程5小时。浙江大学医学院附属第二医院专家，常驻县人民医院，巡回医疗车，开到坪坑村口。

20年不停步，以"千万工程"推进城乡融合发展，激发强劲动能。

这是浙江城乡一体化发展的"成绩单"：

2003年至2022年，农村居民人均可支配收入，增长5.9倍，连续多年居全国省区第一位；

城乡居民收入比，从2.43∶1缩小至1.90∶1，是全国倍差最小的省区。

城市让乡村更美好，乡村让城市更向往。

周末，宁波市镇海区永旺村，稻田、花海、小火车，吸引不少城里人打卡。

城乡接合部的永旺也曾困惑。"与城比，是洼地；与乡比，是资源。两头挨不着，差点儿被拆并。"永旺村党委书记郭诚军说。

统筹城乡，永旺新生。

既破解"重城轻乡"，又坚持"城乡融合"，不是把乡变城，而是充分挖掘培育乡村之美，不是千村一面，而是气象万千。

思路一变天地宽。用足近城优势，盘活田园风光，重新发现乡村价值的永旺，成为休闲旺地、创业热土。

城乡融合，呼唤要素融通。城乡一体，重在以人为本。

推动"两进两回"，科技进乡村、资金进乡村，青年回农村、乡贤回农村。税费减免、社会保障、用水用电，政策支持，一一到位。

"乡村爱青年，青年爱乡村"。今日浙江乡村，青春力量处处激扬。

曾经的金华义乌市后宅街道李祖村，紧靠城市，没啥资源，村里的年轻人选择进城务工。城乡统筹，物畅路通，村党支部书记方豪龙领着村民，整修老旧厂房、闲置农房，引入专业团队，打造集创业指导、创业孵化、电商培训于一体的"众创空间"。

金靖就是专业团队领头人，人称"乡村运营师"。政府、企业、乡村聚合发力，220名青年创客成为"新村民"。创客经济赋能古老乡村，村里主妇学着开起小吃店，"妈妈的味道"美食街带动75人就业。李氏家族迁离故里500多年后，非遗传承人李期银举家返乡，老字号"李氏梨膏糖"生意红火。

原乡人、归乡人、新乡人，农创客、文创客、科创客，乡村运营师、农村职业经理人、新农人……新职业、新面貌、新气象，城乡统筹发展动能澎湃，重构现代"三农"内涵。

截至2022年底，浙江乡村绿领人才培育计划，累计培训高素质农民和农村实用人才130多万人；农创客培育工程，孵化农创客5万多名。2022年7月，浙江首次组织"新农匠"遴选，种养、手工艺、社会化服务，一批新型人才，扎根乡村，共创共富。

2023年浙江省委一号文件提出，以"千万工程"统领宜居宜业和美乡村建设，把提高县城承载能力与深化"千万工程"结合起来，在城乡融合中提升乡村建设水平。

千村引领、万村振兴、全域共富、城乡和美。

21世纪浙江城乡之间，这场影响深远的要素流动，为世界捧出破解城乡二元结构难题的中国方案。

党建引领，基层治理

为了人民，依靠人民。坚持党的领导，走好群众路线，汇聚起共同奋斗的磅礴力量

一本"民情日记"，载满初心。

"串百家门，知百家情，解百家难，连百家心，办百家事，致百家富。"上世纪90年代开始，绍兴嵊州市，党员干部走村入户，掏出日记本，记下烦心事，拉近干群心。

嵊州干部群众忘不了，2004年，时任浙江省委书记习近平同志到嵊州调研考察，提出"要进一步丰富、完善'民情日记'这一典型经验的内涵，让'民情日记'更有生命力，取得更好的实效"。

新时代"民情日记"，小本子升级成大数据。手机建档、线上接单、走访记录，急难愁盼早回应，关键小事快处理。

"我们牢记嘱托，把续写'民情日记'和推进'千万工程'紧密结合起来，走好新时代党的群众路线。"嵊州市委书记裘建勇表示。

美丽塑形，文化铸魂，还得培元固本。

"千万工程"是一场深刻的乡村治理革命，检验初心使命，锤炼干部作风。

实施"千万工程"靠什么？

习近平同志在浙江工作期间要求，各级党政主要负责人要切实承担"千万工程"领导责任；充分发挥基层党组织的战斗堡垒作用和党员的先锋模范作用。

党的十八大以来，习近平总书记一直倾心关怀、倾情牵挂、倾力指导"千万工程"，在重要节点作出重要指示批示，指引浙江不断把"千万工程"推向纵深。

党管农村工作是我们的传统。

20年来，"千万工程"始终是"一把手"工程。党政"一把手"亲自抓、分管领导直接抓，一级抓一级，层层抓落实。

一年一度的现场会高规格，选在哪里开，各地打擂台。顾益康记忆犹新："比力度、比进步、比典型意义，拿成果说话。落选的，暗自较劲，你追我赶，来年干出更硬的成绩。"

坚持党建引领，乡村治理效能显著提升。

一脉澄潭江，润泽五地共富。绍兴市新昌县的梅渚村、梅屏村、棠村村、雅庄村、镜岭集镇，围绕一江两岸，创新"梅棠雅集"党建品牌，整合优化旅游资源，春赏花，夏避暑，秋逛绿道，冬享民俗。

一条永旺路，连起四村产业。宁波市镇海区庄市街道，万市徐村、光明村、永旺村、勤勇村，组织联建、活动联办、要事联商、工作联推、资源联享、党员联培。

"增强凝聚力，提升竞争力，4个村累计吸引投资3亿元。"庄市街道党工委副书记徐益军说。

"千万工程"就是基层党建的试金石、磨刀石。凡是示范和整治工作搞得好的村庄，都有一个战斗力比较强的班子。

"村里大小事，就靠干部跑。"嘉兴市嘉善县大云镇缪家村党委书记陆荣杰说，村干部和大家一起努力，建鲜切花基地，做好"花"文章，村民2022年人均可支配收入5.6万元。

"三个吃亏得起"，是宁波市鄞州区湾底村全体党员的承诺书。

气力吃亏得起——多做实干；闲话吃亏得起——宽容大度；钞票吃亏得起——先公后私。

几十年如一日坚持走集体共富路，让湾底人过上好日子。

党的政治优势、组织优势是具体的。作风实了，本领硬了，办法多了，向心力自然强。

人民群众是社会实践的主体，也是一切发展的目的。

20年来，"千万工程"迭代升级，"为了人民"是价值取向，"依靠人民"是行动路径。

嘉兴市海盐县通元镇雪水港村，亲水岸边，木栏杆上，方言写着村民自治俚语——"有本事吃本事，无本事铲镬糍""越缩越懒，越吃越馋""算算用用，一世勿穷"……

用群众听得懂的话，入脑入心。党建引领，自治、法治、德治、智治四治融合，汇聚乡村治理内生动力。

中国式现代化是全体人民共同富裕的现代化。

85后姜鹏，大学毕业在外创业，几年前返回老家衢州农村，"一盒故乡"共富工坊里，竹龙栩栩如生，竹灯庄雅别致。

姜鹏笑称自己是"啃老族"。老祖宗、老建筑、老手艺、老百姓，这是他奋斗的依托、回馈的对象。"工坊一根竹子形成的产品能卖上千元，带动2000多人增收。"

湖州，更年轻的倪程偶遇潞村，"柴房咖啡"落户扎根，古村添了共富场景。

"当初最吸引我的，是村口墙上的一句标语——白天干、晚上干、晴天雨天一起干。"一年多过去，每天清早，一路与村里人打着招呼去上班，倪程觉得这里就是自己的家。

浙江提出，3年打造1万家"共富工坊"，实现山区26县乡镇全覆盖、乡村振兴重点帮促村全覆盖。目前已有7000多家，累计吸纳34万多人就业。

"千万工程"20年，影响早已走出浙江。

余姚市梁弄镇横坎头村，和四川昭觉县三岔河乡三河村结成对子，基层组织共建，产业开发共兴，"山海情·彝家乐"歌会落户四明山下。

安吉县溪龙乡黄杜村，100多批700多名茶农，将白茶苗种进湘川黔大山。村党总支书记盛阿伟干劲十足："今年增派村干部，教技术，也强党建。"

湾底村村口，石碑上铭刻着："幸福都是奋斗出来的"。

"千万工程"20年壮阔历程，深刻表明：人民群众伟大实践同人民领袖伟大思想、伟大情怀相互激荡，就会产生出无比强大的凝聚力、创造力！

富春江畔，杭州市富阳区黄公望村，一场宣讲会，在梅娟民宿进行。

这里是钱塘江上游。600多年前，富春山水吸引了元代画家黄公望，挥洒出传世名作《富春山居图》。

今天，大学毕业生李静文，讲述着挂职基层200多天来，心中感悟的源头活水，眼中所见的振兴图景。

"画卷为媒，山水传情"。这个全国文明村、浙江省3A级景区村庄，茶园、民宿、农家乐，古韵新风，生机勃勃。公望两岸文创产业基地，不少台胞在此乐业安居。江对岸，富阳水上运动中心，静待杭州亚运会健儿。

"今日已无黄子久，谁人能画富春山？"

江山如画今胜昔，一张蓝图绘到底！

——节选自《人民日报》

【相关热点】乡村振兴

【关键词】千万工程

●案例1：千万工程

"千村示范、万村整治"工程（以下简称"千万工程"）是习近平同志在浙江工作时亲自谋划、亲自部署、亲自推动的一项重大决策。2003年6月，在习近平同志的倡导和主持下，浙江启动"千万工程"，从全省选择1万个左右的行政村进行全面整治，把其中1000个左右的中心村建成全面小康示范村。20年来，"千万工程"以村庄的环境整治与人居环境改善为切入口，在实践中不断深化，实现了多方位的迭代升级，不仅造就了浙江万千美丽乡村，而且造福了万千农民群众，在助力乡村振兴和共同富裕等方面，贡献巨大，意义深远。2024年2月3日，《中共中央 国务院关于学习运用"千村示范、万村整治"工程经验有力有效推进乡村全面振兴的意见》发布。全文共六个部分，包括：确保国家粮食安全、确保不发生规模性返贫、提升乡村产业发展水平、提升乡村建设水平、提升乡村治理水平、加强党对"三农"工作的全面领导。

●案例2：湖州市安吉县递铺街道鲁家村

"千万工程"启动后，鲁家村的村两委干部带着村民大刀阔斧改善村庄环境，恢复乡村的绿色底蕴。

"那几年，我们经常带着村干部下河捞垃圾、扫村道、入户宣传，即便常常吃闭门羹，转天也依旧满脸笑容地去走访。村里截污纳管、修整外立面、改造厕所、扩大绿化等工程相继铺开，垃圾分类已经成为村民新的生活方式。"鲁家村的村委会主任裘丽琴说，渐渐地，鲁家村从"差等生"成功进阶到"优等生"。

路通了，村美了，但是村民的腰包还没有鼓起来，鲁家村下一步往哪儿走呢？在村民思考着如何富起来的时候，浙江的立法者也已在更高的层面思考着。

2005年1月1日，全国省级首部农民专业合作组织法规——《浙江省农民专业合作社条例》实施。这部法规在起草时，既开放又慎重。调研、开论证会，专家、行家逐字逐句改了不知道多少遍，但这样一部对浙江农民来说分量不轻的法规，其内容又只有简简单单的24条。

这部法规出台后，让浙江的农民欢欣鼓舞。条例确立了农民专业合作社的法律地位，规范了合作社的组织形式和治理结构，规定了政府及有关部门的扶持职责、税收等优惠政策，保障了农民得实惠。因此，这部法规的出台，被评选为2005年浙江省经济十件大事之一。

●案例3：杭州市淳安县枫树岭镇下姜村

湖岛横泊，碧水清韵，美丽的千岛湖库区深处，有一个偏远小山村——浙江省淳安县枫树岭镇下姜村。下姜村古名"雅墅峡涧"，意为山谷峡溪里的风雅村舍。但与优雅别致的古名形成鲜明反差的，是过去"路无三尺平，田无百斤粮"的村情。

昔日"脏乱穷"变身"绿富美"，源自近些年来，下姜村切实抓好基层党组织建设，培优先锋力量、抱团发展产业、做实网格治理，不断提升乡村发展成色，努力将下姜村建设成"农家乐、民宿忙、瓜果香、游客如织来"的宜居宜业和美乡村。

●案例4：衢州市开化县华埠镇金星村

2006年8月16日，时任浙江省委书记习近平到开化县华埠镇金星村考察。在村口一下车他就感慨："这个村很好，绿化好，美化也好，在全省很有特色。"他勉励干部群众，提出"人人有事做，家家有收入"的殷切希望。此后，这句话成为引领金星村不断向前的明灯。

多年来，金星村牢记嘱托，坚定不移走红色传承、绿色发展之路，村集体经济总收入由2006年的不到1万元，发展到2022年的224.5万元，村民年人均可支配收入由不到6000元，提高到46151元。

●案例5：楠溪江畔"无废乡村"

从解决群众反映最强烈的问题着手，全域推进农村垃圾、污水、厕所三大专项整治，建立城乡一体的风貌管控体制机制。20年过去，浙江省规划保留农村生活污水治理覆盖率

100%，农村卫生厕所全覆盖，农村生活垃圾基本"零增长""零填埋"。

"一户一处景、一村一幅画、一线一风光、一县一品牌，浙江成为首个通过国家生态省验收的省份。"浙江省美丽浙江建设领导小组办公室常务副主任、省生态环境厅厅长郎文荣说。

● 案例6：丽水市景宁畲族自治县大均乡

2019年起，丽水开展生态产品价值实现机制试点。大均乡发布乡级生态系统生产总值（GEP）核算报告，景宁县财政据此向大均乡"两山公司"支付188万元，成为全国首笔生态产品购买资金。

● 案例7：宁波市鄞州区湾底村

秋冬之交，满目金黄。走进宁波市鄞州区湾底村，这里碧水环绕，一幢幢现代化房屋拔地而起，富有文艺气息的博物馆、艺术馆坐落其间，游客们在果园间享受采摘的乐趣，度过悠闲惬意的一天。

湾底村地处宁波南郊，东临东钱湖，北靠鄞州中心区。从过去"湾底湾底，弯来弯去弯不到底"的偏僻落后村，到如今村级集体经营性净资产达12亿元，数字化技术让湾底村跑出了乡村振兴加速度，一座"都市里的村庄""城市中的花园"正在这里绘就。

● 案例8：湖州市吴兴区八里店镇尹家圩村 孙建龙

"从小就听大人说，好好念书进城上班，没出息才回家种地。"孙建龙为帮父辈，无奈返乡，没想到闯出广阔天地。

他上湖州农民学院培训，跟科技特派员请教，能够操作维护100多台（套）农机。2014年他又学了无人机植保作业，十里八乡称他为"开飞机的农民"。

"一粒米"带动一乡人。孙建龙领着合作社，2022年种了3500多亩粮田，收入近千万元，3000多户农户受益。他们的农机服务队，走进江苏、安徽，从育秧到仓储，全程机械化。

● 案例9：嘉兴市南湖区凤桥镇三星村

嘉兴市南湖区凤桥镇三星村，水蜜桃之乡。绿色种桃、直播卖桃、游客摘桃，6000亩桃园年产值1.8亿元，村民人均年收入4.5万元，村歌就叫《流蜜的地方》。

开发桃花酥、酿制蜜桃酒、举办桃花节，南湖区加力擦亮水蜜桃品牌。"兴业态、深融合，产业链接，城乡互促。"南湖区委书记邵潘锋说。

● 案例10：宁波余姚市梁弄镇横坎头村

曾经，横坎头村是"山大石头多，出门就上坡"的"贫困村"。如今，这里"月月有花看，季季有果摘"，民居白墙黛瓦、错落有致，村内人头攒动、游人如织。红色引领、绿色发展及清廉村居建设"三驾马车"，让横坎头村蝶变为全国文明村，还获评为浙江省100家清廉建设成绩突出单位。

以红育廉，红廉相融。在余姚市纪委监委的指导下，横坎头村深入挖掘浙东抗日根据地的"廉洁政治"，形成独具特色的红廉文化，在浙东行政公署旧址里打造革命廉政史迹陈列馆。陈列馆分严守纪律篇、作风建设篇等五个篇章，充分展现了我们党在烽火连天的艰苦环境中打造廉洁政府的决心。

●案例11：之江大地乡村行，邂逅一古一新

一古，博物馆。绍兴嵊州市甘霖镇，东王村看完越剧博物馆，孔村又遇水稻博物馆；湖州市吴兴区潞村，钱山漾遗址旁有个"丝源馆"；宁波市鄞州区湾底村，一村5个博物馆。

一新，咖啡店。宁波市镇海区永旺村，农具仓库改建为"稻田咖啡"；嘉兴市南湖区联丰村，"村口咖啡"是创客工作站，也是村民议事点；湖州市安吉县红庙村，矿坑湖畔咖啡店，一天卖出1000杯！

一古一新，相映成趣。是业态场景，也是人间烟火，乡风乡韵。

●案例12：绍兴市新昌县澄潭街道梅渚古村

春节渐近，绍兴的年味儿逐渐浓起来。2024年1月24日晚，"名城绍兴 越来越好"2024年绍兴市农村文化礼堂村晚活动在新昌县梅渚村文化礼堂上演。整台晚会共有11个节目。晚上六点半刚过，热闹喜庆的歌舞表演《龙腾盛世》拉开了晚会序幕，紧接着，舞蹈《稻花香里庆丰年》、近景魔术《幻》、小品《会亲家》、村歌联唱《山水田园美如画》、方言rap《热洛洛格年夜饭》、杂技《欢乐的草帽》、戏曲联唱《梨园春色万象新》等节目一一登场，村民们在台下看得目不转睛。"'村晚'活动已逐步成为绍兴市农村文化礼堂特有的公共文化品牌，让农民群众从台下走到台上，让观众成为主角，收获乡村振兴的喜悦与文化滋养。"绍兴市委宣传部相关负责人说。

【考情速递】

从2018年以来，与"乡村""社区"等基层有关的话题在申论考试中出题的频率逐渐增多，特别是在党的十九大提出乡村振兴战略之后，围绕乡村振兴的各类考题明显增多。2024年的中央一号文件《中共中央 国务院关于学习运用"千村示范、万村整治"工程经验有力有效推进乡村全面振兴的意见》，以"千万工程"为切入点，再次为乡村振兴指明方向和路径，

乡村振兴依然是申论考试的热点之一。

本文围绕浙江实施的"千万工程"展开，既有关于千万工程的具体介绍，也在行文中陆续介绍了鲁家村、下姜村等典型案例，语言上既有平铺直叙，也具备较强的文采，其中的内容涵盖了乡村发展建设中的产业、文化、治理、人居、生态等各个方面，堪称乡村振兴的"百科图"。

就行文逻辑而言，本文文段极长，但结构极为严谨。先是介绍了习近平同志启动"千万工程"，随后通过一个个具体的案例阐释在20年持续奋斗中，浙江及其各个村庄所取得的成就。最后作出总结和展望。

谈备考

对申论备考而言，本篇文章有着较高的价值。文中提供了不同角度的各类素材，既有乡村振兴各方面的具体案例，也有各种以"乡村"为话题的优美句子，对于丰富素材储备，提升语言表达能力都有较强的意义。同时也能够帮助考生进一步了解乡村振兴这一国家战略，给我们现实生活带来的真切改变。

乡村振兴并不是一个"很新"的话题，但在申论考试中，关于乡村振兴中的探索与实践，一直是材料选取的重要方向。

谈总结

总而言之，乡村振兴这一话题是需要考生高度重视的，在未来一段时期的备考中，乡村振兴与脱贫攻坚的衔接、"千万工程"等话题也会成为备考的重点。

第八节　在高质量发展中促进共同富裕

　　我国现代化是全体人民共同富裕的现代化。共同富裕是中国特色社会主义的本质要求，我国现代化坚持以人民为中心的发展思想，自觉主动解决地区差距、城乡差距、收入分配差距，促进社会公平正义，逐步实现全体人民共同富裕，坚决防止两极分化。

——习近平

　　治国之道，富民为始。

　　我们党始终坚定人民立场，强调消除贫困、改善民生、实现共同富裕是社会主义的本质要求，是我们党坚持全心全意为人民服务根本宗旨的重要体现，是党和政府的重大责任。

　　党的十八大以来，以习近平同志为核心的党中央把握发展阶段新变化，把逐步实现全体人民共同富裕摆在更加重要的位置上，推动区域协调发展，采取有力措施保障和改善民生，打赢脱贫攻坚战，全面建成小康社会，为促进共同富裕创造了良好条件。现在，已经到了扎实推动共同富裕的历史阶段。

　　习近平总书记强调："新的征程上，我们必须紧紧依靠人民创造历史，坚持全心全意为人民服务的根本宗旨，站稳人民立场，贯彻党的群众路线，尊重人民首创精神，践行以人民为中心的发展思想，发展全过程人民民主，维护社会公平正义，着力解决发展不平衡不充分问题和人民群众急难愁盼问题，推动人的全面发展、全体人民共同富裕取得更为明显的实质性进展！"

　　"在全面建设社会主义现代化国家新征程中，我们必须把促进全体人民共同富裕摆在更加重要的位置。"

　　"总书记，您平时这么忙，还来看我们，真的感谢您。"

　　"我忙就是忙这些事，'国之大者'就是人民的幸福生活。"

　　这是2021年4月25日，习近平总书记在广西桂林市全州县才湾镇毛竹山村考察时，与村民王德利的一段对话。

　　"总书记和我们一家在客厅聊家常，问得很细，对乡亲们的生活十分牵挂。"回忆起习近平总书记来家里做客的情景，王德利记忆犹新。

　　习近平总书记指出："现在从整个国家来讲，实现了全面小康，接下来要走推进共同富裕、建设现代化的道路。在这条道路上，农村就是要推进乡村振兴，方方面面都还要芝麻开花节节高。"

　　离开村子时，乡亲们高声向习近平总书记问好。总书记深情地说，全面推进乡村振兴的深度、广度、难度都不亚于脱贫攻坚，决不能有任何喘口气、歇歇脚的想法，要在新起点上接续奋斗，推动全体人民共同富裕取得更为明显的实质性进展。

消除贫困、改善民生、实现共同富裕是社会主义的本质要求，是我们党的重要使命和矢志不渝的奋斗目标。

新中国成立初期，毛泽东同志指出："现在我们实行这么一种制度，这么一种计划，是可以一年一年走向更富更强的，一年一年可以看到更富更强些。而这个富，是共同的富，这个强，是共同的强，大家都有份。"

改革开放后，邓小平同志指出："社会主义的本质，是解放生产力，发展生产力，消灭剥削，消除两极分化，最终达到共同富裕。""一个公有制占主体，一个共同富裕，这是我们所必须坚持的社会主义的根本原则。"

中国特色社会主义进入新时代，习近平总书记强调："我们追求的发展是造福人民的发展，我们追求的富裕是全体人民共同富裕。""在全面建设社会主义现代化国家新征程中，我们必须把促进全体人民共同富裕摆在更加重要的位置，脚踏实地、久久为功，向着这个目标更加积极有为地进行努力，促进人的全面发展和社会全面进步，让广大人民群众获得感、幸福感、安全感更加充实、更有保障、更可持续。"

"总书记指出：'时代是出卷人，我们是答卷人，人民是阅卷人。'一代代中国共产党人践行初心使命，接续奋斗，把追求共同富裕贯穿于中国式现代化新道路形成和拓展的历史过程中。"全国政协委员、中央党校（国家行政学院）马克思主义学院院长张占斌表示，时代不断演进，出卷的内涵也不断丰富；人民美好生活需要不断提高，对我们答卷的要求也在不断提升。

2020年5月23日，习近平总书记在看望参加全国政协十三届三次会议的经济界委员时，深情回忆起在陕北插队时与乡亲们的一段对话。

"我那时饿着肚子问周围的老百姓，你们觉得什么样的日子算幸福生活？他们讲了几个心愿。"

委员们纷纷停下笔，专注倾听。

"第一个目标是希望不再要饭，能吃饱肚子。别管吃什么，半年糠菜半年粮也好。再进一步，当地的土话叫吃'净颗子'，就是能吃上纯高粱米、玉米面。第三个目标，他们认为那就高不可攀了，'想吃细粮就吃细粮，还能经常吃肉'，说是'下辈子的愿望'。"

笑声里，很多委员思绪万千。

习近平总书记接着说："这些我们都一一实现了。我当时和乡亲们说，你们再努力想想呢，将来还想到什么境界。他们说，那就将来干活挑着金扁担！"

会场又是一阵笑声。

"我想这个目标也在实现中。'金扁担'，我把它理解为农业现代化。"习近平总书记指出，新形势下，要着力解决农业发展中存在的深层次矛盾和问题，重点从农产品结构、抗风险能力、农业现代化水平上发力。

2019年3月8日，习近平总书记参加十三届全国人大二次会议河南代表团审议。全国人大代表、河南濮阳县庆祖镇西辛庄村党支部书记李连成把乡亲们的梦想告诉总书记。

"让孩子就近上个好学校，找一个好的医院看病，就地就业、不外出打工……"李连成一口气说出了乡亲们的8个梦想。

"讲得很生动！"习近平总书记对李连成说，"我经常到一些贫困地区去，到农村去，我总有一句话，想知道你们还需要些什么？你今天讲的这些，恰恰是广大农民对幸福生活追求的要求，一些已经做成了，一些还在做的过程中，一些是下一步准备要做。"

岁月流转，初心如磐。中国共产党始终践行为中国人民谋幸福、为中华民族谋复兴的初心使命。我们党的百年奋斗史就是为人民谋幸福的历史。

习近平总书记强调："适应我国社会主要矛盾的变化，更好满足人民日益增长的美好生活需要，必须把促进全体人民共同富裕作为为人民谋幸福的着力点，不断夯实党长期执政基础。"

江山就是人民，人民就是江山。中国共产党打江山、守江山，守的是人民的心，为的是让人民过上好日子。

"经过接续努力，我们已经全面建成小康社会。总书记指出，'让大家过上更好生活，我们不能满足于眼前的成绩，还有很长的路要走。'"全国政协委员、南开大学金融学院常务副院长范小云表示，"扎实推动共同富裕，是新时代的历史使命，也是当前和今后一个时期的重要任务。"

走过千山万水，仍需跋山涉水。习近平总书记指出，解决发展不平衡不充分问题、缩小城乡区域发展差距、实现人的全面发展和全体人民共同富裕，仍然任重道远。

"我国必须坚决防止两极分化，促进共同富裕，实现社会和谐安定。"

宁夏永宁县闽宁镇，因电视剧《山海情》的热播而家喻户晓，闽宁镇的故事是我国东西部协作和定点帮扶的一个生动缩影。

1997年，时任福建省委副书记的习近平同志来宁夏扶贫，推动实施了一项重大工程"吊庄移民"——让生活在"一方水土养活不了一方人"的西海固群众，搬迁到贺兰山脚下的黄河灌区，并将移民村庄命名为"闽宁村"。习近平同志指出，我们改革开放，不搞平均主义。我们是社会主义国家，东部沿海地区先发展起来了，不能不管其他地方，要共同富裕。

昔日"天上不飞雀，地上不长草，风吹沙砾满地跑"的闽宁村，而今成了6.6万人的闽宁镇。干沙滩成了金沙滩，闽宁镇农村居民人均可支配收入由1997年的不足500元增加到2021

年的16098元。

2016年7月19日，习近平总书记在闽宁镇考察时指出："闽宁合作探索出了一条康庄大道，这个宝贵经验可以向全国推广，做一个示范，实现共同富裕。"

实现共同富裕不仅是经济问题，而且是关系党的执政基础的重大政治问题。习近平总书记指出："我们决不能允许贫富差距越来越大、穷者愈穷富者愈富，决不能在富的人和穷的人之间出现一道不可逾越的鸿沟。"

浙江富裕程度较高、发展均衡性较好。2021年，浙江城、乡居民收入分别连续21年和37年居全国各省区第一位；城乡收入倍差为1.94，连续第九年呈缩小态势。

浙江丽水市，"九山半水半分田"，是典型的山区城市。

"受区位和地形条件的制约，丽水市综合实力相对不足、资源要素比较短缺，但发展的空间和潜力很大。"全国人大代表、丽水市纪委副书记钟海燕表示，新征程上，丽水市聚焦加快发展和富民增收，在自觉主动解决地区、城乡、收入分配差距等方面下功夫，努力打造共同富裕美好社会的山区样板。

"例如，丽水大力支持松阳茶叶等传统产业发展，通过精工化制作、品牌化宣介、数字化营销，不断增加农民收入，缩小城乡差距。"钟海燕介绍，松阳县把电子商务作为产业富民的重要抓手，走出了"电商赋能茶产业"的特色路子，培育了1400家茶叶网店，带动就业7000多人。

在浙江，这样的故事每天都在发生。在探索解决发展不平衡不充分问题方面，浙江取得了明显成效，具备开展共同富裕示范区建设的基础和优势。

2021年6月，《中共中央国务院关于支持浙江高质量发展建设共同富裕示范区的意见》公布。一个人口数量堪比欧洲大国的省份，正在积极打造共同富裕的样板。

现阶段，城乡差距大最直观的是基础设施和公共服务差距大。习近平总书记强调："农业农村优先发展，要体现在公共资源配置上。要把公共基础设施建设的重点放在农村，推进城乡基础设施共建共享、互联互通，推动农村基础设施建设提挡升级，特别是加快道路、农田水利、水利设施建设，完善管护运行机制。"

2019年3月8日，习近平总书记在参加十三届全国人大二次会议河南代表团审议时指出，逐步建立全域覆盖、普惠共享、城乡一体的基础设施服务网络，重点抓好农村交通运输、农田水利、农村饮水、乡村物流、宽带网络等基础设施建设。

发展是解决我国一切问题的基础和关键。习近平总书记指出："共同富裕是社会主义的本质要求，是中国式现代化的重要特征，要坚持以人民为中心的发展思想，在高质量发展中促进共同富裕"。

"实现共同富裕，首先要不断把'蛋糕'做大，为分配提供更充足的物质基础；同时，又要把不断做大的'蛋糕'分好，更好地激发全社会的积极性、创造性。就是说，分好'蛋糕'能够为做大'蛋糕'提供更广阔的市场和更强劲的动力。"全国政协经济委员会副主任刘世锦表示，"要理顺要素、生产和分配的关系，推动做大'蛋糕'和分好'蛋糕'进入正向循环。"

当前，全球收入不平等问题突出，一些国家贫富分化，中产阶层塌陷，导致社会撕裂、政治极化、民粹主义泛滥。

习近平总书记强调："我国必须坚决防止两极分化，促进共同富裕，实现社会和谐安定。"

"推动共同富裕是一项具有长期性、艰巨性、复杂性的系统工程，需要政府、社会、企业和个人共同参与、共同努力。"范小云表示，企业是拉动发展的引擎，创造税收的主体，扩大就业的关键，在推动共同富裕过程中发挥着十分重要的作用。

"企业首先要踏踏实实经营，不断发展壮大，多创造就业岗位，为实现共同富裕奠定坚实物质基础。"全国人大代表、安踏集团董事局主席兼首席执行官丁世忠表示，企业还应积极承担社会责任，参与各类社会公益事业，为促进共同富裕作出应有贡献。

"治天下也，必先公，公则天下平矣。"习近平总书记强调："要统筹考虑需要和可能，按照经济社会发展规律循序渐进，自觉主动解决地区差距、城乡差距、收入差距等问题，不断增强人民群众获得感、幸福感、安全感。"

"促进全体人民共同富裕是一项长期任务，也是一项现实任务，必须摆在更加重要的位置，脚踏实地，久久为功，向着这个目标作出更加积极有为的努力。"

青海海东市互助土族自治县班彦村，曾经因为行路难、吃水难、上学难、就医难、务工难而远近闻名。

2016年8月23日，习近平总书记冒雨来到建设中的班彦新村，同大家一同谋划易地搬迁后如何脱贫奔小康。

在土族村民吕有金家，习近平总书记同一家人围坐一起，看反映乡亲们一直居住的旧村状况的视频。

得知去旧村有7公里陡峭崎岖的山路，村民祖祖辈辈居住在出入不便、严重缺水的地带，习近平总书记对一家人说，党和政府就是要特别关心你们这样的困难群众，通过移民搬迁让你们过上好日子。

习近平总书记指出，新村建设要同发展生产和促进就业结合起来，大家生活安顿下来，各项脱贫措施要跟上，把生产搞上去。

2021年3月7日，习近平总书记参加十三届全国人大四次会议青海代表团审议。习近平总书记指出："要始终把最广大人民根本利益放在心上，坚定不移增进民生福祉，把高质量发展同满足人民美好生活需要紧密结合起来，推动坚持生态优先、推动高质量发展、创造高品质生活有机结合、相得益彰。"

高质量发展、高品质生活，一个事关国计，一个连着民生，共同指向人民日益增长的美好生活需要。

一百年来，中国共产党人始终坚守初心使命，带领亿万人民经千难而百折不挠、历万险而矢志不渝，攻克了一个又一个看似不可攻克的难关，创造了一个又一个彪炳史册的人间奇迹。

"我们推动经济社会发展，归根结底是要实现全体人民共同富裕。"习近平总书记强调："共同富裕是一个长远目标，需要一个过程，不可能一蹴而就，对其长期性、艰巨性、复杂性要有充分估计，办好这件事，等不得，也急不得。"

福建宁德市寿宁县下党乡位于闽东大山深处，直至上世纪80年代末，全乡没有一条公路，素有"车岭车上天，九岭爬九年"的说法。习近平同志在福建工作期间，曾三进下党调研指导扶贫工作。

经过几十年的不懈奋斗，下党乡天堑变通途、旧貌换新颜。通过开展美丽乡村建设、加强传统村落保护、发展乡村旅游等，下党乡2021年旅游综合收入达5200万元。

"这样的历史巨变，生动印证了弱鸟先飞、滴水穿石的道理。"全国人大代表、宁德市福安市坂中畲族乡后门坪村党支部书记雷金玉表示，"推动共同富裕，必须坚持循序渐进，就像总书记指出的那样，'要有耐心，实打实地一件事一件事办好，提高实效'，不能想着一口吃成个大胖子。"

促进共同富裕，最艰巨最繁重的任务仍然在农村。习近平总书记强调："要全面推进乡村振兴，加快农业产业化，盘活农村资产，增加农民财产性收入，使更多农村居民勤劳致富。"

2021年2月3日，习近平总书记来到贵州毕节市黔西县新仁苗族乡化屋村考察调研。化屋村曾经是深度贫困村，近年来通过发展特色种植养殖和旅游业，实现了贫困人口清零。

"总书记来到我们家，仔细察看生活居住环境，详细询问家里有多少地、在哪里打工、收入多少等问题。"回忆起当时的情景，苗族村民赵玉学脸上洋溢着幸福的笑容。

在村文化广场上，习近平总书记强调："实现小康不是终点，而是新的起点。我们还要巩固拓展脱贫攻坚成果，接续推进乡村振兴，按照既定的目标踏踏实实走下去，把产业发展好，把乡村建设得更好，创造更加多彩多姿的生活。"

温暖朴实的话语直抵人心，饱含着人民领袖深厚真挚的人民情怀，彰显着百年大党对初心使命的执着追求。

2020年5月23日，习近平总书记看望参加全国政协十三届三次会议的经济界委员。有委员反映，当前民营企业特别是中小企业面临着"三难"——产销难、投资难、兑现难。

听到这三个"难"字，习近平总书记感触良多："今天的民营企业生长在中国希望的田野上，但一开始面临的却是一片荒芜。他们在夹缝中求生存，筚路蓝缕闯出一条路来，这个过程何其艰难。发展到今天的规模、作出今天的贡献，非常了不起。"

习近平总书记指出："民营企业进一步发展仍然会在'难'中进行。在哲学意义上，'难'是在任何领域前进道路上永恒的命题。当前，面对世界百年未有之大变局，在实现'两个一百年'奋斗目标征程中，'难'在方方面面都存在。只有不断探索、不断奋斗，才能不断克服前进中的困难，走上新的发展道路。"

志不求易者成，事不避难者进。习近平总书记指出："促进全体人民共同富裕是一项长期任务，也是一项现实任务，急不得，也等不得，必须摆在更加重要的位置，脚踏实地，久久为功，向着这个目标作出更加积极有为的努力。"

"幸福生活都是奋斗出来的，共同富裕要靠勤劳智慧来创造。"

"我特别喜欢您新年贺词里的一句话，'幸福都是奋斗出来的'，这句话说到了我心坎上。"

2018年3月7日，习近平总书记参加十三届全国人大一次会议广东代表团审议。全国人大代表、曾经的"外来妹"米雪梅同总书记的交流令人印象深刻。

米雪梅老家在甘肃，20多年前来广东中山市打拼，做过保安、跟单员、工艺技术师、现场品质主管等不同岗位的工作。如今，她已是中山一家公司客服部的负责人。

"你的经历就像你的名字，'梅花香自苦寒来'。"听了米雪梅的发言，习近平总书记赞许地说。

"总书记亲切的话语，非常接地气，一直激励着我和身边人。"回忆起当时的场景，米雪梅激动不已，"个人的发展与国家的发展息息相关，促进共同富裕，需要我们将自己的奋斗和梦想融入国家发展大局中去。"

很多人选择"孔雀东南飞"，到东部沿海地区追逐梦想，也有不少人选择扎根广袤的西部地区，带动当地百姓发展致富。

全国人大代表、新疆喀什地区疏附县乌帕尔镇党委副书记崔久秀是一名来自山东日照的"90后"。2014年大学毕业后，她凭着"到祖国最需要的地方去"的一腔热血，到新疆喀什地区支边。

在和当地少数民族群众的朝夕相处中，崔久秀克服了种种困难，学会了说当地语言、跳当地舞蹈、做当地美食。

"船的力量在帆上，人的力量在心上。"工作中，崔久秀始终带着感情和责任，把各族群众的"急难愁盼"问题放在心上，还帮助辖区妇女创办服装加工合作社，以此实现增收致富。

"每一代人有每一代人的长征路，每一代人都要走好自己的长征路。"习近平总书记的这句话，时刻激励着崔久秀，她说："这个伟大的新时代，需要我们作出选择、作出奉献，以奋斗姿态走好属于我们这代人的长征路。"

艰难方显勇毅，磨砺始得玉成。习近平总书记指出："幸福生活都是奋斗出来的，共同富裕要靠勤劳智慧来创造。"

湖北鹤峰县地处鄂西南，交通、饮水、农村电网等基础设施薄弱，曾是国家级贫困县，也是湖北省最后一个通高速的县。

2020年5月24日，习近平总书记参加十三届全国人大三次会议湖北代表团审议。全国人大代表、鹤峰县金泰牧家庭农场主宋庆礼在发言中提到了当地富硒产业发展的情况。

习近平总书记勉励道："上个月我刚去过陕西，安康那一带也是富硒地带，你们这里也是富硒地带，要利用好这一宝贵资源，把它转化为富硒产业。"

近年来，在精准扶贫政策支持下，鹤峰不仅逐渐补齐农村基础设施短板，茶叶、蔬菜等富硒特色产业也稳步发展起来。

"以前老百姓靠天吃饭，现在发展特色种养，增收又致富；以前'看见的山走半天'，现在村村通车很方便。"宋庆礼说，"幸福都是奋斗出来的，我们将牢记总书记嘱托，努力把产业做大做强，共同推动乡村振兴，促进共同富裕。"

大鹏之动，非一羽之轻也；骐骥之速，非一足之力也。"实现全体人民共同富裕的宏伟目标，我们要踔厉奋发、笃行不怠。躺平不可取，躺赢不可能，奋斗正当时。"张占斌表示，要防止社会阶层固化，畅通向上流动通道，为人们勤奋致富创造更加良好的制度环境，让大家的日子越来越有盼头、生活越来越有奔头。

征途漫漫，惟有奋斗。

过去一百年，中国共产党向人民、向历史交出了一份优异的答卷。现在，党团结带领中国人民又踏上了实现第二个百年奋斗目标新的赶考之路。

对百年奋斗历史最好的致敬，是书写新的奋斗历史。

今年春节前夕，习近平总书记赴山西看望慰问基层干部群众。在汾西县僧念镇段村考察时，总书记指出："共产党就是给人民办事的，就是要让人民的生活一天天好起来，一年比一年过得好。"

展望未来，习近平总书记强调："我们就是要不忘初心、牢记使命，一代接着一代干，到中华人民共和国成立100周年时，中国、中华民族就会更加坚强昂扬地屹立于世界东方，就会为全人类作出更大的贡献。"

坚定自信的话音，久久回荡在山村上空，回响在神州大地！

——节选自《人民日报》

【相关热点】高质量发展

【关键词】共同富裕

谈案例

考霸蛙谈案例！

●案例1：宁夏永宁县闽宁镇

1997年，时任福建省委副书记的习近平同志来宁夏扶贫，推动实施了一项重大工程"吊庄移民"——让生活在"一方水土养活不了一方人"的西海固群众，搬迁到贺兰山脚下的黄河灌区，并将移民村庄命名为"闽宁村"。习近平同志指出，我们改革开放，不搞平均主义。我们是社会主义国家，东部沿海地区先发展起来了，不能不管其他地方，要共同富裕。

昔日"天上不飞雀，地上不长草，风吹沙砾满地跑"的闽宁村，而今成了6.6万人的闽宁镇。干沙滩成了金沙滩，闽宁镇农村居民人均可支配收入由1997年的不足500元增加到2021年的16098元。

2016年7月19日，习近平总书记在闽宁镇考察时指出："闽宁合作探索出了一条康庄大道，这个宝贵经验可以向全国推广，做一个示范，实现共同富裕。"

●案例2：浙江省丽水市

"受区位和地形条件的制约，丽水市综合实力相对不足、资源要素比较短缺，但发展的空间和潜力很大。"全国人大代表、丽水市纪委副书记钟海燕表示，新征程上，丽水市聚焦加快发展和富民增收，在自觉主动解决地区、城乡、收入分配差距等方面下功夫，努力打造共同富裕美好社会的山区样板。

"例如，丽水大力支持松阳茶叶等传统产业发展，通过精工化制作、品牌化宣介、数字化营销，不断增加农民收入，缩小城乡差距。"钟海燕介绍，松阳县把电子商务作为产业富民的重要抓手，走出了"电商赋能茶产业"的特色路子，培育了1400家茶叶网店，带动就业7000多人。

●案例3：青海海东市互助土族自治县班彦村

乘着乡村振兴的东风，班彦村不断发展盘绣产业，盘绣艺术通过"公司+基地+农户"的运作模式，获得了较好的收益。由互助县文化馆支持成立的互助金盘绣土族文化传播有限公司，通过对盘绣工坊进行网格化管理的模式，向盘绣园发放订单并统一回收绣品，再发往各个销售点进行售卖，以此来增加绣娘们的收入。

●案例4：福建省宁德市寿宁县下党乡

福建宁德市寿宁县下党乡位于闽东大山深处，直至上世纪80年代末，全乡没有一条公路，素有"车岭车上天，九岭爬九年"的说法。习近平同志在福建工作期间，曾三进下党调研指导扶贫工作。

经过几十年的不懈奋斗，下党乡天堑变通途、旧貌换新颜。通过开展美丽乡村建设、加强传统村落保护、发展乡村旅游等，下党乡2021年旅游综合收入达5200万元。

"这样的历史巨变，生动印证了弱鸟先飞、滴水穿石的道理。"全国人大代表、宁德市福安市坂中畲族乡后门坪村党支部书记雷金玉表示，"推动共同富裕，必须坚持循序渐进，就像总书记指出的那样，'要有耐心，实打实地一件事一件事办好，提高实效'，不能想着一口吃成个大胖子。"

●案例5：贵州省黔西市新仁苗族乡化屋村

贵州省黔西市新仁苗族乡境内，坐落着一个8.2平方公里、被贵水黔山"包围"的村寨——化屋村。村寨里居住着苗、彝、汉3个民族，共计280多户1100余人。

"不通水、不通路、不通电，通讯靠吼，交通靠走……"曾经的化屋村意为"悬崖下的村寨"，是贫穷落后的代名词，贫困发生率曾高达63.63%。以前的化屋村，可谓是山穷水尽，家家开荒种地，户户下湖捕鱼，林业、渔业资源受到了严重破坏。

现在的化屋村，生态环境得到改善，风景美如"一幅天然的山水画"，百姓过上了"火烤鲻鱼虾伴酒，壶煮清茶话桑麻"的美好田园生活。

【考情速递】

高质量发展这一话题，与新发展理念、新发展格局有着密不可分的关系。2021年7月1日习近平总书记在庆祝中国共产党成立100周年大会上的讲话中指出的"立足新发展阶段，完整、准确、全面贯彻新发展理念，构建新发展格局，推动高质量发展"很好地阐释了这几个"高端词"之间的关系。高质量发展并不简单地是一个经济要求，而是与经济、社会等各方面相关。在考试中，有非常多样的考查方式。

本文中探讨的是高质量发展与共同富裕的关系。其基本逻辑在于，实现高质量发展，必须贯彻新发展理念，而新发展理念中"共享"是重要组成部分，也可以说高质量发展是以共享为根本目的，而"共同富裕"就是注重发展共享的富裕，是高质量发展这一话题可能考查的方向。

就文章本身而言，内容篇幅相对较长，素材案例较多。文中先是通过党的十八大以来，习近平总书记在各种场合的重要讲话和指示精神，强调了"实现共同富裕是社会主义的本质要求，是我们党的重要使命和矢志不渝的奋斗目标。"，进而通过毛泽东同志、邓小平同志的讲话，将时间点逐步拉近到新时代，指出共同富裕是当今时代的人民需求。文章随后通过习近平总书记的足迹、故事和指示，相继讲述了宁夏永宁县闽宁镇等地实现共同富裕的事迹。最后进行总结。虽然段落极多，但整体逻辑清晰，案例详实，内容丰富，引人深思。

⟨谈⟩备考

就申论备考而言，本文是"高质量发展"和"共同富裕"这两个热点话题的"素材库"，文章中湖北鹤峰县等相关的新闻报道也可能成为材料的来源。

高质量发展并非一个完全独立的话题，其与很多热点话题密切相关。作为申论热点，高质量发展既可以单独考查，也可以与其他话题结合进行考查。

⟨谈⟩总结

综上所述，高质量发展是未来考试中的重要热点之一，且涉及面较为广泛，可作为备考中的重点学习对象。

附录：

一类文写作明白纸

【谈审题】（从作文题干找"题眼"，从"给定材料"找论据。立意准确的关键在于读透题干要求，结合材料条例，做适度延展、加工）

【绘导图】

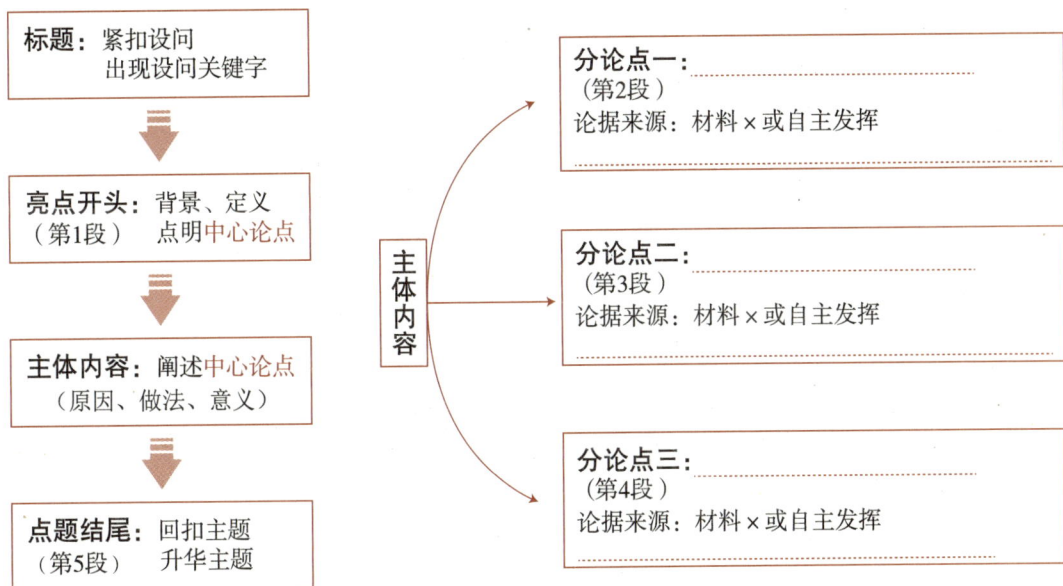

【写要点】

立意准确、鲜明

符合命题要求；符合客观实际；符合主流价值观；文章观点（中心论点）鲜明，围绕观点论述清晰

语言简洁、流畅

灵活运用修辞手法、句式表达、气氛渲染

逻辑清晰、有层次

采用"提出问题——分析问题——解决问题"的逻辑顺序

要点复盘

考前笔记

一类文写作明白纸

【谈审题】（从作文题干找"题眼"，从"给定材料"找论据。立意准确的关键在于读透题干要求，结合
　　　　　材料条例，做适度延展、加工）

【绘导图】

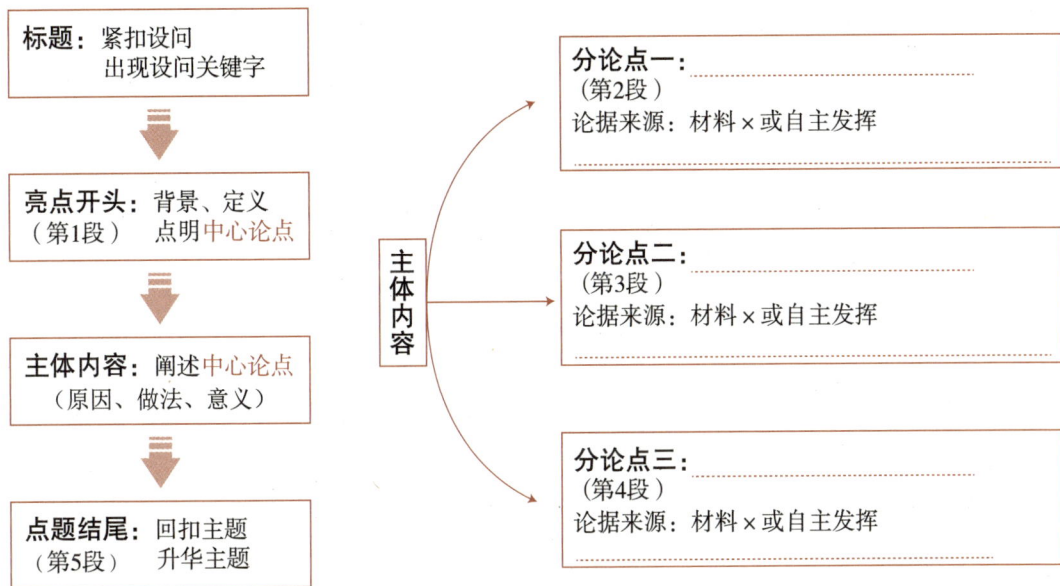

标题：紧扣设问
　　　出现设问关键字

亮点开头：背景、定义
（第1段）　点明中心论点

主体内容：阐述中心论点
（原因、做法、意义）

点题结尾：回扣主题
（第5段）　升华主题

主体内容

分论点一：_____
（第2段）
论据来源：材料×或自主发挥

分论点二：_____
（第3段）
论据来源：材料×或自主发挥

分论点三：_____
（第4段）
论据来源：材料×或自主发挥

【写要点】

立意准确、鲜明

符合命题要求；符合客观实际；符合主流价值观；文章观点（中心论点）鲜明，围绕观点
论述清晰

语言简洁、流畅

灵活运用修辞手法、句式表达、气氛渲染

逻辑清晰、有层次

采用"提出问题——分析问题——解决问题"的逻辑顺序

要点复盘

考前笔记